# 好家长
# 是这样炼成的

——一个“三心”妈妈的“歪打正着”育儿经

罗炜 著

湖南师范大学出版社

**图书在版编目（CIP）数据**

好家长是这样炼成的——一个“三心”妈妈的“歪打正着”育儿经／罗炜著. —长沙：湖南师范大学出版社，2011.11
ISBN 978－7－5648－0571－5

Ⅰ.①好…　Ⅱ.①罗…　Ⅲ.①家庭教育—通俗读物　Ⅳ.①G78－49

中国版本图书馆 CIP 数据核字（2011）第 208004 号

**好家长是这样炼成的**
——一个“三心”妈妈的“歪打正着”育儿经
**罗　炜　著**
◇责任编辑：朱建国　廖小刚
◇责任校对：欧继花
◇出版发行：湖南师范大学出版社
地址/长沙市岳麓山　邮编/410081
电话/0731.88853867　88872751　传真/0731.88872636
网址/http://press.hunnu.edu.cn
◇经销：湖南省新华书店
◇印刷：长沙宇航印刷有限公司
◇开本：730 mm×960 mm　1/16
◇印张：15.25
◇字数：235 千字
◇版次：2011 年 12 月第 1 版第 1 次印刷
◇书号：ISBN 978－7－5648－0571－5
◇定价：24.80 元

# 总 序

刘铁芳

佑生一直致力于研究“好教育”。现在，他的研究有了初步成果，包括《好校长是这样炼成的》、《好教师是这样炼成的》、《好班主任是这样炼成的》、《好幼师是这样炼成的》、《好家长是这样炼成的》在内的《好教育丛书》即将付梓成印。他要我为这套丛书写几句话。

读到美国霍布根斯大学创办者吉尔曼校长的名言“Man，not buildings”，联想起清华大学老校长梅贻琦之“所谓大学者，非谓有大楼之谓也，有大师之谓也”，他们的话可以说抓住了一所好的大学、一所好的学校，乃至一个民族、一个国家好的教育的真谛，那就是好的教师几乎就是好的教育的代名词。

好的教育，从人开始。有好的教师、校长、家长，才会有好的教育。有好的幼师，才会有好的启蒙教育和学前教育；有好的中小学教师，才会有好的教学；有好的班主任，才会有好的引路人和班级管理；有好的校长，才能带出好的学校；有好的家长，才能培养出好孩子。目前，国内的择校和择班之风愈演愈烈。择校实际上就是选择校长和老师，择班就是选择班主任。家长们趋之若鹜的名校、好学校，首先就是有一个好校长，有一批好老师和好班主任。择校的背后是家长对孩子教育的重视，但家长仅仅把孩子送进名校或好学校还是难以培养好孩子的，首先必须让自己成为好家长。

何以要名之曰“好”，而不是“骨干”、“优秀”？“骨干”、“优秀”

往往是一个甄别性的概念。对于众多一线教师、校长和许多普通平凡的家长而言，我们需要的并不是被社会甄别为多么优秀，而是在属于个人的天地里做得更好，对得起孩子，对得起自己。并不是每一位老师和校长都能成为教育家，但每个人都可以成为最好的自己，都可以成为好老师、好校长；并不是每一位家长都能成为教育孩子的专家，但都可以成为一名好家长。该丛书名之曰“好”，其指向的正是一个个平凡的教师、校长和家长。

这套丛书有两个突出的特点：一是有实践。丛书作者大多是教育教学一线的名校长、名师、名班主任，有些也是非常优秀的家长，有丰富的教育教学实践经验，他们的写作贴近教师生活实际，娓娓道来，绝无貌似高深，囫囵吞枣；二是有追求。对好教育、好教师、好家长的追求，乃是这套丛书的灵魂，尽管谈论的都是平常话题，但平常话题中涌动的却是不平庸。这套丛书不是高屋建瓴的宏图大作，而是贴近教师和家长生活、陪伴教师和家长成长的床头小书。如果前一类书的特点是可敬的，那么这一类书的特点是可亲的。

正如苏格拉底所言，一个人的成长莫过于多跟有价值的人或书交往，也就是跟好的人或书交往。这其中隐含的主题就是，一个人的成长无非就是在平常交往中，追求超越日常生活之上的更高价值，由此而使得平凡的生活成为好的生活，成为值得一过的生活。就这一点而言，《好教育丛书》对校长、教师、班主任和家长们是不可多得的精神大餐。

当然，一套书的作用绝不至于改变世界。这套书的意义就在于，当老师们、家长们平常劳累，静下心来，随意拾起，就在亦师亦友的交谈之中，获得对好教育、好教师、好班主任、好家长的领悟，从而在内心之中，平添一分为人师、为人父母的信心与期待，由此而敞开我们日常教育生活通往更高理想的一线门扉。

是为序。

（刘铁芳：湖南师范大学教育科学学院教授、博士生导师，湖南师范大学“两课”重点学科研究员，北京师范大学“985”团队研究员）

# 自　序
## 我不是“好”妈妈

我一直秉持这样一条信念：孩子就是自己一生中最重要的学生。孩子教育好了，就是我们对自己、对家庭承担的最大的责任，同时也是对社会做出的最基本的贡献。

——题记

一个普通的家庭：而立之年的父亲赶上了国企职工集体下岗，母亲是一名普通的教育工作者；

一个普通的家长：因“三心（放心、省心、开心）二意（诚意、天意）”带孩子，而孩子却蓬勃生长，常被人称为“歪打正着”的“芋头娘”；

一个普通的孩子：与天下千千万万个孩子一样自然降生、自由生长、自主发展（三自育儿经）；

一份普通的生活：清晨，母亲与孩子一起挤公交，父亲做着小生意；傍晚，一家人围在一起共进晚餐，饭后到浏阳河边散步，周末去岳麓山爬山……日子虽然平淡，却也惬意快乐！

然而这种平淡和诗意的生活却因女儿的离开而有所缺失：2009 年 9 月，初中毕业的女儿以意想不到却又是意料之中的优秀表现被新加坡政府录取为全额奖学金学生，小小年纪就带着期待和向往登上了赴异国他乡求学的飞机，与我们长期别离了……

图1　女儿在签约会上郑重签下自己的名字　图2　全家和新加坡丹绒加东女校校长合影

那一年同时被推荐参加考试的长沙四大名校学生共有 80 名，最后录取的学生男女才各 6 名。考试的科目为数学（以逻辑推理题为主）、外语（笔试的阅读、作文及面试的口语）和智商测试题，全部由新方出题在通程大酒店全封闭测试，时间为两天。第一天测试完后我们问女儿怎么样，女儿有点遗憾地说："一般，20 分钟要做 60 道智商题，我还有几个没做完。"一分钟做 3 道，基本上没有思考的余地。但听女儿说"一般"，我们心里就有底了，女儿对自己要求很高，每次考完试都是说一般，结果却还可以。后来我们了解大家都没做完，新方可能是想在同样的时间、都不能做完的情况下，看谁的正确率高、速度快，他们其实是在选拔真正的优秀者啊！第二天下午所有的测试完毕后有两个小时等待的时间，我们打电话给女儿问她在哪里，她说在旁边的图书馆看书，"其他同学呢?""有的回去了。"女儿可能对自己比较有把握，一个人在静静地等待。之前我们考虑到考试是女儿自己的事，也都没有去送考，都是女儿自己一个人来去。下午 5 点多了，还没消息，我们又忍不住给女儿打个电话，关机！难道是女儿不好意思说没考上？我们也很焦急和纳闷。又过了一个小时，电话终于打通了，"录取了！刚才在开会交代注意事项。"女儿平静地说，真佩服她沉得住气。听到这个消息，我们既感到意外——因这一个多月时间里女儿根本就没怎么认真复习过，只是找了一个口语外教练习了几天而已，又觉得是意料之中的事情——女儿这几项都应该算是强项。后来我们分析发现，所谓的测试重点可能就是那 60 道智商题。

思念如抽丝。

女儿走后，我仍习惯性地6点20起床，做早餐。女儿床上的被子也还放着，但仍旧不能填补心里的空洞，我开始搜寻一切能找到女儿成长足迹的影子：女儿从一岁多开始的涂鸦、女儿的一句话作文、女儿的周岁手脚印……我一件一件将之扫描、打印，光画作就有1千多张，作文也有15万多字，从那些稚拙的线条和文字里看着女儿从一棵小苗慢慢长成一棵树，便萌发将女儿的成长经历写出来的念头。

其实，女儿是自己长成一棵树的。

作为母亲，我不是一个传统意义上的“好”妈妈，常被人笑称为“芋头娘”，就是那种不怎么管小孩的人。女儿感冒了，也不给打针吃药，过几天感冒就自己好了；上学前的衣服几乎没买过新的，都是朋友、同事、亲戚家的小孩穿过的；吃饭时间到了，却没见着人；父母都出差了，7岁不到的女儿一个人在家用微波炉热饭吃；7岁多随我到北京出差时因要开会，女儿一个人游北京城；别人家的孩子都在上各种各样的补习班，女儿却连学校规定的补课都没去……然而就是这样的“芋头娘”经常被人有点羡慕地形容为“歪打正着”：女儿虽然没人“管”，各方面却都很优秀——身体健康（中学生校运会女子实心球第一名、学校篮球队队长）、品行端良（经常自愿参加营盘街社区环保队活动）、成绩优异（长沙市青竹湖湘一学校年级前2%、中考6A生、有较强的语言能力（英语口语很好，还学习了日语过了二级），更重要的是女儿自立能力强（从小学一年级开始就是自己一个人坐公交车回家）、学习向来不需父母督促、自己的生活也管理得井井有条、能专心做自己喜欢的事、比较有主见、较少受外界的影响、有着健康快乐的精神特质。

殊不知，我的所谓“歪打正着”，其实是建立在阅读各国先进教育理念基础上的，这种教育理念可能和我们传统的教育方法不同或相反，我始终认为在孩子的成长中，能考到好成绩固然很好，但第一名只有一个，高分数、好成绩并不代表一切。事实上，一些决定孩子命运的关键问题常常被我们忽略，它们才是孩子未来的保障。试想，如果一个孩子缺少对生命的认知（一遇到挫折就产生轻生的念头）、没有梦想的能力

（自己将来想做什么都不知道），不懂得保护自己（做了博士生依然被农民拐卖），无法与别人共享（腰缠万贯却不快乐），那么，即使这个孩子门门功课考第一，又能怎么样？而我这个“芋头娘”看似不管，实则是集几大教育观于一体，秉持“让女儿自由行走”的“歪打正着”育儿经，给孩子充分的自由。

台湾诗人非马在《鸟笼》这首诗中这样写道：

打开
鸟笼的
门
让
鸟儿
走
把自由
还给
鸟
笼

打开笼门，飞走的鸟儿获得了自由，然而全诗的点睛之处在于，鸟儿获得自由的同时，鸟笼也获得了自由。

我从女儿刚学走路开始就让她自己独立行走，从不给她学步车，让她一步步地会爬、会走、会跳，跌倒了自己爬起来。其实，孩子开始学习走路，就是尝试“独立”的开始，孩子渴望脱离大人的摆布，使用自己的双手去触摸这世界，以自己的双脚走向自己想要去的地方，这不仅是孩子心里想把自己“变成”大人的一种向往，也是所有生物自然发展的内在力量。“独立”既是孩子成长的主要目标——能成为一个独立的人，就具有发展生命的能力，也是孩子成长的必备条件——代表各项生理心理功能上的成熟。例如：能自己走路，能自由呼吸……更是一种大人对小孩的态度，即“放手”，让孩子自己做！虽然开始孩子可能会很慢很蠢，但那是一项神圣的工作！孩子正在学习呢！比如孩子系鞋

带的动作很慢，母亲忍不住抢过来帮他系，这种行为其实很残忍，因为你不但剥夺了孩子学习的机会，而且，也剥夺了他的自尊。现在有的父母对子女呵护得很仔细，什么都帮他们做得好好的，对孩子将来的规划越来越多，甚至日常生活都要严加管理，时时刻刻地看管、监视和提防，看起来是父母的爱心，实际上却抹杀了许多孩子自我成长的机会。这使得父母自己耗尽时间、心机和精力。“囚禁”孩子的同时，父母也失去了自由。然而，结果却与愿望不相符。笼子里的鸟儿——孩子感叹：好没自由！父母这只鸟笼也慨叹：活着真累啊！

给孩子自由，并不意味着父母完全放手不管。父母如果什么事都撒手不管，给予孩子太多自由，效果并不一定很好。在给孩子自由理念的支持下，我采用的是“野生动物保护区”的政策——“有保护地放养”，既让孩子在自然的环境里自由成长，又进行必要的安全教育和追踪保护；既不是放任自流，又不是管得面面俱到。“有保护地放养”要求父母不断地观察和了解孩子的心态和能力，比如在女儿上学的第一天，我到学校去接她回单位吃饭，边走边教她识路，怎么跟着大人一起过马路等，还告诉她以后妈妈不会去接她了。第二天，我还是不放心，等她放学后我悄悄跟在她后面，只见女儿和楼上的姐姐一起有说有笑地走着，过马路时知道先左看，再右看，我这就放心了，等女儿回来后我装作什么也没看见，夸女儿真能干，能自己走回来了。以后再也没有去接送过她，放学回家也是她一个人坐公共汽车（上学是和我一起走的）。那时女儿刚刚6岁。把孩子“放养”，最重要的就是让孩子从小就得培养一定的独立自主的能力及一个为自己生存负责的观念。要让孩子知道：一切都得靠自己努力，才能达到目标。每个人的能力有大小，但人都要为自己负责，应该尽力发挥自己的聪明才智，努力达到自己的目标。父母只是在关键时刻伸出援手，向孩子们提供解决问题的原则和思路，但最后的决定权还是孩子，让孩子自己承担结果。

给孩子自由并不是说孩子可以不遵守社会规则，随心所欲做任何事。孩子只有懂得让规则变成习惯，才不觉得是难忍的束缚，也才能最大限度地享受自由。帮助孩子独立的要诀，除“放手”之外，还应该有“最少的指导，最大的耐性和最多的鼓励”！打开笼门，把自由还给

“鸟儿”和“鸟笼”，也许当你打开笼门，鸟儿反倒愿意回来了。因为敞开的鸟笼已不是牢房，而成了一个温暖的窝。所以从这个意义上说，我自认为是一个好妈妈。

现在想想，曾被人“讥笑”的“歪打正着”育儿经其实是通过阅读吸收了各国育儿专家和教育家的经验和思想而得来的：

对我影响最深刻的一本书是日本育儿学最高权威内滕寿七郎先生的集育儿之大成的代表著作《育儿须知》，用作者自己的话说是集“放心”之大成，许多为育儿所困惑的妈妈们读了该书就放下心来了，我很庆幸自己是其中的一个，我给自己定义为“三心（放心、省心、开心）妈妈”其实是受此书的影响。该书由中国医药科技出版社于1992年在大陆出版，它代表着目前日本育儿学的最高水平。阐述了妊娠时应注意的问题、母乳喂养及人工喂养、怎样使婴幼儿身心健康成长、各年龄层的育儿问题、如何纠正幼儿的不良习惯等。准爸爸买这本书的时候我正在孕期，对即将到来的新生命既期待又有点畏惧，是该书让我带着育儿中遇到的各种问题，与那么幼小的生命沟通。内滕寿七郎先生本身就是一名儿科医生，有丰富的实践经验和切身体会，书中有许多观点是一般儿科医生注意不到的问题。正是在这些大师的启迪和指点下，我尝试在女儿身上运用这些与众不同的育儿原理和良策妙方，将女儿培养成出色的人，以致使人误认为我对女儿的教育是“歪打正着”，我很幸运女儿在妈妈肚子里的时候就阅读了此书。我应该永远感谢早期教育的倡导者和实践者，由他们所传播的教育思想，最终会培养出无数个中国优秀儿童……我根本想不到，女儿也会是其中幸运的一个。我认为阅读这本书以后，父母可以少受烦恼，小孩子可以多发些笑声，这本书是父母幸福的源泉，更是儿童幸福的源泉。

其二是卢梭的《爱弥儿》。卢梭是法国杰出的启蒙思想家，我曾在学生时代读过他的《论人类不平等的起源》，卢梭认为，人生来是自由、平等的；在自然状态下，人人都享受着这一天赋的权利，只是在人类进入文明状态之后，才出现人与人之间的不平等、特权和奴役现象，从而使人失掉了自己的本性。后来在湖南师范大学进修期间老师向我们推荐了卢梭的另一部重要著作《爱弥儿》。那一年女儿刚刚出生。这本书写于1757年，在此书中，卢梭主张对儿童进行适应自然发展过程的“自然教育”对我的影响很深。通过对他所假设的教育对象爱弥儿的教育，来反对封建教育制度，阐述他的从自然人性观出发的“自然教育”思想。卢梭的所谓自然教育，就是要服从自然的永恒法则，听任人的身心的自由发展，按照孩子的本性及其发展规律实施不同阶段的教育，从而培养身心健康、自食其力、心地善良的自然人。其手段就是生活和实践，主张采用实物教学和直观教学的方法，让孩子从生活和实践的切身体验中，通过感官的感受去获得他所需要的知识。与自然教育密切相连的，卢梭还主张对儿童进行劳动教育和自由、平等、博爱的教育，使之学会谋生的手段，及早地养成支配自己的自由和体力的能力，保持自然的习惯。我很庆幸从女儿出生开始就可以尝试运用这种教育观对她进行培养了。

书中卢梭根据儿童的年龄提出了对不同年龄阶段的儿童进行教育的原则、内容和方法。如逐步上升进行的体育教育、感官教育、智育教育、道德教育、爱情教育。这种分阶段进行教育的思想，对我有很大的启发和指导意义，但我认为这种分期以及把德、智、体教育截然分开施教的方法是不科学的，因此我在女儿身上实施的是每个年龄段有所侧重的“生－生命、心－心灵、灵－灵魂”整体成长的全面教育观。

第三本对我有重要影响的书是20世纪英国声誉最著、影响最大的思想家之一——罗素的《教育与美好生活》，该书写于1926年。书中罗素提出教育的目的是“培养人的理想品性”：活力、勇敢、敏感以及智慧，主张教育通过培养和发展人类普遍需要的素质或普遍价值来实现理想的社会。阅读该书时是2000年，女儿正好上一年级，轰轰烈烈的国家基础教育新课程改革也正好启动。受此影响，我始终孜孜以求的是与“生命”“成长”“美好”“快乐”“幸福”相联系的教育，这种教育不断地在我的内心传承——既受我自己内心的鼓舞，又源源不断地鼓舞女儿。我希望女儿在生活中快乐而明智，对外部世界有兴趣；能克服种种阻力、蒙蔽，树立独立性，成就美好生活；具有同情心，树立生命意识；发展好奇心，形成真正的智慧，养成“观察的习惯、良好的自信心、耐心、勤勉”以及“虚心”、“勇敢”等品质；我尝试在各种体验

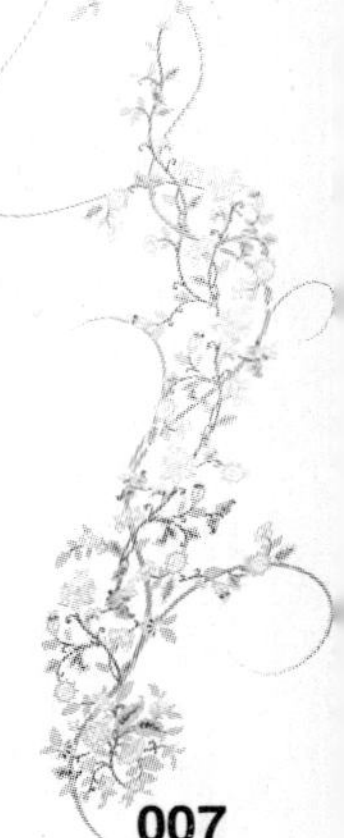

活动中对女儿的身体、感情和智力实施全面教育，在“自由、快乐的生命体验活动”中尽可能多地给予女儿个人发展的自由，关注女儿的生命成长状态，使女儿很好地养成这些品质，充分挖掘女儿的潜能。

十年后，事实证明在这种教育理念下培养出来的女儿内心充满着“生命、希望和喜悦”。

柏拉图曾经在他的《理想国》中对他心目中的未来的理想国家有过全面的描绘。在他所勾勒的那个理想国中，“子女教育是社会的基础。”这一见解实在高明。我并不是什么教育专家，只是一个有10年教师经历和10多年教研员经历的普通教育工作者，但我热爱教育，从女儿在肚子里开始就将这个新生命当做自己生命中最重要的学生加以培养，虽提不出什么独到的教育见解，也没有什么特别的真知灼见，但通过与大师的心灵对话以及自己的亲身体验、感受与反思，我仍认为，“纸上的分数固然重要，但灵动的生命更重要”。这一理念永远都不会过时。在当下这个“以分数论成败”的体制下如果还能坚持一点体制外的东西，比如坚持以“维系和呵护生命、张扬和拓展生命、热爱和享受生命”为核心理念、以“人与自我、人与社会、人与环境”为成长纽带，以“生命科学、艺术文化、个性精神”为成长主线，围绕“生命意识、心理健康、身心发展、艺术成长、平等博爱、社会秩序、人际交往、多元文化、绿色生活”等生命成长主题对孩子进行全面的教育，无疑对孩子的一生有好处，同样对提高孩子的成绩也不无裨益。

如果人人如此，那“天国”就要实现了。这就是我写作本书的目的：希望天下所有的孩子和家长都快乐、幸福。

罗　炜

2011年夏于长沙

# 目 录

## 第一部分 思想与理念



## 第二部分 实践与探索

# 第一部分　思想与理念

**我全部的“歪打正着”育儿思想可以表述为：**

家庭教育中最重要的是以“爱”为前提，尊重孩子的成长规律，以“美”与“生命”这种细腻情感的培养为核心，运用自然教育、自主教育、自由教育这三种教育方法对孩子进行“放心、省心、开心”教育，以启蒙心智、挖掘潜能、开发大脑，激活孩子的成长潜能，体悟孩子的成长需要，聆听孩子的成长脚步，培养孩子的爱心、美感与生命意识；唤醒孩子心灵的敏感、生命的活力、成长的快乐、创造的美感和自我实现的智慧；并充分利用社区社团、自然景观、人文场馆、书籍电影等进一步引导与培养孩子的全面素质和能力，提升孩子的精神品质和气质，呵护孩子的人生梦想，分享孩子的成长快乐，为完整的人准备一生。

我认为这就是家庭教育的基本规律。

**我的十大“歪打正着”育儿经是：**

1. 不用学步车学走路、跌倒了自己爬起来
2. 冬天不穿很厚的棉衣、从不穿棉裤
3. 感冒了不吃药、打针
4. 不吃加工食品
5. 自己坐公共汽车回家
6. 不上除钢琴外的任何技能培训班
7. 不上除外语（如英语、日语）外的任何学科培训班
8. 多看书少看电视
9. 自己一个人旅游，远足
10. 参加各种礼仪、聚会活动，即使是葬礼也参加

# 引　言
# 一个全新育儿观的诞生

长久以来，我们的家庭教育主要以“圈养式”和“棍棒式”为主要模式，以致培养出了娇气、听话和高分的孩子。现在，经过我对“快乐是育儿的本质”揭示以后，家庭教育变成了放手让孩子自由行走以培养独立人格、自由思想和幸福高能的人为核心的体验活动。我把这一转变称为家庭育儿的革命，所谓革命，就是世界观的改变。

——题记

作为一个孩子的母亲，每当我听到有学生因为难以面对高考前的劳累以及学习压力而猝死、自杀或精神失常的消息时，我的心犹如针刺一般。花样的年华、鲜活的生命却在高考、升学的重重压力下因“过学死”而终结，同样都是爹妈的孩子，这些学生却用生命、身体和精神来为应试教育埋单，到底谁是真正的“凶手”？有报道说有的学校为应试一天学 18 小时，学校成了残害未成年人的“集中营”，为了升学率，几乎所有的学校都在加班加点，更有甚者，有的家长还在繁重的学校学习时间外让自己的孩子上各种各样的补习班，学生成了天下最苦的人，中学时代的生活成了孩子一生最痛苦的经历！其实，所有的局内人都了解应试教育的危害，但所有的人都身不由己，他们被一种莫名的力量集体绑架到了高考那辆疯狂的马车上，身处集体性的狂乱而无法自拔，所

有的人都是受害者。而家庭教育作为教育的一部分，我们该思考些什么？

一

中国的家庭教育现状如何？

2010年初，当《国家中长期教育改革与发展规划纲要》面向社会征求意见时，专家们在全国妇联组织的座谈中不约而同地指出，《纲要》缺少家庭教育的科学系统规划设计，仅将家庭教育纳入“学前教育”，显然远远不够。中国的家庭教育由于受传统儒家文化的影响，孝文化、君子文化都是中国式家庭教育的价值取向，当然这是正面的影响，但也容易培养出“太听话”的孩子，特别是在转型期的当代中国，新的家庭教育价值观还没有形成，传统以道德为核心的价值观又遭到破坏，以认知学习为核心的家庭教育模式正普遍蔓延，造成了一系列严重的问题。

问题之一：家庭教育继续将应试教育的内容纳入其中。

对于许多家长来说，每天帮孩子完成功课成了家庭教育的主要内容，一方面想方设法让孩子学会学校要求的东西，另一方面家长还要让孩子去参加双休日举办的课外补习班，家庭成了孩子的第二课堂，家长也无暇再考虑应该如何进行属于自己的亲子教育，更何况，不少父母因为繁重的工作也没有多少属于自己和孩子的“课余时间”。更有甚者，有的家长看到孩子的成绩不好或退步了，常常对孩子发火或打骂。国家基础教育实验中心社区与家庭教育研究所副所长金琰指出，应试教育剥夺了孩子快乐的时光，而本应该是既轻松又有效的家庭教育又严重缺失，致使孩子在儿童时期无法快乐。

问题之二：价值观教育的偏移。

家庭教育需要言传身教，对孩子的品行教育应放在首位。天津市曾进行一项7～14岁儿童家庭教育调查，当列出健康、安全、学习成绩、品性、自理能力、兴趣爱好、交友、吃、穿9项指标要求家长回答“您平时最关心孩子什么”（选其中三项）时，有87.2%的父母选择“学习成绩”，为第一位；而最关心孩子“品性”的比关心“学习成绩”的低

25.4个百分点。当进一步要求家长对所选三项内容按重要程度排序时，将品性摆在第一位的仅占全部调查对象的18.1%。可见多数父母希望孩子一心读好书，而不关注孩子的心灵发育和生命成长。有些家长甚至主动告诉班主任，只要孩子读书好，别的什么都可以不管，诸如“助人为乐”“团结友爱”“拾金不昧”更是只字不提，更有学生私下说，父母叮嘱自己遇见倒在地上的人别去搀扶，不然会惹麻烦。

问题之三：“狼性教育”让孩子变得冷漠。

一些家长认为，社会竞争不断加剧，要从小培养孩子的竞争意识和能力，让其今后在社会上有竞争力，赞同甚至实施“狼性教育”，即在物竞天择、适者生存的世界里，对孩子进行“狼”的教育，而不应是“羊”的教育。不少家长片面地把爱心和竞争力对立起来，在两者之间选择了后者。狼的本性是凶残的，是通过掠夺占有的。“狼性教育”如果是为了适应竞争，这是对市场经济的一种肤浅认识。“狼性教育”的实质是以自我为中心。有些家长对社会存有不满情绪，社会责任感淡化，对孩子在学校参加劳动，在社会上参加公益活动抱不支持态度，教孩子多一事不如少一事，对公共秩序、公共规则置之不顾，这种不负责任的社会观无形中助长了孩子的自我中心倾向。特别是对一个在打骂中长大的学生来说，由于本身就是在缺乏爱的环境下长大的，容易造成孩子缺乏爱心，甚至导致性格的扭曲。

但这能怪孩子吗？孩子本身是天真无邪、快乐自由的呀，是我们家长的身上藏着一把看不见的刀子，往往在不知不觉中拿孩子“开刀”，使孩子本身天生纯真的品性一步步消失殆尽的啊！这些刀子在一天天有意无意地砍去孩子的民主思想，种下强权的种子；砍去了孩子的爱心，种下自私的种子；砍去了诚实，种下说谎的种子；砍去了冒险，种下平庸的种子；砍去了规则，种下违法的种子；砍去了善良，种下恶行的种子；砍去了自然，种下破坏的种子；砍去了创新，种下机械的种子；砍去了欣赏，种下嫉妒的种子；砍去了公平的竞争，种下仇恨的种子；砍去了审美，种下了功利的种子啊！而纵观中国的家庭教育之弊，大致可以分析出以下几种类型：模具制造型、温室培养型、极力压榨型、经济刺激型、原始放牧型、自家萝卜型、崇尚暴力型、《大话西游》唐僧

型、百依百顺奴才型等，真正理想型的家长很少很少。真正理想的家长，应该注重儿童早期的智力开发，先天智力毕竟无法更改，后天智力确有极大的挖掘潜力；爱孩子，尊重孩子，但不是溺爱，满足孩子合理的要求，但要让孩子自己明白，哪些是不受鼓励的；严格要求孩子，但应给孩子适度的自由活动空间；注重幼儿与小学时期的教育，这是决定孩子的行为习惯、思维方式，以及培养孩子兴趣爱好、审美趣味的重要阶段，一个良好的学习习惯、生活习惯、思维习惯和经济观念、审美观念，以及良好的个性和身体，都将影响孩子的终生，都将决定孩子未来的成就！

## 二

作为一个家长和教育工作者，我常常在想，如何让孩子身上尽可能少的沾染应试的痕迹，或者说如何在现行的体制内求得一方属于孩子自己的天空？如何让孩子过上美好生活？真正理想的教育到底是什么呢？

我也曾问过自己，到底教育的意义是什么？孩子为什么要上学？为什么要学这学那？为什么要考这考那？为什么大家老是在彼此竞争？为什么我们要拼命地去寻找机会上好的幼儿园、好的学校、接受好的教育？教育难道就是考得好学校，谋得好工作？仅此而已吗？当然不是啊，印度哲学家克里希那穆提说：“人生不等于职业。人生远比职业的追求宽广、高贵得多！人生是一项奇迹。在人生中我们以人的身份在运转。”是啊，我们每天可以听花开的声音，可以看天空的鸟鸣，可以欣赏头顶的蓝天和星星，而不只是变成每天只为考试和职业而准备的人。这样，我们便不会生活在“恐惧”之中啊！我们也可以对着天空发发呆，享受沉思的乐趣，体会心灵的纤细和微妙——欣羡、嫉妒、热情、野心、恐惧、成就与焦虑等，发觉到什么是“真实”的，什么是“对”的。教育的正确功能就是要涵养我们能自由自在地思考以得到智慧，帮助我们了解自己和人生的整个过程，真正的教育是要使我们能“发觉”而非“模仿”。一个人向社会妥协是很容易的，听从父母、教师的话很容易，听话，听命令，可以活得很安全，但却可能活在“恐惧”之中，害怕失去已拥有的。但人活着，最要紧的是去认清什么是真的，而唯有处在自由状态之中，人才能有连续的内在革命。但事实上任何人或社会从未鼓励你这样去内省，因为这样你会成为一个危险的人物——一个相对于虚假的人或人群的危险人物！

因此依我看，教育的意义不就是要帮助你的内心能察知自我，能使你的内心充实又快乐吗？

而当下的教育只不过是积累知识！以填塞性的知识学习来达成好的成绩或求取职业，却不能使我们能做到了解自我，或了解别人。这就是技能式的教育会取代真正教育的原因。因为它给我们一种安全感，似乎学得一技之长或考得一个好分数就可以成为“人上人”，但有什么意义吗？掌握一门技能很容易，充实而快乐的生活本身才是更重要的。克氏说得好：“真正的教育应该帮助一个人去体验。体验自己、体验周遭的事物、体验环境、体验时空、速度，体验毅力、体验民主、体验宽容。”人一出生，本来就喜欢探险，喜欢体验。只有不断地去体验才能将自己的能力和技术发挥出来。如果一个人真正有话要说的话，他就会自己创出说话、书写、文体的方法、格式。然而，狂学各种格式，而内心没有体验的基础，则这个人终将归于肤浅。如果一个饱学之士，总是依赖着书本，依赖着权威与知识，不管他多么会引经据典，缺少了灵魂、少了一颗平和快乐的心，他仍然是一个没有智慧的人。真正的教育也就是通过体验与思考帮助一个人做到自我了解，变得更有智慧，活得更充实快乐，真正的学习是有意义的学习，而非事实性知识的积累。

我曾在校外机构担任过美术教师，当我看到那么多的家长带着孩子来学画画时，我问他们：“你为什么要让孩子来学美术呢？”“现在早点学美术将来可以考个好学校，为找个好工作做准备啊！”我也问过孩子们：“你们为什么要学画画啊？”“可以参加比赛拿奖啊！”我想起了曾在一篇文章中看到过的一个故事，大意说的是有个快乐的神仙，他有一根点石成金的拐杖，可以满足人们的愿望。神仙问人们想要什么，第一个人说：“我想要你给我点出足够多的金子，可以让我下半辈子不愁吃穿。”神仙于是满足了他的要求；第二个人说：“我不要金子，我想要你的那根拐杖。”神仙于是也满足了他的要求；第三个人说：“我既不要金子，也不要拐杖，我想要像你一样成为一个快活的神仙。”显然，最后这个人才是一个真正智慧的人，他知道人生中什么才是真正重要的。孩子学画画就是画画，好好享受画画的过程和快乐才是目的，而不是为了获奖和考试、谋生。

## 三

其实，一个人的快乐更是一种能力，一种力量。

古希腊哲学家亚里士多德曾说，“工作之快乐催生完美之工作”，就像工人的快乐是生产力一样，学生的快乐也是一种学力。当然，这里的快乐指的是一个人丰富的情感、精神层面的愉悦。在中国，一提到愉悦或快乐就总觉得是不好的，有罪的，我们传统的教育观念也是要教孩子苦学，“头悬梁，锥刺股”“学海无涯苦作舟”，这可能跟我们只重视认知学习而忽视体验活动有关。在西方国家，乐观或者说快乐，是他们的传统精神，也是典型的西方人生哲学的要素。在美国甚至加拿大的小镇，都会见到教人学习乐观、学习快乐的俱乐部。或许，这种对快乐的关怀与西方的文化传统有关。在古希腊时期，教育的三大内容是（头脑）健康、享受休闲、体育，其中，学习如何“享受休闲”或者说“如何快乐”是基本课程之一。亚里士多德讲过“闲暇出智慧”，哲学家罗素认为“一个人一生中没有充分的闲暇，就接触不到许多美好的事物。”拥有闲暇，才能浮想联翩，独立地思考，从肯定到怀疑，从批判到求异，从发散到组合，从归纳到演绎，驰骋想象，生发灵感，产生智慧的火花。

到了近代，英国哲学家、教育家斯宾塞高举快乐教育之大旗。其名著《论教育及类似问题》一书合计 14 万个英文单词，其中“快乐”便出现 34 次。他认为，“快乐是人体健康的最重要的催化剂”，“除非人类倒退，回到苦修道德时代（或者更严重的不道德方为道德的时代），否则，青年的快乐本身不应当成为众矢之的”，“尽管这将需要辛劳和牺牲，但他们将会看到未来的丰富的快乐的期许，这种快乐可以是即时的，亦可是长远的。他们将会明白，坏的体制对父母和孩子带来了双重的伤害，而好的体制，则将带来双倍的福祉……它将惠泽教育者，亦将祝福被教育者”。以刻板著称的德国哲学家康德也提倡：“上帝的旨意不单是我们应当快乐，他还要我们应当使自己快乐”。而按照美国哲学家、教育家杜威的意见，“教育不是为生活做好准备，它自己就是生活”，向教育要求快乐，便具有了向生活要求快乐的合法性。向教育索取快乐，在当代西方教育界，尤其是美国教育界，被视为一种正当的需要而被努力满足。

当然，我们强调快乐是一种学力，并不意味着对唯快乐论的赞赏。我们认为，由“唯苦论”转投“唯乐论”，乃矫枉过正、过犹不及。诚然，快乐不是在一切时候总能增加一切学生的学力。比如，与学习无关的快乐可能转移学力，学习所带来的极度快乐也会引起神经疲劳，反倒影响学力的持续。在当今，领悟亚里士多德所说“克制乃快乐之手段”，依然是教育的核心内容。加拿大滑铁卢大学博士生胡亚多和中国人民大学博士生周永生认为，“关键是，我们要讲科学学习、科学施教；提倡不承受无谓的痛苦，亦提倡不享受无谓的快乐”。另外，这里强调的快乐不是一般我们所指的来自某一单一的低级感官（如触觉、味觉、嗅觉等）的快感，而是来自视觉和听觉等高级感官的快感，是为了满足一种精神上的追求，能体现出生命成长的需要，是一种让人沉浸到无比愉快的精神境界中的审美快乐。

其实，教育部规定的中小学教育是有两个任务的，一个任务是培养初级的社会劳动者，另一个任务是为高一级的学校输送合格的人才。可是在长期的实践中，人们逐渐忽视了第一个任务，过分夸大了第二个任务。如此，中小学生生活逐渐变得暗淡与无趣。同时，中国自古有“不打不成才”式的强制读书，有死记硬背的正统教育。过去以“读经”为基础的“童子功”，发展到如今“小升初”的疯狂竞争，乃至幼小的孩子居然被要求用英文来背诵奥巴马的讲演，加上因为我们没有创新，被主流文化主导的“以德为本”的教育怪圈锁住了我们的手脚，使我们没法突破这个瓶颈。这种教育模式培养出来的人，由于没有受到良好的音乐、文学、美术、哲学、美学等人文学科的滋养，片面地重视了数、理、化的学习，内在的精神世界严重的失衡，即使学习那些人文学科，也是带有很强的功利性目的，只增长技能不能完善人格、完满人生。什么时候我们才能去掉功利和无趣，迈向一个超越功利的境界，以

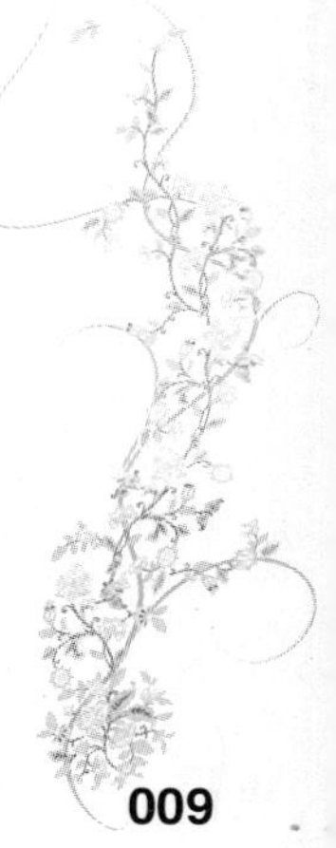

一种审美、平和、欣赏、快乐和爱的心态来对待人生：学习不是为了分数和职业，而是怀着追求人类普世价值观的精神，去发现一种爱好、享受一种文化、领略人类的一种文明、体验掌握专业技术的充实；教育不是受苦，而是去发现、去分享、去欣赏、去鼓励、去赞美、去体会；工作不是去拼搏，而是一种享受，享受工作的过程，享受为他人服务的乐趣。这样我们就可以快乐地走向享受工作的乐趣、享受文化的乐趣、享受家庭的乐趣的美妙的人生境界。

## 四

值得庆幸的是，在中国，越来越多的人已经认识到这一点，正在进行积极的探索。就拿我自己来说，1994 年 11 月的一天，我正在产假中，晚上我边喂孩子边听收音机，正好是当时湖南红极一时的谈话节目主持人尚能的节目，他说到教师的感染力对学生的重要性，引起了我强烈的共鸣，于是提笔疾书写下了我工作以来的第一篇论文《论教师感染力在儿童美术学习中的作用》获省一等奖，这篇文章写的就是教师通过自身的感染力创造机会引起学生学习的兴趣和快乐；1996 年，长沙市开福区开展了区域性教改实验《主体性教育的理论与实践》，主要研究怎样充分培养有独立主动性、自主能动性与积极创造性的优秀个体，我自己也尝试开展了一项课题《“非指导性”美术教学模式研究》，借鉴的是美国人本主义心理学家罗杰斯的“非指导性”教学原则和理念。罗氏认为，目前我们的学校教育较多地顾及学生的认知学习，是一种“在颈部以上（from the neck up）”发生的学习，不涉及个人感情或个性行为，与完整的人无关，他说：“现代教育的悲剧之一，就是认为唯有认知学习是重要的。”该研究以培养学生审美创造力作为研究罗杰斯“非指导性”教育思想的突破口，无疑具有重要意义。因为这里所指的“非指导”并不是不要指导，而是另一种指导或是指导的一种特殊形式，是一种着眼于人的个性与创造力的培养，着眼于人的情感与潜意识的发展，与一般“指导”思想和方式相区别的新概念。这项研究奠定了我整个育儿思想的基础。三年后，我加入了湖南师范大学国家“九五”规划课题《审美教育与儿童青少年身心发展》课题组，开始全

面学习了解美育的有关理论与原理，阅读大量的美学书籍，美国阿恩海姆的《视觉思维》和滕守尧的《审美心理描述》对我启发最大，阿恩海姆在书中颠覆了我们以前所学的心理学基础，他通过揭示视知觉的理性本质，来弥合感性与理性、感觉与思维、艺术与科学之间的裂缝。他认为视知觉具有思维的一切本领，他不同意把思维分为形象思维和抽象思维，更没有低级和高级之分，视觉本身就是一种思维，而且和抽象思维一样同等重要；滕守尧在书中阐述了审美快乐发生的机制，让我们明白是生命的发现而导致审美的快乐。那一年我开始确立自己的家庭育儿主张：即“快乐是育儿的本质”。2000 年寒假，我加入了石鸥教授的课题《综合实践活动课程的开发与研究》，编写了一系列中学生开展综合实践活动的案例，并逐步尝试在自己的孩子身上实施，让我的孩子在快乐的审美体验活动中增长见识和能力。2001 年 6 月开始，全国轰轰烈烈的基础教育课程改革实验全面启动，至今已实施 10 余年，作为一个一线教研员我全身心投入到这场革命中，新课程理念给我的冲击和影响不可估量，我认为其核心理念应该是学生学习方式的根本转变，由被动接受到自主、合作、探究，这其实就是生命的发现过程，因此新课程理念的最高境界应该是让孩子在发现生命的过程中体验到“审美的快乐”。目前，福建的张文质老师带领的团队正在开展的《生命化教育》无疑将这种理念提升到更高的层次。

在这里我想说明的一点是我为什么要将自己的学习和研究经历赘述出来，以自己的经历和当事人的体验为背景，作为个人来说话？为什么要如此看重自身的体验？因为我们只有彻底地接受自己的真实存在，仔细聆听来自自己的声音，我们才能够有所思考与变化，才能够超越自己的现有思维方式和行动模式，那时，变化和惊喜就会在不经意之间发生。正如罗杰斯在《个人形成论》一书中所说：“按照我个人现在的认识，个人之间的分离性，每个个体以他自己的方式利用经验并从中发现自己的意义的权利，乃是生活所具有的最高价值的潜能之一。在一种十分真实的意义上说，每个人自己都是一个海岛；只有他首先乐意成为自己并得到容许成为他自己，他才能够同其他的海岛搭起桥梁”，“最个人化的东西就是最普遍的东西”。

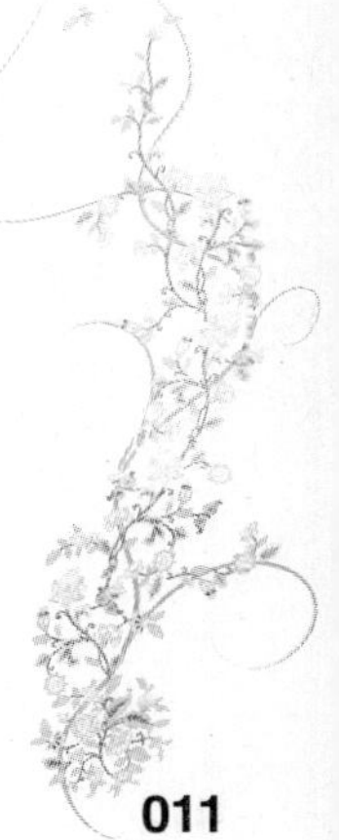

自由教育家柯领认为，当代的教育危机与世界危机其实质就是一种价值观的危机。他说："全世界的教育都陷入了功利主义，以追求功利为目标，把人培养成了追求功利的机器，以致演绎出了当代世界的三大危机：1. 地球的危机：科学技术非人道化应用造成的生态危机；2. 国家的危机：无灵魂的教育造成的人的素质的危机；3. 个人的危机：无意义生活之痛苦的精神危机。""唯有美才能把人类的精神从物质的奴役下解放出来，导向超越，走向创造，走向天地与我并生、万物与我为一的天人合一的生存状态。让美永远成为我们头上的灿烂星空与内心深处的道德法则吧！"审美快乐让人爆发无限的潜能，是热情与创造的源泉，是从个体审美的需要出发的、最能为人的心灵愉悦服务的具有精神超越性与普遍性的要素，在我看来，审美的快乐能涵养一个人超越功利的审美精神，从而能够自由快乐地享受人生。

## 五

培养具有审美快乐的人应该不仅是家庭育儿的本质，更应该永远是人类教育的终极目标。人的成长是从感觉、选择与体验开始的，学习的内容需要对形式、表现、符号和意义等因素经过审美体验才能进入内心，个体唯有与审美相连，生命才具有价值和意义。因此，审美快乐是一种感觉、一种选择、一种体验。对孩子的学习来说，审美就是目的、过程就是目的、体验就是目的、快乐就是目的。教育说到底就是要通过审美把人的感觉引向到体验美的生命状态中，通过一次又一次的体验的积淀来形成审美价值观以建设一个人强大的内心世界，塑造美的人格、养成快乐的个性，建构优良的智能，形成高水平的认知结构。

人的审美素质是其整体素质的核心，它与其他素质的关系是水涨船高的关系，审美快乐可以定向、调节与整合人格结构与智能结构。也就是说，一个人的审美层次决定了他的人格结构与智能结构及其创造性才能的发展水平。因此，一个具有审美快乐的人一定具有轻松自由又深沉博大的快乐体验。育儿的基本出发点首先要让孩子学会审美，学会审美就是学会享受生活，生活才是人生的中心。因此，我们要尽可能通过审美来培养孩子发现美的眼光，启发孩子更好地发现自然美、艺术美、社会美、科学美、哲学美、学习美，发现吃穿住行用玩的美的日常生活，从孩子的内心深处激发出蓬勃向上的生命活力，用美的一切引导孩子渴望成长的心灵，引起孩子的审美共鸣，激发他们的想象力和学习兴趣，使孩子的学习变成一种激动人心的智力探索，一种愉悦的审美享受，一种快乐的文化旅行。当我们的孩子以一颗纤细明敏的心去感悟生活、体验学习，这时，学习不再是一种负担、一种压力，而是一种审美的需要，是生命成长的渴望，是快乐生活的组成部分。

就育儿来说，我们与其埋怨黑暗，不如自己点亮一支蜡烛。不要抱怨、不要悲伤、不要妥协、不要放弃，回到内心世界平心静气、心平气和去仔细感悟、体验审美快乐作为家庭育儿本质的整体存在，创造机会让孩子充分享受生活，大胆放手让孩子自由行走，把审美快乐作为变革的基地，把对体制的抱怨转化为一种变革现实的创造的力量，再走出去，竭尽所能地改变不美和苦闷的现实，让我们的孩子真正过上有意义的美好生活。

20 世纪 90 年代以来，以美国哈佛大学“八大智能教育理论”为中心，正在世界范围内引领一场“朝向艺术、美学与生活一体化”的教育运动。这让我们欣喜地看到，在前行的路上我们并不孤独，我们还有很多的指引者和同路人。这场运动将引领我们执著地追求自己情感生活和整体人格的和谐发展，为我们带来全新的世界观、思维方式与生活理想。

从这个意义上来说，我们都是一群自由行走的人，我们因此有理由对未来充满希望……

# 育儿理念

## 育儿的本质

综观现在大量的育儿书籍，我发现存在两方面的问题：一是“经验主义”，二是“感伤主义”。“经验主义”者有经验、有行动、无反思，使经验教条化、肤浅化，并带有强烈的应试味。“感伤主义”者有体验、无思维，有感性、无理性，由此使体验陷入情绪化、表面化。我认为当今的家庭教育，不仅需要对育儿经验的现象学进行描述和阐释，而且更需要对千百年来育儿经验的理性反思以及理性反思后初步形成的育儿思想与育儿理论进行思考。因此我们的出路在于将之变成“反思性实践”，并积极运用多门类知识解决育儿情境中的问题。

育儿的科学化，首先应该确定其逻辑起点是什么？也就是要回答育儿的本质是什么的问题。育儿的本质是什么？这是困扰千千万万个家庭的学术难题，对这一难题的探索，在我从事教育工作 10 年、教研工作 3 年、当妈妈 6 年以后于 2000 年 7 月 10 日的早晨，我直觉地发现了“快乐是家庭育儿的本质”，内心的快乐是成长的力量。那天正好是女儿 6 岁的生日。女儿一早起来突然发现，有颗牙快要掉了。她赶紧告诉爸爸、妈妈和楼下传达室的爷爷：“我掉牙了！”得到的是同一句祝贺：

“你长成大姑娘了！”这天早晨，生活在浏阳河边的一家人，如常地过着日子，但女儿的内心充满着喜悦。对她来说，她经历的是非凡的一天。在以后对育儿的本质的理性思索中，我又发现快乐不仅是家庭教育的本质，同时，也是所有教育的本质与人成长的本质，这样，长久困扰家庭教育的问题，就有了一个可能是终极意义的解答，因为，快乐是生命成长的本性。这样，育儿的中心就由认知转向了情感，使育儿的本体论产生了转向，这就意味着育儿应围绕培养孩子“学会做人与学会做事”这两个维度而展开，内心要有一种高贵的人文精神，在此基础上去掌握求生存的专业技能；意味着中国需要进行一场“童年革命”，以摧毁成人优越论，把育儿从“以成人为中心”转化为“以孩子为中心”。中国几乎完全错过了“童年革命”，从来没有通过改造童年来创造“新民”。

“童年革命”乃是伴随着19世纪欧美工业革命的一场文化和社会革命。这一革命的土壤，首先是母亲地位的变化。在工业革命前夜，欧洲发达地区的城市工商阶层日益富裕。其家庭主妇已经不必像传统农业社会的妇女那样从事繁重的生产和家务劳动。这不仅使她们能够更专心地养育儿女，而且也有越来越多的时间从事社交，由此塑造了母亲的崭新文化认同：母亲对婴幼儿的成长发育有着最强大的塑造力。一个心智健康的儿童，不仅反映了其家庭的良好品性，也是对这一家庭前途的最好保障。早期教育被提到议事日程上来。在欧美中产阶层中，精心养育孩子成为母亲的天然使命，并被卢梭等哲学家所大力鼓吹，成为深入人心的主流意识。卢梭的《爱弥尔》，无疑是“童年革命”的开山之作。他称这本书本是为善于思考的母亲写的，并哀叹“我们对儿童一点也不理解”，在教育儿童时只致力于研究成年人应该知道些什么，总是把小孩子当大人看，根本不考虑孩子的特点。这样，他就把童年和成年明确地区分开来，并确立了“童年本位”的教育学说。

所谓“童年本位”，是通过给孩子最大限度的自由来调动其自身的潜力，把他们从课堂中解放出来，追寻着内心的渴求，大胆任意地探求世界。老师的使命不是传播知识，而是帮助孩子们发现这种内心的渴求（也就是我们所谓的“求知欲”）。所以卢梭说：“我们的第一位哲学老师就是自己的手脚和眼睛。”童年是人类生命中神圣的时期。在此期间，孩子通过观察自然、运动肢体，获得对世界第一手的实证经验。这种实证的经验，恰恰是孩子心智生长的动力。卢梭认为孩子在 12 岁前要从自然中学习，不应该读书。“凡是出自造物主之手的东西，都是好的，但到了人的手里，一切就都蜕化了。”可以说，现代西方“以孩子为中心”的基本教育观念，卢梭都论述到了。

不过，卢梭只是个哲学家，并没有把自己的理念落实到操作层面，他所描述的爱弥儿也只是一个虚构的人物。真正开始在教育实践中应用他的原则的，是瑞士教育家裴斯泰洛齐，他的第一个原则就是自然教育：培育孩子们内在的学习冲动。裴斯泰洛齐倡导的“实物授课”，将书本的重要性彻底降低了。他在数学课上引进了石头、苹果等实物，用以发展孩子组合（加法和乘法）、分离（减法和除法）、对比（多和少）等概念。地理课以野外考察为主，孩子们要自己测量地形、收集矿石和植物，并在课堂上进行描述。大些的孩子则用泥塑制作周围乡间的立体地形。当他发现孩子们普遍喜欢绘画而讨厌识字时，就和助手创造了综合绘画因素的特别识字法，以图像化的方式帮助孩子识别。这种先实物、后词语和概念的教学原则，符合儿童的认知能力，更符合卢梭所谓以孩子自己探求世界的欲望为核心、把自己的手脚和眼睛当成第一位老师的精神。用裴斯泰洛齐的话来说，孩子们在亲身的经验中要“首先形成自己的心智，然后再去丰富它”。这种快乐的学习方式比那种从概念到概念的学习要生动有趣得多，关键的一点是孩子所学的都是自己发现的，而不是靠背诵和模仿得来的。

后来的意大利女教育家蒙台梭利更是彻底颠覆了成人优越论。也许是因为女性对儿童独特的洞见，在“以孩子为中心”的教育理念上，蒙台梭利走得更远。她指出，一个孩子在生命头 3 年的学习成就，成人奋斗 60 年才能达到。孩子学习最有效率的时期，也恰恰是他们还不能和成人进行有效的语言交流、成人无法对之施加直接影响的时期。一言以蔽之，婴儿比成人聪明得多，他们能在短短几年无师自通地掌握语言等最复杂的交流工具，这是成人在有老师的情况下也望尘莫及的。成人在婴幼儿期不能指导孩子，实在是孩子之幸。这样他们就可以免于成人的污染，按照自己更聪明的方法来学习。因此，一个人教育的最关键时期是零到六岁，而不是大学。创造了一个人的，是零到一岁的孩子，而不是其父母。因此，父母不要试图当自己孩子的老师，而要当他们的伙伴，满足他们的需要、为他们提供自然生长的环境。应该说，蒙台梭利为后来的“早期教育决定论”播下了种子。而现代心理学的奠基人弗洛伊德动辄以童年经验来解释成人的种种心理问题，也间接地强化了人们对早期教育的信念。

“以孩子为中心”成为西方早教的主流，在大致差不多的时间（也就是19和20世纪之交），以哲学家杜威等领导的“进步主义教育”运动也进一步转化了美国的教育。杜威强调，传统的死记硬背方法压抑了学生的智力发育。他要求学校从书本中心转化到创造中心，充分利用传统乡村生活的教育功能。学生要通过各种手工、对当地政治的参与以及实地考察来丰富自己的经验和知识。“以孩子为中心”的教育，自此以后渐渐地被确立为主流。这也是战后西方的早期教育的哲学基础。如果我们相信弗洛伊德关于童年经验对成人有决定性影响之说，那么现代人之所以是现代人，在很大程度上就是因为他们作为整体，其童年经历和前近代的儿童已经有了本质的不同。

遗憾的是，中国自晚清以来有过多次学习西方的浪潮，但西方的“童年革命”却从来没有在中国发生。最让人感慨的是，当我们读卢梭、裴斯泰洛齐、蒙台梭利这些早期的儿童教育家对旧欧洲教育的抨击时，每每感到他们所抨击的现象仿佛就在我们的身边，仿佛中国当今的教育还像18世纪的欧洲！看看现在市面上的图书就知道，一半以上是教材和教辅材料。不仅是学校，整个社会和家庭都以教材为中心，在孩子的心灵中强制灌输成人的理念。用蒙台梭利的话来说，这样的教育所忽视的就是人的生命和人的成长。作为家长，如果你的孩子没有进入到“孩子们的自由共和国”，不觉得遗憾吗？这是我们每一个家长都应该自问的。

总的来说，思想的溪流是由高向低奔流的。教育的核心理念决定了个人、民族与国家的生存状态。如果我们要改变我们的家庭教育模式，使家庭教育成为孩子幸福的源泉，我们就需要把“快乐是人的本质与家庭教育的本质及其人类生存的本质”这一充满生命活力的思想，通过教育实践的传播，让更多的家庭体验并受益其中，让更多的孩子体验并理解“快乐是什么？快乐有生理的快乐、低级的快乐和审美的快乐几个层次，而审美的快乐是教育追寻的最高境界。审美快乐是精神的愉悦、是生命的发现，既是一种形式，一种感觉，也是一种精神，一种价值，更是一种生命的体验；审美快乐是创造的源泉，也是人生的最高境界，是幸福，是创造，是生产力，也就是生活”。这一深刻的道理；让更多的人体验并理解“审美教育是一种最大程度超越功利的为人谋幸福的教育；审美教育是一种把人的自然属性与社会属性、人的感性与理性、人的现实性与超越性充分协调起来的教育；审美教育是一种培养我们的感性和精神力量的整体达到尽可能和谐的教育，教会我们在这个丰富多彩的价值世界里，如何学会选择、学会学习、学会生存、学会关心、学会创造，进而学会快乐而艺术化地生活。因而，审美教育也就构成了人类最高境界的与最完美的教育”。不仅如此，境由心造，我们还需要整体地建立起“精神高于物质，精神成功高于物质成功，精神享受高于物质享受”的生存信念，并把这一信念贯彻在家庭教育、学校教育与社会教育的全过程中。这是人类发现自身、超越自身、从而到达一个新的精神高度的愉快，是一种更加复杂和高级的愉快。

让我们回归生活、回归情感、回归人的本性存在吧！由感性经审美走向理性，把情感教育放在和理性教育同等的位置，由此展开我们的人生历程吧！审美的愉快产生于生命自我发现，任何事物，只要呈现出生命的表现，只要我们从中看见生命的动态平衡和奋进过程，就能造成审美的愉快。我们一定要牢牢记住：情感永远是我们快乐生活与创造性生活的唯一源泉；教育永远有一个最根本的目的，这就是为人最大限度谋幸福。

# 育儿的基础

## 哲学基础

古希腊哲学家柏拉图在他的《理想国》一书中曾对教育的内涵做过精辟的对话体形式的分析，他认为，“善”的教育是指一种灵魂转向的教育，一种追问“何为美好生活”的教育，但这种转向谈何容易啊！柏拉图在其著名的“洞穴之喻”中表明，灵魂的转向要经历三次，而且每次要经历痛苦和经受得住诱惑，才能摆脱束缚、逃离墙上的阴影转而看到火光和实物，进而看到洞外的阳光，教育就是要起到引导灵魂的作用，但“引导”是何意呢？教育是不是意味着把知识往灵魂里灌输？苏格拉底明确否认了这一点，他说，教育并不是像把视力塞入瞎子的眼睛似的是一种知识的灌输，灵魂之所以能发生转向，跟灵魂自身具有视力有重大关系。

柏拉图的教育是关乎灵魂转向的教育，是一种无功利性目标的教育，因此，柏拉图的教育是一种自由的教育，这不仅是就教育对象而言，也是就教育原则、课程设计和教育方式而言的。柏拉图式的教育认为，教育的原则需要遵从适当的欢乐交往的规则而定，达到心灵的和谐。因此他强调，教育内容的选择重在其对人的发展，是否具有终极价值而不是功利价值。在教学方法上，他反对强迫学习，认为一个自由心灵的人不应奴隶般的被迫学习任何东西。亚里士多德也说过，教育是指自由人的教育，并且是一种闲暇式的教育，教育的目的是为获得闲暇。他指出，闲暇是全部人生的唯一本原。在柏拉图与亚里士多德那里，经自由教育培养“自由”人，其目的在于实现美好生活，从这个意义上说，他们赋予了教育最高意义上的使命、性质与内涵。

## 心理学基础

关于教育的心理学基础，有人专门做过推论和分析，在这里，我想删繁就简，简要说明即可，有时候，“越简单的就是越科学的”。我认为以罗杰斯的人性观作为育儿的心理学基础可以让人一目了然。罗杰斯对人性显然执乐观的看法。他认为：每个人都有一个基本上积极的取向，简单来说便是积极的、建设性的、朝向自我实现的、朝向成熟成长的、朝向社会化发展的，等等。人的本性是积极向上的，人积极向上的动力来自其自身的许多不同层次的需求，人在不断满足需求的过程中“实现自我”。因此，育儿的目标应该与孩子个体的需要相一致，育儿必须尊重孩子个人的独特性，育儿方法和育儿内容应该根据每个孩子的经验、意向、需要、情感、兴趣等决定，让孩子自由体验，自己学会独立思考、独立操作和自我评价。

## 美育学基础

美育就是通过美的观念与美的形态来进行的一种情感教育、价值观教育及其创造性的教育。美育的意义是什么？我以为，从广义上来说，美育最根本的意义就是审美心的养成，即审美主体在个人审美经验和审美态度的精神渴求中产生非功利性的审美期望和向往，在审美知觉中发现某种新图式，产生好奇心并通过知觉本身的组织能力发现它的“完形”，从而获得一种关于眼前事物整体形象的独特经验，获得一种感性的愉悦，并对知觉完形作进一步审视和欣赏，从而产生审美认识和审美快乐，并获得对事物的审美判断和审美欲望，直至形成个人的审美趣味和鉴赏力。从这个意义上说，我们可以把“美的形象性、情感性与活动性”的教学原则渗透到所有的家庭教育中，形成一个审美教育场：音乐教育不只是让孩子考级，而是开展综合乐感训练，语文的学习不是杂文选读、篇章结构分析与作文训练，而是对中外文学名著的阅读、欣赏与评论，美术学习不是单纯的美术技能训练而是学会观看与表现，让孩子在自由的表现中发现自我，促进心智成长；对孩子的品行教育不是说教而是通过令人心悦诚服的感人形象对孩子进行有灵魂感悟的人生哲学教育与营造真、善、美的行为规范的教育；使注重死知识灌输的认知教育，变成一种应用活方法把教学与活动有机结合起来的激动人心的智力探索，使死板的记忆变为主动的想象与丰富的形象记忆，使科学教育中枯燥的公式和定律变成人类探索自然的结构美与规律美的伟大发现；使注重运动技巧的体育活动，变成一种在体育美学精神指导下通过运动以强身健体并且磨炼意志、塑造勇敢顽强性格的训练；使劳动成为培养孩子审美的劳动态度与美化生活的生存训练。

从狭义的角度来理解，我们可以通过高雅音乐的节奏与情感经听觉接触心灵来建立儿童最早的认知结构（元认知结构），开发孩子脑的潜能，并配合诗歌、文学故事、绘画、舞蹈、游戏、运动、玩耍、野外体验活动等艺术形式来激发情感、丰富想象力与动手操作能力，以培养美的人格、建构优良的智能，形成高水平的认知结构，为向更高层次发展与创造打下坚实的情感基础与认识基础，从而充满后劲、朝气蓬勃地走上追求卓越的人生道路，这是教育能否取得成功的关键所在，也是决定个体人生是否幸福快乐的重要开端。艺术能帮助个人用艺术的知识与审美经验来丰富自己的精神生活，使人生富有意义与充满生活情趣，并造就一个完整而和谐，具有自身价值和社会价值，具有能动创造性的人。

## 审美心理学基础

审美心理学作为一门科学，大约在 18 世纪首先在西方兴起，并先后产生了诸多流派，其中人本心理美学是当代西方新崛起的一个颇有影响的流派。他们主张应把着眼点放到研究健康人的心理，为人格的健康发展指出一条道路。他们努力去观察那些内心健康的、有迹象表明最大限度地运用了自己的能力和智慧的、因而堪称杰出榜样的人的精神生活状态，它把这种人称为自我实现的人。代表人物马斯洛认为，“所谓自我实现的人，就是那种其基本需要已得到满足的情况下，又受到更高级的需要——超越性需要——所驱使的人”。这种超越性需要包括个人责任、意志自由、探求真理、美的创造和观赏等，一旦得到满足，便会产生一种更深刻的幸福感和丰富感，我们可以用向往、献身、追求、钟爱、羡慕、赞美、尊敬、沉迷、入胜等词进行描述，有时候这种最高层次的愉悦是无止境的、难言的，也许掺杂着一种宇宙般的悲哀，带有一种虚静的和不带日常情感的禅思，它是自我实现的创造性过程中产生的最激荡人心的深刻，是人的存在的最高、最完美、最和谐的状态，因而是一种高峰体验。马斯洛认为，“高峰体验”最容易在审美中产生，又并不限于艺术和审美领域，这些美好的瞬间体验来自审美感受，来自创造冲动、创作激情和伟大的灵感，来自意义重大的领悟和发现，来自女性的自然分娩和对孩子的慈爱，来自与大自然的交融，来自体育运动，来自翩翩起舞时……总之，“自我实现的人有一种惊人的能力，他们能够带着敬畏、愉悦、惊奇乃至心醉神迷的狂喜，神清气爽、天真烂漫地一次又一次地欣赏生活的原初的善，尽管这些体验对别的人们来说则可能是陈旧乏味的东西”。一个善良、真诚、美好的人远比其他人更能体会到存在于外界中的真、善、美。

审美心理学的另一重要流派就是格式塔心理学派，中文把格式塔译为“完形”，格式塔心理学研究的出发点就是“形”，是经由知觉活动组织成的经验中的整体。格式塔心理学派的追随者原籍德国现为美国哈佛大学艺术心理学名誉教授的鲁道夫·阿恩海姆一生都在从事教育和艺术心理学方面的研究，他在《视觉思维》一书中深刻揭示了视知觉的理性本质。说到这里，我觉得有必要对西方文化中的一些“偏见”有所了解，这种偏见最早应该源于柏拉图对理性的推崇和对感性的排抑，将感知与思维之间的界限划分得非常明确，认为知觉（或感知觉）属于获取经验知识的感性认识范畴，思维则属于理性认识范畴。感知是主体与客体进行信息交流的直接通道，是思维的基础和源泉；思维则是在感知提供的感性材料的基础上，在主体头脑中进行加工的产物，因此它具有间接性、概括性和抽象性。因此，在长期的概念中往往给人造成一种错觉，那就是形象思维属于低级的思维，而逻辑思维则属于高级思维。

阿恩海姆用视觉思维活动中的意象在知觉与思维之间重建了一座桥梁，他提出了“一切知觉中都包含着思维，一切推理中都包含着直觉，一切观测中都包含着创造”的重要思想，提出了“视觉思维”这一重要概念，指出“所谓的视知觉，也就是视觉思维”，视觉乃是思维的一种基本工具（或媒介），而且视觉思维的知觉特征不仅仅限于直接的知觉范围内，广义的知觉还包括心理意象，以及这些意象同直接的感性把握之间的联系。因而它也就有了一般思维活动的认识功能。视觉思维在本质上就是一种创造性思维。

尽管亚里士多德说过，“心灵没有意象就永远不能思考”，“视觉是智慧的第一个也是最后一个源泉”。但从西方哲学史来看，阿恩海姆的“视觉思维”概念及其理论对西方传统的哲学认识论显然构成了挑战。因为视知觉过程并不是一个简单的物理过程，而是一个复杂的心理过程。对此，解剖生理学也证明了人的视神经实际上是脑神经的一部分，视神经与脑神经甚至有着一种一对一的联系。观看的过程，必然要伴随着大脑的活动。知觉意味着对事物意义的识别和判断。在这一判断过程中，阿恩海姆对知觉作了这样的解释：“所谓知觉，就是那些具有相对说来较为简约形态的模态和样式（我称之为视觉概念或视觉范畴），与刺激达到一致（或用之取代它）。”因此，知觉的过程必然包括抽象、分析、综合、补足、纠正、比较、结合、分离，在背景中分离和突出某物等方法。

思维需要意象，意象中又包含着思维。因此，包含意象的视觉艺术乃是视觉思维的故土。正是从这一意义上，对这种创造性思维的有效把握和合理应用，无论是对当代创造心理学的研究还是对当代家庭教育的发展，都将是一个深刻的启示。

毋庸讳言，长期以来，我们的家庭教育过于注重与鲜活的感性生活相剥离的抽象知识和概念，忽视了对孩子视知觉能力的培养，孩子的感受能力没有得到及时开发和训练，还常常被各学科抽象的知识所淹没，势必会影响到他们的创新能力的生长和培养。因此，重视对孩子视觉思维能力的培养和训练，并科学地运用视觉思维及其意象的创新功能，这是我们家长的责任和必须要认真思考的问题。因为，在阿恩海姆看来，系统的视觉思维训练，需要的是把视觉形状作为支撑我们整个存在的力的作用模式的意象的能力，这种力的模式在生活中处处可见，不管是精神活动、身体活动、机器活动，还是社会和观念的结构，它们都有着各自特定的力的作用样式。因此，在当代家庭教育实践中，充分引导孩子把自己的学习内容与对生活中处处存在的“力的模式”的发现结合起来，这是育儿工作取得成效的关键。

即使有些家长意识到这一点，热衷于将孩子送往各级各类艺术班，但在我国目前的艺术教育中，孩子对“技”的训练与对“道”的体验相脱离，许多人把艺术感受能力的培养与文化素养的提升对立起来，重感性的艺术实践而轻必要的文化素养，或重理论知识的学习而轻艺术实践及其感受能力的培养等。这些现象的存在正说明了我们的艺术审美教育长期以来还没有真正走出传统心理学思维理论的误区。从阿恩海姆的视觉思维理论来看，其实艺术审美教育就是一种基于艺术感知、渗透理性内容而又回归“感性”的生命体验的教育，其中任何割裂感知与思维、感性与理性、艺术与科学之有机联系的行为对审美创造性思维的培养来说都是致命的。

## 医学基础

日本著名的儿科专家内滕寿七郎在《育儿须知》中曾介绍过有关脑的工作机制，所谓脑的发育并不是指脑神经细胞变大以及数量的增多。一般认为，婴儿出生时脑细胞就有 100 亿或 140 亿个，此后数目不增不减，只是从脑神经细胞中长出轴突和树突，这就好比一棵树，神经细胞的本体为树根，由此长出的树干为轴突，并从树根伸出许多像胡须样的小根。这些胡须样小根数量很多，这些小根与其他树根长出的小根相连结在一起，正是由于这些连结的增多，才使脑的功能逐渐发育起来。通过神经细胞的连结而相互传送生物电刺激，这种连结称为突触。这种突触成为中转站，或接受刺激，或传送刺激。此时，分泌出生物化学物质即神经递质，其作用是使传送刺激的工作进行得更加顺利。如果不分泌这种物质，就不能传送刺激。在反复传送刺激的过程中，传送工作就会进行得越来越迅速，越来越顺畅。神经突触之间相互连接处变得易于通过信息，并使信息传递带有方向性，这就是人们通常所说的“学习”的神经生物学过程。一般认为，假若脑细胞的树突和轴突的连结方式全部发挥作用，可达到 100 兆之多。人们常说孩子具有无限的潜在能力，或许应当说具有100兆左右的潜在通路。令人担心的是，当20年之后孩子长大成人时，脑细胞的100兆通路中的相当部分因被阻塞或变狭窄而不通畅。我的愿望是，使孩子长大成人之后，至少其脑子功能是现在成年人的10倍。

以上便是我整个育儿工作的基础，虽然有哲学、心理学、美育学、审美心理学和医学等方面的思想和理论为基础，但还存在如何施教才更有效的问题。

## 育儿的任务

以上教育理念的准备为我们展开育儿工作奠定了基础。在我看来，家庭育儿的目标是培养孩子“会做人、会做事”，育儿的目的是“培养人的理想品性”，育儿的出发点就是把真、善、美、爱、快乐的价值与方法，通过训练与实践逐渐内化为孩子稳固的心态习惯，这种稳定的使人高贵的情感体验模式是使人作为人能最大限度发挥其功能的核心品质。育儿的最高目的绝不是对任何功利主义的灌输，而是顺应人性，对美、爱、生命和快乐的唤醒；育儿要以人的幸福为中心，使孩子获得来自内心对学习、生活的审美感受和快乐体验。因此，育儿的任务可以概括为三方面：人格培养、智能开发和技能掌握。

### 让孩子过一种幸福快乐的美好生活

就全面培养人来说，审美快乐的培养应该是育儿工作的逻辑起点。审美快乐由内而外地激发孩子对学习、玩耍与生活的热爱并心领神会地享受其中；审美快乐还与爱和生命教育的价值内涵相联系：爱是什么？爱是一种给予、一种分享、一种责任、一种默默无语的操心与关怀。爱是利他的美，生命教育更是人类终极关怀的最高价值。审美快乐既是育儿的起点又是育儿的终点，育儿的首要任务说到底就是对审美快乐的唤

醒，让孩子过一种幸福完满的美好生活。何谓美好生活？罗杰斯认为，“美好的生活是对自己负责任的、自由地成为真实的自我的生活；美好的生活是自我实现的生活；美好的生活是开放的、自我信任的、敏感的、充分的、健全的生活；美好的生活是一种创造性的生活；美好的生活是丰富的、激动的、有益的、挑战性的、意义深长的生活；美好的生活是一个过程，而非一种存在的状态。总而言之，美好生活是人类机体具有内在自由时自觉选择的一种变化过程的独特取向，而这个取向的一般性质显然有着某种普遍性。换句话说，美好生活既是拥有个人独特性的，又是具有人类特性的生活”。

何为“人的理想品性”？罗素提出的理想品性有四种根基：活力、勇敢、敏感以及智力。活力是一种生理素质，更是一种心理素质，它能使人快乐而明智，增强人们对外部世界的兴趣；勇敢对于克服种种阻力、蒙蔽，树立人的独立性，成就美好生活是不可或缺的；敏感对于匹夫之勇有补偏求弊之功，但是必须“适度”，敏感的理想发展形式是同情，虽然世上不乏纯自然的同情，但这还有待于进一步发展扩充到更高的层次和更大的范围。理想品性的最后一项是智力。“没有智力，我们这个复杂的现代世界就无法继续存在下去，更不用说产生进步了”。智力能使好奇心得到充分发展，但好奇心要转变为真正的智慧，要富有成效，就必须与正确的求知方法相结合，需要养成“观察的习惯、相信知识的可能性、耐心、勤勉”以及“虚心”、“勇敢”等品质。

因此，在孩子品行形成的过程中一个重要的任务就是要注重个人是如何形成的这一核心问题。罗杰斯曾试着描绘正在显现形成的人所特有的一些品质：对经验更加开放；养成对于经验的信赖；倾听内心深处的声音；在生活中不断学习，主动参与到一个流动的、前进的过程中去，并从中不断地发现自己的经验之流中新的自我的生成与变化。具体来说，这种变化主要体现在：远离人格面具；远离“应该”；不再迎合他人的期待；不再取悦他人；向着自我导向转变；向着生成的过程转变；转向生存的复杂性；转向经验的开放；转向接纳他人；转向自我信任。他没有不安全感或装腔作势的存在样式，也没有内疚感或自我贬低感，他日益听从自己的生理存在和情感存在最深处的声音，并且发现自己带着更大的准确性和深度，越来越愿意成为他最真实的自我。

如此，当孩子体验到正在“成为真实的自我”时，或许已经在过一种真正美好的生活。

## 让孩子自主建构一种有学科基础的智能结构

就培养人的过程来说，教育根本的规律是价值引导与自主建构，我们在不断引导孩子成为什么样的人时，也要帮助他们自主建构有一定学科基础的智能结构。

这种以学科为基础的智能结构旨在帮助孩子学会把知识以学科的方式最有效地存储在自己的智力模式中，在我看来，这种储存不是被动的接受和死记硬背，而是通过把握学科精神、追问学科理论和掌握学科技能等整体融合成自己生命成长的需要，只有将知识放入过程的联系中去认识与掌握，才能完整与深刻，这是一个完整而深刻的整体。我们在引导孩子掌握和学习一门学科的时候，应该永远要从整体观念出发去理解学科的内在结构与普遍的哲学原理。这是一种生机勃勃的以哲学精神、美学精神与科学精神作为内在支持的学科精神的体现，孩子的学习如果能以学科精神为基础，其掌握的知识与技能才不会是苍白而又缺乏创造性的笨拙的工具，这种以学科精神为基础的智能结构的自主建构能使孩子学会一种优秀的思维方式，即用“艺术的感觉、哲学的思辨与科学的实证”建构起来的立体思维方式，这样才能让孩子的学习过程和学习效果达到最优化。

因此我认为在孩子的婴幼儿时期主要着重进行感受与体验的自然教育、爱的教育和自主教育，用与大自然亲密接触的形式侧重智力启蒙、潜能挖掘和大脑开发，培养小孩感受美的能力，并逐渐形成健康的审美趣味和美的观念，以培养敏感、活泼和快乐的人；中小学时期则通过审美教育和生命教育以培养具有审美人格和智慧的人为核心，着重进行能力培养、素质训练和精神品质提升的教育，引导孩子在愉悦的活动中进行富有挑战性的智力游戏和简单的创造性活动。

## 让孩子掌握一定的专业技能

从宏观上看，教育是围绕“情、知、行”合一这一结构而展开的，情感是主体认识与行动的动力，主体的任何活动都伴随着一定的情感，情感活动主导认识活动与实践活动，情感活动的强弱，决定认识活动的深浅程度，决定实践活动的方向与大小。因此，教育需要通过一种发现生命意义的审美活动把激情、诗意、意象、冥想与概念、判断、推理、体系引入人的感觉，以发展出一个感性与理性融为一体的新的需要系统，这个新的需要系统使人既能享受感性的狂欢又能享受理性的狂欢。这种新的系统需要人的“心脑手合一”的训练模式才能顺利达成。即学习要从心的感受开始，由心的感受上升到脑的思考与下行到手的实践，经过“定向——模仿——熟练”这样几个阶段的特殊训练，产生富有自我意义的专业认同和生存技能。

从微观的课程结构看，需要特别强调的是，家长应把人文学科的课程与人文精神的建设放到核心、灵魂与本体的地位。人文学科课程是核心、是灵魂，自然科学与社会科学课程是理论基础、是方法，专业技术课程是理论联系实践、是一系列解决问题的训练、是多向度的拓展，只有人文课程的学习是埋在地下的精神基础，是心灵快乐的精神土壤；人文、民主与科学是一个整体，人文为民主灌注自由、平等、博爱的精神，为科学灌注充满创新精神的审美价值，为社会灌注生态主义与人道主义的终极关怀。这样才能造就出秉持健康价值观与充满生命活力的个体。

以上就是我开展育儿工作的“歪打正着”育儿理念。

# 第二部分 实践与探索

孕育篇

# 教育，从“好孕”妈妈开始

每一个不曾起舞的日子，都是对生命的辜负。

——［德］尼采

## 先选一个好爸爸

当我得知有个新的生命在肚子里的时候，一个生命与另一个生命的互相成全便由此开始。

那一年，我 25 岁。

其实还应该算是一个懵懵懂懂的年纪，心理上还远没有做好当妈妈的准备，对即将到来的小生命既欣喜又恐惧：欣喜的是真奇怪啊，小家伙不声不响一夜之间就来了，恐惧的是这个小东西生下来会健康吗？不会缺什么吧？会有奶吃吗？生病了怎么办？况且那时候条件也很有限，只有一间 20 多平方米的平房，没有厕所，上厕所要到很远的公共厕所去，房子还当西晒，一到夏天里面就像蒸笼，热得喘不过气来，要命的是房子线路老化还不能开空调；我和准爸爸都是工薪阶层，我在学校当老师，每个月 200 多元的工资，他在一家化工厂上班，收入微薄，双方

父母也没有什么资助，不像现在的年轻人，一结婚就一方买房一方买车，当然，有这些固然很好，但不应作为必要条件。我们那时最值得骄傲的是我们都有健康的身体、聪明的大脑和良好的生活习惯。这些很重要。

现在的人择偶标准越来越苛刻，收入啦，地位啦，相貌啦，等等，唯独不看一个人的智商、潜质和品相，而这些往往决定了下一代的遗传基因。我和他刚认识时他一没钱，二没地位，三没房子，我现在还笑称他是“三无人员”，但我想他是学理科的，智商应该不会很低，我们每次去看电影都是他买票，说要我把钱存起来，这人应该比较顾家，另外他也没有抽烟、喝酒、打牌等不良生活习惯，而这些对后代的健康和后来的日常生活很重要。

## 为完整的人准备一生

随后到来的妊娠反应将所有的恐惧和担心扫得一干二净。小家伙开始和我作斗争了，用这样一种特别的方式取得我的认可。“好吧，既来之，则安之，我会好好待你的，别再折腾我了。”妊娠反应过后，我开始心平气和地与小家伙对话。

为使孩子具有爱美、爱正义、爱真理、爱善行的精神，在怀孕期间，我注意多看好书、多想开心的事情、听古典轻音乐、欣赏大自然的美和艺术作品，并且尽量多做好事。我开始注意饮食，不吃一般孕妇喜欢吃的梅子、姜、饮料之类的加工食品，而是吃大量的水果、蔬菜和鸡蛋等。那时的红富士苹果很贵，一件要 70 元，准爸爸从很远的批发市场买来给我吃，鸡蛋都是从乡下带来的；我们那时住在离烈士公园不远的学校宿舍，每天吃完晚饭就一起到烈士公园散步，呼吸新鲜空气，我特别喜欢看那种盛开得很浓烈的茶花，希腊有个习惯，妇女在怀孕期间要观看美丽的事物，这是为了使孩子也能成为美丽的人。因为美能使人精神愉快、感到幸福，而愉快和幸福能使人变得更加美丽；我还注意运动，直到生孩子前几天都一直坚持上班，做简单的劳动；为保持心情愉快，我从老弟那儿借来质量很好的随身听，每天晚上听舒曼和莫扎特的音乐；怀孕五个月的时候，我在师大的本科学习也开始了，那年寒假我每天从东风路到师大美术系上课，学习的课程是人物素描和色彩静物，一画就是一天，而且是站着画，只在中午出去吃点东西，来回公交车上还要折腾一两个小时，辛苦可想而知，但我并不觉得累。后来有人开玩笑说女儿很聪明可能跟你的“被胎教”有关，也许是啊，我虽然没有特意让女儿学美术，但她从小表现出来的那种认知能力和对形色的敏感却是令人惊讶的。

1994 年 7 月 10 日，天气酷热难熬，经过 10 多个小时的阵痛和剧痛，小家伙终于熬不住了，晚上 8 点多，在助产医生的帮助下，我憋足了气，终于，只觉肚子哗啦啦一下子，马上就呼吸顺畅了，小家伙顺利降生了。“你看看，是个女婴。”医生将女儿双脚倒拿着，女儿屁股上还有便便，似乎用尽了力气经历了人生第一次大考验，哇哇大哭，好像第一声叫的是“姆——妈”，我无力地斜了一下眼前的这个肉身，第一反应是：“还好，四肢健全。”第二反应是：将来这个生命又要和我一样遭受女人的痛苦了。“7 斤 2 两，50 厘米。”医生边给女儿打包边告诉我，“女儿一定身体健康。”我心里的石头终于落地了。

发芽篇

# 自然教育，哺育敏感的生命

——0 岁心智启蒙

人的教育在他出生的时候就开始了，在能够说话和听别人说话以前，他已经就受到教育了。

——［法］卢梭

## 母乳，大脑发育的催化剂

女儿出生的第二天，天空突然狂风大作，大雨倾盆，炽热的夏天一下子变得凉爽了。女儿从婴儿室被护士抱出来时，已经是第二天上午八九点了。按日本育儿专家内滕寿七郎的观点，婴儿生下来就应和母亲在一起，而且如果孩子啼哭，要立即抱起来，要以慈祥的目光向孩子传递母爱，有人提出“不抱抚育法”“严格定时哺乳育儿法”等，那是生搬硬套欧美的育儿方法，是不充分给予孩子爱的抚育方法。先生还强调尽可能要给婴儿第一口吃初乳，因为初乳不仅营养丰富，而且其成分中含有免疫物质。不要一开始就给孩子进行人工喂养。不管是喂养人工营养1 毫升，还是只喂过一次，只要给予人工营养之后，再给予的这种母乳营养就不能算作是真正的母乳喂养，因为血液中已经形成了抗牛乳中某种蛋白的抗体。日本川崎博士认为，首次喂母乳与首次喂人工营养品，同样只是一次，但结果完全相反，不妨说得极端一点，若母乳喂养能坚持最初两周时间，即便其后再用混合营养，也无关大局。

遗憾的是我错过了最好的和女儿亲密接触的最佳时期，这可能和我后来开乳慢有关系，我变得焦虑起来。看到医院的新生儿室里，被褥旁都一一摆放着奶瓶，我认为这不是哺育而是饲养！想想连猪都是给刚生下来的小猪仔吃母乳，我总觉得这好像是在人为地制造爱打架斗殴的凶犯。美国为什么犯罪很多？我想或许就因为采取了上述那种机械而残忍的育儿方法，使人们不知不觉地就失去了人性。目前在美国出版的《虎妈战歌》其实也是这种教育方式的翻版。我之所以这样说，目的是想让天下的母亲们彻底地理解这个问题的重要性。

但我因刚从生孩子的生死边缘线上恢复过来，无力与院方抗争，也没有郑重其事地恳求医生和护士从一开始就让女儿和自己睡、吃自己的奶，只得听任他们的摆布了，这不能不说是一种永远无法弥补的遗憾，以致女儿在乳儿期引起过湿疹、“夏季热”等食物过敏现象，其结果很可能还牵连到她整个人生，女儿直到现在还有粉尘过敏症。我虽没有坚持让女儿第一口吃初乳，但也绝不是什么大不了的事，我仍以足够的勇气，接受各种可能提供给自己的条件，从中做出最佳选择，始终对育儿工作充满信心。我想与其过分地伤神，搞得自己和女儿都焦虑不宁，倒不如落落大方，用满腔爱心照料自己的孩子，时刻铭记：妈妈的笑容比什么都宝贵。

住院期间为弥补晚上不能和女儿在一起的遗憾，我抓住白天的每分每秒和女儿在一起。女儿出生第三天了，还是没有奶，我心里开始着急了，这种情绪可能也传染给了女儿，她哇哇大哭起来，坚决拒绝再喝牛奶，医生要我将女儿抱在怀中，让她自己找奶头吸吮，当女儿第一次将软软的小嘴碰触我的乳房时，一种强烈的母爱油然而生，平生才真正体会到人们常说的“吸奶的力气”是一种什么样的力量，那么小的生命，却有那么大的力气将我那还凹陷的乳头吸吮出来，我似乎感觉到黄色黏稠的乳汁在滋滋地流入女儿的口中，生命真的很奇妙啊！那圆圆的眼睛、稚嫩的面颊、小巧的手足……每当我让女儿用那双有力的小手抓握我的手指时，无意中禁不住下定决心要捍卫他们宝贵的生命。世界上所有的父亲、母亲都在为捍卫孩子宝贵的生命而努力，女儿用她旺盛的生命力度过了人生第二场考验。

一直到女儿5个月大，我坚持喂母乳，母乳有利于婴儿大脑的发育，母亲应正确地摄取营养，保持身体健康。母亲在哺乳时各种光刺激、声音刺激以及其他环境刺激使婴儿脑细胞受到了刺激，所以其功能也随之不断发育起来。

小资料：为什么初乳如此宝贵呢？因为初乳不仅营养丰富，而且其成分中含有免疫物质。

怀孕后期，乳汁就在乳房内一点一滴地积累起来，形成略带黄色的黏稠状初乳。虽然初乳的脂肪量比其后产生的成熟乳少，但蛋白质含量丰富，而且蛋白质中含大量对保护婴儿不患病、健康发育起重要作用的分泌型IgA（一种免疫球蛋白）免疫物质，为母乳所特有，在人工营养中几乎没有这种物质。分泌型IgA不会被消化、吸收和分解，婴儿吸进体内后，就如同涂抹油漆一般，把婴儿的呼吸器官和消化器官的粘膜表层包裹起来，防止大肠菌、伤寒菌及病毒侵入而患病。生后不到6～12周的婴儿，支气管和消化器官的粘膜不能自己制造分泌型IgA。只有初乳中所包含的分泌型IgA能防止细菌和病毒的侵入。IgA的另一功能是能防止引起各种过敏症的抗原侵入肠内。在这个防御屏障形成之前，若不经婴儿吃初乳而给予牛奶等人工营养的话，那么，肠粘膜功能尚不成熟的新生儿就大量地吸入与人体蛋白质相异的牛体蛋白质。这种异种牛体蛋白质往往有时会成为抗原，根据婴儿的体质不同而引起牛奶过敏。

除上述外，初乳中还有许多物质能保护婴儿不生病。如：铁和蛋白质相结合所形成的乳酸吩咛能削弱或抑制细菌的活动，同时，初乳中含有各种酶，其中有一种酶叫溶菌酶，能阻止细菌和病毒黏结在婴儿身体上。

——摘自［日］内滕寿七郎著《育儿须知》

## 沟通，与幼小的生命

有人认为刚出生的婴儿没有视力，其实婴儿生下来就看得见东西。

当女儿出生后第二天被抱来时，黑黑的眼睛睁开来安静地来回转动，我紧紧地盯着看她的小眼睛，她的眼珠竟然停了下来，瞬间凝神看着我的脸，我把眼向左移动，女儿也稍向同一方向转动瞳孔。我很惊讶，还听不懂话的刚出生的婴儿也能通过“目目相视”与大人对话，更令人惊讶的是第三天当外公外婆跟睡在摇篮里的女儿“讲话”时，女儿还真的“哦、哦”叫着，似乎在回应什么。手和脚不停地划着、蹬着，紧紧抓住大人的手指不放，原来，婴儿也需要交流和关注啊！我开始以温和善良的心情拥抱女儿，端详女儿，将她当做一个完完整整的人来对待，尊重她的人格，尽量满足她爱的需要。

这种通过眼睛的“心中对话”对女儿的身心健康极为重要，既是传递母爱的重要手段，自然也是育儿的第一步。眼睛不仅对心灵的成长很重要，实际上，来自眼睛的刺激是女儿大脑发育的启动站。因此，只要女儿睁大眼睛，我必定把她抱起来，目不转睛地看着她的眼睛，她一边微妙地转动着一边与我的目光相会，我发现，从这时起，女儿的大脑发育就已开始了。我给她的摇篮里铺上漂亮的花布，还给她看颜色鲜艳的图画、讲《婴儿画报》等，女儿似乎都明白，用手抓图画书，嘴里“哦、哦”叫着；我给她念画报上的故事时，她好奇地用手抓我的嘴唇，似乎在说：“妈妈这里怎么会有声音啊?”我还给她玩报纸，女儿喜欢用力撕报纸玩，可能是用力的感觉和撕纸的声音使女儿觉得很有成就感吧！我想一切顺其自然，尽情地给女儿以母爱，这样的母亲所培育起来的孩子一定懂得热爱他人，也一定会无忧无虑地茁壮成长。

## 音乐的力量

据说，在母腹中就常听莫扎特名曲的婴儿，出生 2 ~ 3 个月之后，一听到这种名曲，就会立即表现出很高兴的神态，因为听音乐时，孕妇乐滋滋的心情肯定会对通往胎儿的血流产生出良好的效果。还真是如此。女儿 3 个月的时候，有一天晚上我把女儿单独一人放在那儿，自己在收拾房间，女儿竟无缘无故地大哭起来，并非因为肚子饿、不舒服或什么地方疼痛，我想这可能就是人们常说的所谓“撒娇哭”吧，是“希望妈妈照料自己”。我这时如果马上去抱起来，女儿肯定立即不哭了。但弄不好所谓“好抱癖性”便会从这个时候开始养成。如何对待这种撒娇哭闹才好呢？考虑到将来的育儿工作，在这个时期，完全受理和一概不理睬都不可取。一哭就抱，有可能养成好抱的毛病，丝毫也不能满足撒娇的心理，也有可能会对婴儿的心灵发育产生不良影响。为了既能满足女儿撒娇，又不至于使撒娇成癖，我轻轻走近她的身边，微微一笑，女儿以为我要抱她了，马上停止了哭闹，睁着眼望着我，但我却没有伸出手去，而是小声说：“妈妈在做事，你自己玩吧！”又走开了。女儿看我没抱她，又大哭起来，眼里却没有半滴眼泪，我偷偷一笑，“这小家伙！”等她哭声小点了，我又走过去，悄悄打开了录音机，播放曾经怀孕时听过的莫扎特的音乐，女儿心情马上就平静下来，很快就不再哭了，一个人在床上跟着节奏一扭一扭，还发出欢快的笑声，音乐的力量真的很神奇啊！

可能由于胎教的缘故，女儿对有节奏感的声音特别敏感，这也许对她日后超强的语言学习能力有帮助。有一次 2 个多月大的女儿吃完奶，我把她抱在胸前，摇头晃脑地念儿歌：唐僧骑马咚那个咚，后面跟着个孙悟空……女儿一边看着我滑稽可笑的样子，一边咯咯大笑不停，这是我第一次听女儿不间断地大笑不止，我想这可能是女儿与他人之间进行友好交流的表现，这是一种社会交际性的微笑，证明女儿已有感知周围气氛并作出反应的能力。

## 与女儿一起散步

散步对孩子的身心健康发育极为有益。除日光中的紫外线外，自然界还有许多我们感觉不到的对人体能产生物理作用的珍贵东西。我从女儿出医院的第二天开始就带她出去散步。那时我们住在学校里的宿舍，热天酷热难耐，想不出去也不行，我也没有管什么坐月子不能出门之类的习俗。每当我抱着她说出去玩时，她的小眼睛马上炯炯有神；相反，要是哪天下雨整日闭门不出的话，女儿会变得心情烦躁、睡觉不安稳、吃奶也无精打采。

中国人以前没有散步习惯，吃完饭后全家人喜欢坐在沙发上看电视，或者邀上几位好友搓麻将。我在一本育儿书中看到：俄罗斯人即使隆冬 -15℃，也要把孩子带到室外。即使是婴儿也这样做，孩子的脸蛋变成了蔷薇色，有食欲，睡眠好。据说，第二次世界大战时，居住在中国哈尔滨一带的许多人冬季几乎不让孩子外出，所以春天来临后，大部分孩子由于缺乏紫外线照射而患佝偻病。相比之下，俄罗斯人即使是在严冬季节，只要不刮大风，就把孩子领到室外玩耍，所以完全见不到有患佝偻病的孩子。另外，位于表皮附近的毛细血管有调节体温的作用。当接触冷空气时，毛细血管就缩小，使血液流量降低；当遇温暖空气时，血管扩张，血液流量增大。令人难以置信的是，一旦人的皮肤能适应自然界的气温，就能适应严酷环境，而且内脏也会随之健康起来。

因此，我几乎每天以享受自然风光的悠闲心情，带着孩子一起散步。这对大人来说，也可借此活动全身的筋骨，吸收新鲜空气，提高新陈代谢的功能。我把她放在小车里，推着漫步，边走边说话边观察路边的植物，值得庆幸的是长沙四季分明，我们又住在风景很好的烈士公园旁，各种树木的颜色，公园里的花儿，午后的阳光，还有到处乱刮的风，在四季中的变化都很明显。母亲身心处于良好状态，这是以爱心接触婴儿的大好时机。

## 多种感官体验

女儿是农历六月生，俗话说“六月生的小孩没包手”。意思就是爱动。女儿抓住东西后，不管是什么，都爱塞进嘴里。要是别的母亲，每逢这时往往说：“不行!”遂将婴儿要放入口中的东西夺下来。其实，我觉得只要不是能咽进嗓子里的东西或掉颜色的东西，可任凭婴儿往嘴里塞。因为这是婴儿通过触摸和舔弄来感知各种物品的冷、热、软、硬，而且，由此所产生的各种刺激会不断地在大脑中留下记忆，促使婴儿通过亲自体验发展各种感觉，有利于大脑的发育。不仅如此，从月子里开始我还将女儿的光脚板放在粗糙的水泥栏杆上轻轻地来回摩擦，开始时女儿紧张地望着我，后来可能有点痒痒的，反而很愉快地和我一起玩耍了。我认为乳儿期积累的体验越多，婴儿就越有可能在这个基础上发展成一个感觉灵敏的孩子。虽然未必能说这与智力的发育有什么内在联系，但对艺术感受和运动神经的发育必然是一种磨炼。

其实，孩子自出生之日起，就会通过嘴、舌头及其他感官来探索外界事物，也就是说，一个人从生命的开始，就有了感知的欲望。我就是让女儿通过目睹、耳闻、口尝、脚试，从中感觉到那个物品究竟与自己有什么样的关系，这就如同狗通过感觉器官中最灵敏的嗅觉来分辨物品一样。有些父母认为孩子太小，教育他们应从适当的年龄开始，事实上，生命本身就赋予了孩子求知的渴望。我就是用这种最自然的方式让0岁女儿亲自体验每一件事，其实这些都是在为她日后的茁壮成长奠定基础。

生长篇

# 爱的教育，让女儿充满生命活力

——1～2岁潜能挖掘

最好的教育是挖掘人的潜能的教育。

——［英］罗素

## 让女儿独自玩耍

一说到“游玩”，往往有的大人认为这是第二位或第三位的事情，学习和工作才是头等大事，认为玩而生非的人也大有人在。其实玩乐对大人来说固然很重要，对幼儿来说就更为重要，因为玩本身就是在学习，“玩中学”、“做中学”可使大脑的各部分得到发育，从中学习各种知识，掌握本领，对于年龄稍大一点的孩子来说就更加适合在玩中学习，这一点自然不言而喻。

孩子的玩可分为与父母亲、小朋友一起玩以及自己一人独自玩三种类型，三种玩法都很重要。女儿一岁多时由于住房条件原因请不到保姆，我只好自己带她了，除了和她有一定时间的逗乐和交流以外，我更多的是让女儿学会独自玩耍，而我也正好可以利用这宝贵的时间做做其

他事情。我把一本封面设计得很精巧、漂亮的图画书放在沙发的扶手上，让女儿可以看得见的地方，有意训练女儿独自爬行过去凭自己的劳动得到自己想要得到的东西，女儿好不容易从地上爬到沙发边上，再慢慢爬到沙发上，从沙发上慢慢扶起来，终于抓到图画书了，很有成就感地边翻边“哦、啊”交流，口中念念有词、抑扬顿挫，我想女儿后来喜欢阅读的习惯可能就是从这时候开始养成的。

独自爬行对女儿的大脑和身体发育也很有好处，有报告指出：爬行尚不利索的孩子，即使逐渐会走会跑了，当跌倒时，头脑中没有用手扶地的意识，因此很容易摔倒致伤。所以我从来没有让女儿避开爬行阶段直接利用学步车走路，女儿倒是刚满一周岁那天就能自己独自骑小三轮车到处跑了，后来由于骑得太快，加上后面还有小朋友一起推，女儿掌握不住摔了下来，脸上划了几道痕，但由于有爬行经验，手脚都没事，反而训练了女儿的胆量，过了几天，女儿就能敞开手自己独自行走了，后面还拖着一条玩具狗呢！

当女儿独自玩耍时，我从不会因为手头无事随意把孩子抱起来或插手一起玩，而是守在旁边默默地静观。我知道：女儿独自玩能在想象和开动脑筋想办法的乐趣中促进大脑发育，过于关照，往往使孩子失去许多珍贵的个人游戏机会，其实从0岁开始，女儿就开始了这种个人游戏，比如喜欢手撕废报纸，也许有的母亲担心只让孩子一人玩耍会使孩子不合群，影响社会交际能力。不过，依我之见，在0岁期，还没必要担心交朋友的事。即使大人觉得孩子实在可爱，硬是把孩子抱起来而中断了游戏，这也是对幼儿的一种妨碍。难得孩子在学习知识，有意强迫孩子停止学习的父母自然不会有的。父母喜爱孩子之心也可以理解，但希望在这时应稍作忍耐。当孩子自己玩腻了，或玩得不顺利哭着向父母求助时，此时可作为孩子伙伴一起玩或一起滚球。屡次打断孩子独自游玩，或插手帮忙，孩子不仅不能玩得熟练，而且容易分散精力，不能养成注意力集中的良好习惯，还很可能发展成一个依赖心理很强的孩子。因此，从小时候开始，当女儿一个人做游戏时，我不会跟他说话或干预，只是静守在孩子的身旁，使她能一人尽情地玩乐，这一点非常重要。

女儿稍大点的时候喜欢一边自己更换衣服，一边自言自语，重复母亲常对自己说过的事，这是女儿正在乐滋滋地空想各种事情。这时，我也绝对不会取笑或打断，因为女儿正从这种玩乐中培养记忆、学习和创造能力，特别是孩子的自立精神的萌发，更是来自于对关照自己的母亲的信任。若母亲对孩子一味采取斥责态度："你看你，又把衣服弄脏了！"长此以往，孩子就会认为他所信任的爱护自己的人已经背叛了自己，从而失去自信，自立精神的萌发便会向后推延。女儿还喜欢模仿大人的举动做一些"工作"，在自由的体验活动中获得一种劳动后的成功感。女儿在大概不到3岁的时候学着大人的样子开始给自己的小床整理被子，她非常专注和热心此事，每次她整理好后，我就会说："韦韦，你整理得真好！"她听到赞扬后高兴得在床上蹦来蹦去，有段时间，天天要争着整理被子，她整理的被子比我们做得还好。想不到孩子的动手能力这么强，孩子的潜能常常超出你的想象。蒙台梭利就曾经说过，孩子喜欢"工作"甚于游戏。当然，这里所谓的"工作"与我们通常所理解的概念有所不同，是泛指一种手脑结合、身心协调的作业。蒙氏认为，工作是人类的本能与人性的特征。她说："儿童的'工作欲'正象征着一种'生命的本能'，在顺利的环境下，工作这种本能会自然地从内在冲动中流露出来。"因此当孩子严肃地做面前那件工作时，你千万不能认为那是毫无意义的，甚至以为她是学着马戏团走钢丝的游戏。其实她是在做着一件神圣的事——学习成人的正确走路和沉静细心。

就蒙台梭利的幼儿教育来说，"工作"的目的是训练孩子的手眼协调，做事聚精会神，而且能有秩序地完成一件工作的能力。同时也借着四肢的活动，使孩子的人格、智力与体能同时得到发展。

让女儿独自玩耍还包括训练女儿单独一个人睡。常听有人说，大人陪睡不利于培养孩子的自立精神，这一点我赞同。我从女儿乳儿期开始就一直训练她独自睡觉，女儿的摇篮就在我的床头，即使是独自睡也可以随时照看。但女儿大约在1岁半时，有时喜欢半夜爬起来用手摸我的脑袋，想钻进我的被窝里，2岁多时我们正好搬了新家，女儿有间自己的屋子，刚开始的几天有点不习惯，经常对房门上的木纹说："这是鬼。"晚上睡到半夜，我突然觉得有什么东西"窸窸窣窣"的，用手往床下一摸，发现是女儿的小脑袋，她是什么时候爬进我们房间的都不知，我想或许是因为女儿做梦心里感到害怕，就连忙把她抱上床和我们一起睡，我认为这种情况只是一个特定时期之内的事，让女儿和自己睡满足孩子的心愿，安定孩子的情绪，这绝不是什么坏事。当然，母亲也不宜长期陪睡，因为那样也许会引起孩子其他方面的心理症状。

即使晚上偶尔陪睡，第二天早晨一起床我仍劝诱女儿说："今天晚上一个人睡好吗？一定会睡得着的哟。"这样不断地刺激孩子想做大人的心理。在满足孩子的要求之后，就要随之提出父母的要求。尽管孩子还小，但只要有耐性，设法让孩子自己判断应当怎样做才好，孩子是能够重新单独睡觉的。没过多久，女儿就自动离开了我的被窝，对门上的那些木纹也不再害怕了。

若孩子从小时候起就在这也"不准"那也"不行"的训导下成长的话，久而久之，就会把母亲的话当作耳旁风。过了 4 岁之后，不管态度如何强硬地说"不行"，也无济于事了。岂止这样，最终会发展成为一个对母亲所说的一切话都漫不经心的孩子。因此，希望母亲们在责难自己的孩子为什么变成了一个不听话的孩子之前，应该首先对迄今为止自己所采取的错误教养方法进行深刻的反思。

## 自我意识的觉醒

女儿快到 1 岁时虽还不能说完整的话，但却能完全听懂大人的话，偶尔还能说一两个字。有一次我对女儿说："我们等会儿要去外婆家，坐中巴车去好不好？"女儿高兴地回答："好。""坐公共汽车去好不好？""好。""走路去好不好？"女儿便不做声了，无论怎么问都不回答。女儿那时可能还不会用"不"字表达，但却用沉默表达了自己的思考、判断和意识，这应当理解为是其内心开始萌发出了自我意识，用一句话来概括，即女儿开始有了自我意识，开始产生请求大人承认或满足自己的心理，尽管这种心理现象还并不十分明显。这是婴幼儿头脑中的变化，在外面是看不到的。当孩子逐渐有了自己的世界，假若这个世界遭到某种侵犯，婴幼儿为保护自我世界则产生强烈的反抗心理。父母的“不行”“不可以”之类的语言会使自我被否定了的1~2岁儿童反抗心理更加强烈，偏偏逆父母意志而行，故意使父母生气。

但是，因为2岁儿童尚不具备把反抗行为付诸行动的能力，表现为内向性。可到了3岁，则在行动上表现出来。也就是说，一般认为3岁儿童到了反抗期，其反抗行动的因素在2岁儿童时就已蓄积起来了。如前所述，我想在孩子开始意识到或会说“不”的时候，母亲必须改变以往的育儿方法。因为即使对孩子的反抗予以强行压制，其内心也不会老老实实接受的。这一时期，即使父母说“不行”孩子也不会接受，这是因为他不理解为什么“不行”。因此，若无人制止，孩子就会反复去做同样的事。不理解这一点，母亲因各种事情对孩子的斥责会日益增多。比如女儿喜欢拿水彩笔在家里白色柜子上乱画，刚开始我觉得很心疼，那毕竟是新家具啊，可是我越是慌忙说“不行”予以制止，女儿越觉得有趣，趁我不注意时又一次次地在柜子上画画。我想这可能是因为女儿把我惊慌失措的反应看作是对自己的关注，或觉得很有意思才这样做的。因此，当女儿再次在家具上画画时我一般都会默不作声，过后还表扬女儿画得好，线条很流畅，很有想象力，而且还对女儿说：“在纸上画画也很有趣啊!”我给女儿准备了一大摞纸，女儿发现了纸上涂鸦的乐趣，便不再继续在墙上和家具上画了（其实家里的墙壁和家具早已经画满了）。女儿在这样的环境下逐渐有了判断能力，即使父母不予以特别关注，女儿也会看父母的表情即可知她做的哪些事是对的，哪些事情是父母所不允许的。

由于一开始我和女儿之间就建立起了牢固的信赖关系，以后的育儿可谓顺利进行。为取得孩子信赖，使心扉总是敞开着，请不要做总是连声叫喊“不行”的母亲，而要做总是以慈祥的目光注视孩子的母亲。如果总是被慈祥的目光所注视，有一颗开明的心，孩子的心情自然很平静。若母亲心平气和地告诫，孩子是能认真去理解的。我的女儿从小到大从没有无缘无故地发脾气，跟这种育儿方法应该也有关系。

2岁儿童自我意识觉醒的另一个表现是有强烈的嫉妒心，千万不要与其他孩子相比较而在别人面前伤害自己孩子的心。有一次我碰到一个邻居家孩子时夸奖别人家孩子：“多么可爱的孩子啊！又干净又漂亮又有礼貌，哪像我们家孩子一身脏兮兮的！”哪知这句出于谦虚、漫不经心随便说说的寒暄话女儿却听在心里，回家后女儿突然问我：“妈妈，你会要隔壁姐姐做女儿吗？”我才猛然惊醒，可能是刚才在楼道里和邻居的寒暄话刺伤了女儿的心，女儿回来后一直闷闷不乐，女儿听到来自世界上第一重要的人母亲的坏话，以为自己竟是那么不好啊，因而垂头丧气。我意识到自己的疏漏，连忙说：“哪有啊，我们家女儿更聪明，你才是妈妈的宝贝女儿啊！”孩子认为最爱自己的是母亲，母亲漫不经心的谈话也最能伤孩子的心。我想，不要以为孩子什么也不懂，因而在孩子面前随便讲话，一定要慎重。尤其是不要和别的孩子相比说自己孩子的缺点。孩子也有自尊心。更何况，没有比夸奖别人的孩子更能使自己的孩子感到孤寂的事情了。如果要夸奖别的孩子，也要照顾到自己的孩子。对于刚刚产生自我意识对自我很重视的孩子来说，母亲的慈祥与体贴正是培养自信心所必需的。

## 涂鸦的意义

前面说到女儿在1岁多时就喜欢拿那种深色水彩笔在家里的柜子上涂鸦，因我家里是白色的家具，在上面画画很显眼，女儿很开心，边画边口中念念有词。其实这个时候是一种随意涂鸦，这种涂鸦的动作是未经控制的，女儿只是在享受涂鸦动作和笔在柜子上摩擦带来的乐趣，对孩子来说，这也是一种劳动和表现的乐趣，家长不要过多地干涉，或鼓励孩子去画一些“真实”的东西，否则会戕害他们未来的心智成长。对孩子来说，孩子的画与婴儿的哭一样，是他们直接表达心情的一种方式，孩子天生就会涂鸦。

女儿这样子在柜子上画了一段时期后，将家里的家具和墙壁全画满了，我开始引导她在纸上涂鸦，女儿渐渐发现自己的动作和纸上的痕迹之间有些关联，开始反复她的动作，并尝试复杂的线条和形状，有意识地上下或左右地画线，先是画纵横线，后来发现了画圆圈的乐趣，经过不断地变化和重复后，还能画出不同的几何形状，而且能用整个手臂来涂鸦了。虽然有时候还将能控制的线条和不能控制的线条混合在一起，但能控制自己的肌肉动作对女儿来说已经很了不起了．她不但从控制肌肉的感觉中得到信心，还能首次从视觉上面体会到肌肉的运动。由于肌肉协调是 2 岁左右儿童最重要的成就之一，因此任何在这活动中的挫折都会引起压抑，这时候的孩子涂鸦除了在纸上涂涂抹抹之外，没有其他的创作意图，他们全部的满足，都来自这种肌肉运动感觉和对它的熟练。

但有一天，3 岁的女儿在涂鸦时开始说故事了，她说："这是妈妈，妈妈在买菜。""这是爸爸，这是自行车。"虽然我还认不出自行车或是自己，这种"涂鸦的命名"对女儿的成长却有及其重要的意义，因为女儿开始进入了思考状态，直到现在为止，女儿才能完全满足于她自己了。女儿开始把她的动作和想象经验联结在一起，从单纯的肌肉动作运动转变到图画的想象思考。一个人若能想到他一生多数的思考都跟画面有关时，才能认识这一个决定性的改变。女儿通过名词、动作，以及与过去的经验的联想开始发展视觉思维了。作为家长，要对这种新的思考方式给予信心和鼓励，在涂鸦中，孩子讲述的是自己对世界的感受和发现，看孩子的画，不是看他画得像不像，而是要"听"他的画所表达的东西，理解他在画中所述说的内容。对孩子来说，通过让别人"听"，他的画才有了意义，让别人"听"，理解，就是他用涂鸦这种方式表达自己发现和探索的乐趣所在。原则上，当孩子正专心于涂鸦的时候，不要打扰他，在孩子画完后给你看，或他涂够了，暂时告一段落时，去问问他就行了。于是我对女儿说："让我看看妈妈都买了些什么菜啊？你帮妈妈提篮子了吗？你提的是篮子的哪里啊？"以此引发女儿就这些问题产生反应并做出新的动作，目的是鼓励女儿新的想法、发现与思考，而不是要她画出可以辨认的物体，让涂鸦与表现的世界发生关联。

图 3

图 3，女儿 1 岁 8 个月时的随意涂鸦，显示出动作缺乏控制。

图 4

图 4，女儿 2 岁时的涂鸦，显示出可控制的线条和不能控制的线条混在一起。

图 5　　图 6

图 5、图 6，女儿 2 岁 4 个月时的纵横线涂鸦，显示出反复的动作，而建立起对动作活动的控制。

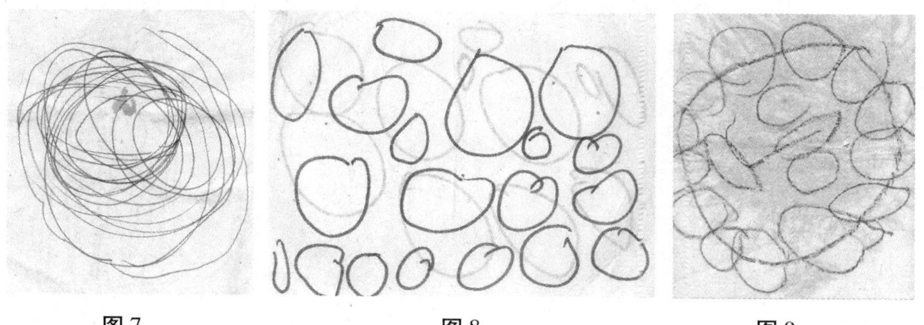

图 7　　图 8　　图 9

图 7～图 9，2 岁半时的圆圈涂鸦，简单地显示出要求变化的内驱力。

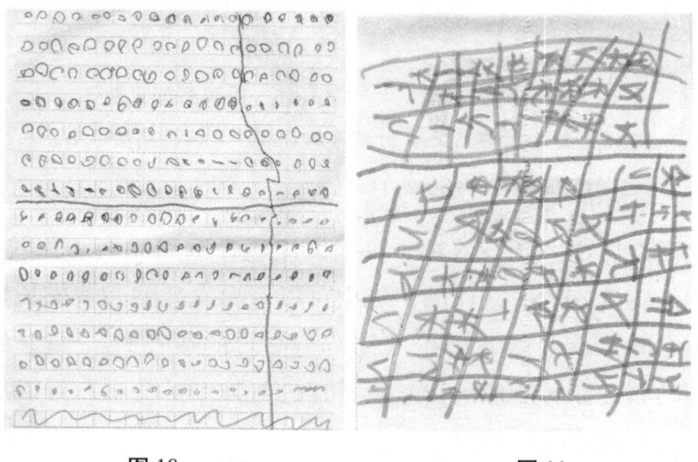

图 10　　图 11

图 10、图 11，女儿 2 岁 8 个月时模仿妈妈写文章，首次显示出独立创作的意图。

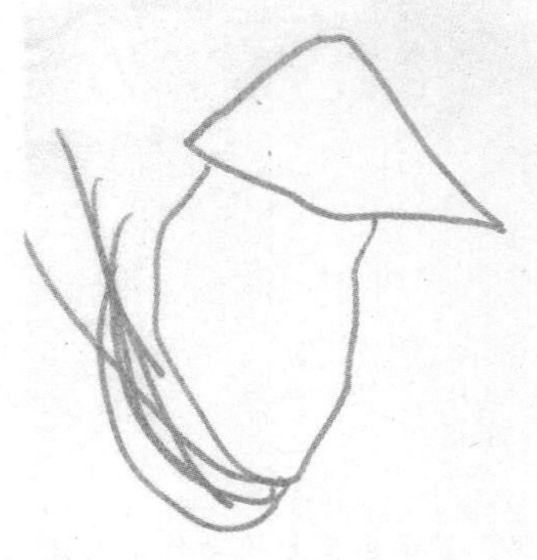

图 12　爸爸骑车去上班

图 13　妈妈下班回来了

图 14　妈妈去买菜

图 15　妈妈买菜回来了

图 12～图 15，女儿 2 岁 11 个月时的涂鸦作品，显示涂鸦的命名，表达出不同的动作。

以上是女儿在“随意涂鸦、纵横线涂鸦、圆圈涂鸦和涂鸦的命名”等不同的涂鸦阶段的一些作品，从中可以看出女儿的心智成长过程。根据美国美术教育家罗恩菲德在《创造与心智的成长》一书中关于儿童整体成长的属性涂鸦阶段的评量表特征进行详细的分析，可以更深刻地了解女儿各方面成长的情况。

先来看看智慧成长方面。罗氏的标准里有关于心智年龄的评量标准：2～3 岁儿童“是否只有未控制的线条?”从女儿的随意涂鸦年龄来看，还不到2岁，而2岁多时所有的动作已经是有控制而重复的，女儿在这段时期画了大量的纵横线和圆圈的涂鸦作品，显示出女儿的智慧成长显然是很高的。罗氏指出，如果一个孩子已经是4岁大而仍喜欢未控制的动作，显然这儿童的心智成长还没超越动作的思考，还没有进步到控制动作的程度，而那是一项重要的智慧成就，必须加以引导。另一个评量标准是“3～4岁的儿童对他的涂鸦加以命名吗?”女儿还不到3岁时就边画边说故事，并能用可以控制的动作对自己的经验加以表现，显示出女儿超越一般的心智成长特征。

感情成长方面，评量标准是“这儿童喜欢涂鸦吗?涂鸦是否没有定型的重复?”诸如：“涂鸦的线条是否受到干扰?”“动作果决而有力吗?”“动作的强度和方向有所改变吗?”等。从女儿自发地在家具和墙壁上涂鸦以及一有机会就涂鸦来看，女儿是“十分喜欢涂鸦的”，至于“定型的重复”，也就是刻板的记号好像在女儿的涂鸦中很少看到，因为我从不给她买市面上的涂色本和简笔画等成人概念化的图画书给她，也从不干涉女儿快乐的涂鸦活动，女儿的涂鸦中很少见到破碎线的重复和小勾之类的符号，女儿涂鸦的动作也是大胆而有力的，几乎是用整个手臂在整张纸上涂鸦，动作自由流畅，随自己的意愿改变力度和方向，线条强劲而有力，显示出女儿的性格充满了意志力和驱策力，同时改变方向和强度的线条显示出女儿专注于涂鸦活动时还能随时保持警觉和自由。

社会成长方面，在儿童期的初期很难以测定，儿童太过于专注于自己和他自己的活动，因而不能体会环境的需要。罗氏主要从“这儿童专注于他的动作吗?要转移这儿童是否很难?”来测定儿童体验自己活动的能力，而这是体验他人需要的前奏。女儿在涂鸦过程中没有中途停顿、东张西望、问问题的现象，表明她是专心于她的动作的，而且从她的涂鸦作品来看，线条很流畅，没有结瘤、小且无意义的圈圈、动作的干扰等，都表示女儿能专注并享受她的活动，而且我们也不能轻易将女儿的注意力转移，显示出女儿具有健康儿童的社会成长所必需的重要条件。

知觉成长方面，女儿能经由身体动作产生触觉的感觉，进而产生视觉经验，能使用大动作涂鸦，享受着大动作的自由运动经验，并通过视觉来控制动作。女儿2岁多时经常看到我在格子纸上写文章，也学着我

的样在稿纸上涂画，由于女儿的小肌肉群还不是很发达，一次不能将整张纸涂满，只能每天涂一点，所以出现了几种颜色的小圆圈涂鸦，后来女儿不满足在现成的稿纸上涂画，就自己画格子并在里面涂满各种不同的“语言”，女儿能在小格子里模仿涂鸦和有创意地涂鸦（图 10、图 11），显示出对小肌肉群的控制能力和表达自我的天赋；女儿开始为她的涂鸦命名时，还能用不同的色彩笔标示不同的意义，显示出视觉感应的进一步成长。

生理成长方面，女儿习惯用有力而粗犷的动作在大张纸上或大柜子上用整个手臂涂鸦（图 3、图 4），表露出女儿健康活跃的生理力量，重重地用蜡笔画出粗犷的线条（图 9），也显示了女儿的健康和生理的成长。当然，这不是唯一的评判标准，这只是显示了所有的成长能力会在创作活动中表露出来。

美感成长方面，在早期并不会有意识地显示美感成长，但通过女儿能最大化地利用她所控制的空间来看，还是能发展出一种明确的感觉，以分布黑暗或密集的涂鸦于画纸上，这种感觉显示了一些美感成长的趋向，因为它们需要较佳的组织和较大的实体。

在创造性成长方面，我发现女儿在涂鸦时完全不受外界的影响而沉浸在她自己的世界里，也不会去问别人她画得好不好，对她而言，她自己的作品就是她整个的快乐，虽然她也模仿大人的样子写字，但却不满足于在刻板的纸上填空，而是富有创意地自己涂画，当女儿为其涂鸦命名时，其独创力和创造力尤其明显，她独立发展她自己的故事，而无需成人的协助。在图 3、图 4、图 12、图 13 中，并没有任何征象显出女儿有模仿的倾向，显然是独立地涂鸦，根据罗氏的评判标准，女儿显然具有创造力。

毋庸赘言，儿童所有成长因素的最佳童真是在作品本身见到的。根据女儿的涂鸦，显示出女儿现阶段的智慧能力很优秀。根据她的作品，我们得知女儿生气勃勃地在追求她的欲望，而只要有新的经验需要改变时，她也会有足够的弹性来改变她的意图，她能密切地体验她在做什么而能初步感觉到她最初的社会责任。很明显，这种儿童感情的自由以及密切体验自我经验的能力，强烈地影响了她在感应经验中所发展的自由。女儿喜爱大动作，不但有运动感的意义，而且还有感情的意义，她粗犷的动作显示出生理健康和活力充沛，在美感发展中，能通过无意识的组织画面和安排内容显示出有意义的事物，在创造力方面，她似乎十分独立，不受干扰的影响，很显然，她的感情自由和智慧情况影响她以独立性去追求创作时所发展的信心。女儿有成为均衡良好之公民的优秀基础，她是否能发展她的领导能力，则将视她日后是否有较突出的智慧成长，及对组织有较敏感的美感趋向。

阿恩海姆基于自己对人的基本素质的理解，将教育的基础课程分为三大中心领域。其一是哲学，它主要培养学生的逻辑思维能力；其二是视觉训练，使学生学会将视觉现象作为对待有组织的思维的主要途径来处理；其三是语言训练，使学生能够用语言交流自己所思考的问题。阿氏对儿童美术有独到的解释，他认为儿童美术之所以有一种简化和几何化倾向，可以用格式塔理论来解释，就是人类的认识是从整体到局部逐渐分化的。儿童绘画是从最简单的因素——线条开始其美术活动的，而后进入最简单的形状——圆形。随着区别律的强化，儿童开始将最简单的圆形加以分化。在更进一步的发展中，儿童在作品中形成了用水平和垂直关系来表现物体。最终，儿童在自己的作品中增加了倾斜关系，而使作品变得越来越复杂起来。儿童美术正是在这种由整体到分化、由简单到复杂的过程中，逐渐走向成人美术的。阿恩海姆找到了教育的最基础的因素。

**图16　奥地利画家奥托·奇特科的涂鸦作品**

图16是我在2004年到西安出差时在一个当代国外艺术家画展上拍下的。由此可以看出：艺术家是在向儿童学习，儿童就是天生的艺术家。

这就是涂鸦的意义。不要小看了涂鸦，那是孩子认识自我、了解世界的开始。

## 满足孩子爱的需求

因我要在暑假期间到师大读书，女儿刚满 1 周岁就被带到了乡下爷爷奶奶家。这是我和女儿第一次长久分离。一个月后的一天，我思女心切，学习期间中途迫不及待地赶到乡下，女儿看到我后有点陌生，把脸偏向奶奶，我把手伸出去叫了一声："韦韦，妈妈抱!"女儿才慢慢向我伸出手来，眼睛使劲盯着我，似乎在辨认我到底是不是妈妈，我给她念起了那首 3 个月大时她咯咯大笑的儿歌，女儿这才露出了笑脸，用小手抓我的嘴唇，我问她还要不要吃水果？"还要吃!"女儿拖长声调大声说，这是女儿开始说完整的三个字以上的话了。女儿的语言理解能力发展得惊人的快。我唱《迷路的小花鸭》歌给她听，没想到女儿能跟着我的节奏和歌词表演出不同的动作，我很惊讶 1 岁 1 个月的孩子就萌发出如此独特的创造性潜能，当唱到"嘎嘎嘎，嘎嘎嘎，哭着叫妈妈——"时，女儿还能跟着一起唱出来。

师大的学习还没有结束，我准备第二天清早趁女儿熟睡时悄悄离开。那天晚上睡觉时我有意无意地说了句："韦韦晚上不要睡过头了啊，妈妈可能会趁你不注意时溜掉的!"没想到还不会说完整长句的女儿却把这话听进去了，整个晚上醒来无数次，我还以为她肚子疼，问她时她摇摇头，后来想想可能是我睡觉前说的那句话她一直记着，担心我会不会在不知不觉中离开自己。我于心不忍，只得跟她说："好好好，韦韦好好睡觉，妈妈带你一起回去，好不好？"女儿这才睡踏实了。第二天早上我还是带着女儿一起回到了长沙，师大那边的课程克服一点困难应该可以补上的。女儿还那么小，需要妈妈的爱，另外遵守与女儿的约定极为重要。在遵守约定的过程中，女儿能记住"等待"这一概念，也可以把它理解为最初忍耐力的培养。忍耐力是人类自立所必须养成的心理承受力。为培养女儿忍耐力，我再介绍一条有益的经验。

女儿2岁时，喜欢不停地纠缠我，当我在厨房忙碌时，不管是否有客人，嚷着“妈妈，要抱”，一味纠缠。刚开始我很烦，采取不理睬的态度，女儿反而一味撒娇，抱着我的脚不放，我想可能是要确认妈妈对自己的爱心是否被客人冲淡或剥夺。于是，我放下手中的活儿，和蔼地抱起女儿，把她放在膝上，不到5分钟时间再把他放下，说“一会再抱”，孩子就自己去玩了，女儿玩一会又跑来要“抱抱”，我亲了她一下，再把她放在膝上，不一会，孩子又离开了。或许有人认为，在这个年龄，如果父母完全听任孩子撒娇，孩子将来会没有自立精神，其实不然，结果正好相反。孩子的要求越是被拒绝，越是不停地要求大人对自己倾注爱。这种要求若总是被拒绝，就会变成一个硬心肠的人，就会像自己所遭到的冷遇一样去对待他人，变成心底无爱的人，冷酷的人。2岁儿童的心灵创伤潜在终生，这一说法也许令人有些难以置信，但似乎确实如此。

由于在2岁儿童的内心深处，向父母的求爱心是无论如何也压制不住的，因此，应当暂时先答应孩子的要求，说声“过一会再抱吧，好吗？”以此传达爱子之情。这样，可消除孩子的不安心理。常言道，“3岁看到老”。以前所说的“3岁儿”指的是虚岁，大约相当现在1.5岁至不满3岁的孩子，尤其是2岁儿童，我想这正是决定自我意识的幼芽向什么方向发展，奠定人品基础的重要时期，在其撒娇时，最好一一满足孩子爱的要求，倾注充分的爱心。当女儿从外面回家后，我总是立马抱起来，和声细语跟她说说话，女儿听后心情很平静，也就能愉快地、时间充裕地吃晚饭了。入睡前不让她吃得过多，否则孩子难以入睡。晚上也用不着整晚陪着，在女儿入睡前不到一小时内，我总是坐在孩子身边给他念书，或讲故事听。在女儿能自己看书之前我就给她念了大量的儿童小说，如《木偶奇遇记》的小说我给她念了两个星期，女儿每天晚上睡觉前都等着我给她念书。“妈妈时刻在关心着你。”如果母亲的这种爱被孩子感受到，那么孩子自然不会无故淘气的。后来我念了一段之后，就对女儿说：“你自己给妈妈编一个故事吧！”没想到女儿编起故事来一发不可收拾，直讲到我沉沉睡去，她还在编，其实女儿在自编故事的过程中想象能力得到了充分的挖掘。

## 避免 2 岁儿童后遗症

常听人们说，抚育 3 岁的孩子很棘手，3 岁儿童会突然出现反抗态度。其实不然，应当这样认识，实际上，2 岁是反抗尚不能表现出来的年龄，3 岁儿童令人棘手的态度只不过是他对迄今为止所受到的压抑采取的反抗行动而已。从 2 岁开始，心底积蓄的反抗心理当时尚未能表现于行动，到了 3 岁，这种心理才发展到了表面化并在行动上表现出来了。或者说这是“2 岁儿童后遗症”。仔细询问一下，若 2 岁左右又有了小弟弟或小妹妹，反抗态度就更为激烈。但现在的孩子一般都是独生子女，不用担心妈妈的爱会转移到弟妹身上，孩子的反抗主要是他们本能地要求母亲给予无限的爱。因而，当得到的母爱尚不能满足其要求时，作为要求母爱的手段之一，有时要试一试让父母感到棘手，看他们会采取什么态度。当然，由于出自本能，幼儿本身并未意识到这些。2 岁儿童尚不能做这些试探行动，到了 3 岁则不听父母的话了，而是以所谓的反抗行动来试探父母。

女儿在 2 岁时因我白天要上课，就托给邻居一个住校的退休教师照管，那位老师自己还有一个孙子要照顾，有时我空堂课回去看看女儿时发现她正躺在床上边吸吮手指边看电视。由于白天运动不足或照料不够，致其精神疲劳、植物性神经不稳定引起女儿早上不愿意起床，在这种情况下，如果一味命令式的要女儿“早起”，她可能会越赖床不起。我干脆只要女儿想睡就让他睡个够。同时，我嘱咐那位退休教师白天不要干涉孩子的活动，不要让她看电视，任他自由地玩要，充分活动身体，还有，2、3 岁儿童是从室内向室外活动发展的时期，我让她带女儿和她自己的孙子一起到附近的烈士公园游玩，这一点很重要。这样女儿就能睡熟，早上醒得痛快。同时我也经常检查自己的生活态度，如果我自己睡在被窝里命令女儿“早点起床”，她是绝对不会遵命的。为使

女儿慢慢养成早睡早起的习惯，还有一招很有效，那就是与其嘴巴不停地讲给孩子听，不如促使孩子产生早起的愿望更加有效。我一般是自己先起床，并对女儿说："校园里的花开得真美呀！""今天可有一件非常让人开心的事！"随时创造这种使孩子想要起床的气氛。当女儿自己起床并自己穿好衣服后，我马上夸奖她："小宝贝真能干啊！明天一定不要妈妈叫就能自己起床了！"

对待自我意识开始觉醒的2岁儿童，如前所述，不让孩子做某件事时，应以劝诱的口气说："你一定能做得到的，对吧？"运用这种自我控制的方法来管教孩子十分重要。若不是这样管教，而是一味说"不行、不行"，这种压抑大脑发育的方法一旦持续到3岁，一定会显示出使父母棘手的态度来。回想我对女儿1、2岁时的育儿方法，不难发现"2岁儿童后遗症"是在抚育2岁儿童的过程中逐渐形成并固定下来的，只要育儿方法得当是完全可以避免的。

从小到大，女儿从没有无缘无故淘气，一直都是开心、快乐，性情温良，在没有伤害其自尊的前提下也从不会乱发脾气。即使有时是在为平息工作和育儿的烦躁时，我也只是偶尔打一下屁股。因为女儿到了3岁以后，啪啪打两下屁股，可使母子都松一口气，况且这种体罚也不会在女儿心灵中留下什么痕迹。毕竟孩子沉浸在父母心平气和的气氛中自然也是一件好事。

## 最好自己带孩子

女儿从小到大基本上都是我们自己带的，婆婆在我月子还没满就因住不惯集体宿舍回到了乡下，老公在我月子过后上班了，我一个人将女儿拉扯到5个月时自己也要上班了，便从劳务市场请来了一个20多岁的保姆，只要她做饭吃，别的不用管，但她太年轻，做不了什么事，一个月后就走了，正好我们又放寒假，我还要去师大读书，女儿当时还在

哺乳期，我白天基本上就不能喂奶了，那些日子只要一弯腰，奶水就浸湿了衣服，现在想想以牺牲哺育女儿为代价去拿本科文凭真是得不偿失。女儿就是在那段时间开始慢慢断奶的。之后请了一个学校附近的奶奶只管照看女儿，什么事都不用做，终于将女儿拉扯到能走路了，就放到隔壁一个退休教师家白天照看一下，做饭、洗衣、家务都是我们自己做，这样终于熬到了女儿上幼儿园。可以说女儿的成长过程我们基本上都是自己带着，几乎没有请过保姆，即使请了也只是照看孩子，不用做什么家务之类的活儿。虽然很辛苦，但也很幸福，女儿成长得很健康、活泼。我觉得自己带孩子还有一个好处，就是关于孩子的教育，没有人会在孩子面前指责母亲教育方法不对或庇护孩子，这样就不会引起孩子幼小心灵的动荡。也就是说，不会弄得孩子不知到底应当怎样做才好。这样，恰恰受益的是孩子本身。

相反，我们学校还有一个和女儿同样大小的男孩，条件就比女儿好多了，外公外婆、爷爷奶奶、爸爸妈妈和保姆一共 7 个人带，但小孩还经常三天两头的感冒什么的，而且相处久了，亲家之间又出现了矛盾，弄得家庭不和，反而影响孩子的健康成长。

我觉得孩子最好还是自己带，特别是 2 岁左右的孩子自我意识开始产生，对强迫命令会产生强烈的反抗心理，却把母亲作为第一精神依托。所以，孩子在母亲身边时心情最平静。其他人无论对他怎样喜欢和照顾，也替代不了母亲。有一次，婆婆来看女儿时女儿不小心摔倒了，当奶奶的心疼得叫起来："哎呀，快起来！"边说边去拉女儿，我马上说："您不用去拉她，韦韦会自己爬起来的。"女儿看看婆婆，又看看我，我们只当没事儿，女儿不声不响地自己爬起来了。当母亲抱着绝对的自信和深深的母爱，用严肃态度对待孩子时，不知孩子心里觉得多么的痛快啊！但是，如果这时家庭其他成员如婆婆或丈夫过多干涉，说"那样教育孩子不对"，在这种情况下，缺少育儿经验的母亲一定会信念动摇，接近孩子时也心神不定。对母亲的一点不安和焦躁，孩子都很敏感，这使孩子也陷入不安和不知所措，最后出现冲动性行为。这一时期十分重要。母亲对孩子给予多大程度的信赖，或许决定着将来孩子的性格。因此，在育儿方面，尤其是管教孩子，特别是在和祖父祖母在一起居住的家庭里，周围大人的态度一致是很重要的。

但有时候我的教育理念并不能一下子被婆婆接受，在这里，重要的是对意见起调节作用的父亲，父亲应当在妻子和作为自己母亲的婆婆之间起沟通作用。有次女儿感冒了，有点流鼻涕咳嗽，我坚持不让女儿吃药，只给她喝开水，婆婆就着急了，说："孩子感冒了怎么不给她吃药啊?"我说孩子本身就有抵抗能力。婆婆不信，一定要去买药。但我仍想坚持原来的办法，在和老公交谈之后，请他出面说服婆婆，终于得到婆婆的谅解，这也是女儿的幸运。从此，婆婆也能愉快地参与育儿活动。

一般说来，至少在孩子到青春期之前，母亲是育儿的主要角色。父亲和祖母应协助母亲，给予支持使育儿工作能更容易些。但是，如果一味采取不接受他人干预的态度也不合适。正因为是主角，才应当有使配角发挥作用的胸怀，而且必须从所有方面吸收育儿知识。

## 多在户外活动

我对女儿感冒咳嗽的态度如前所述，一般是不会轻易给药吃，更不会急匆匆跑去医院打针什么。我发现几乎所有的父母只要孩子一有感冒迹象，就马上送医院吃药、打针甚至住院治疗，而现在的医生也是"唯利是图"者居多，不管三七二十一就给开抗生素，而且是那种很好的头孢类抗生素，殊不知这样不仅不能将疾病根治，还留下了很大的隐患，以后孩子真有什么大的疾病需要用到抗生素时这些药物就不起作用了。所以我建议那些对于"孩子易感冒"而烦恼的母亲，不要动不动就送医院打针，不要认为孩子易感冒是因为孩子体质虚弱。在我看来并非如此，而是母亲精神过敏。

女儿从会走路开始只要一开门，肯定是跑到学校的院子里玩耍，学校的梭梭板、沙池等成为了女儿童年的游乐场。女儿穿的衣服都是同事

和亲戚家小孩穿过的，所以也不用担心搞脏了衣服妈妈会数落，看着女儿穿着单薄的衣服和灯芯绒裤子从滑滑梯上下穿梭、拿着塑料桶和铲子在沙坑堆沙堡时，自己也会忍不住参与其中。女儿就是在这种无忧无虑、无所顾忌的环境下发展体能、开发心智的，这种童年的快乐是任何高级别墅和洋楼里买不来的，应该感谢住在学校的那一段美好时光，让我的女儿度过了人生重要的成长时期。女儿从出生几乎就没有因病再进过医院。

有的母亲知道让幼儿少穿点衣服，高高兴兴地到户外玩耍对孩子的健康至关重要，但幼儿稍打喷嚏，母亲就担心“发展严重了，可不得了”，于是，就给孩子再加件上衣或再套条裤子。母亲关心孩子的心情是可以理解的。但是，如果母亲总是采取这种态度，很可能幼儿也会在不知不觉之中认为自己体质弱，从而失去自信心。幼儿因为有了“我的体质弱”这一潜在意识，所以，总是按母亲所讲的那样，衣服穿得很厚。当小朋友们在寒风中兴高采烈地玩耍时，自己只能闷坐在暖洋洋的家中羡慕地隔窗而望。其结果，母子多数会因此而焦躁不安。这无疑是母亲过度照顾、自寻烦恼，而受害者却是孩子。因为减少了锻炼身体的机会，最终成为真正的体弱儿，或许还会因此而成为一个消极的、对任何事都缺乏自信的孩子。也可以说，母亲“不想让孩子得病，身体健康”的良好愿望却完全产生了相反的结果。

我从没有认为女儿的体质弱，而是设法使孩子树立起自信心。女儿由于是混合喂养，有轻微的过敏和“夏季热”现象。一到春末夏初时节，女儿总要无缘无故地发低烧，我坚持不去医院打针，而是用“将开水烫热毛巾擦身子”的土方法给她散热，乡下叫“开散”，就是“以热散热”，并对女儿说：“你不要紧，不会有事的。多出去赛跑啦，玩皮球啦，你喜欢什么就玩什么。”给孩子以勇气。从这以后，女儿夏季热病没有再发作，身体也越来越好了，并且成长为一个性格开朗的孩子。母亲充满自信心的一席话，使孩子安心了，而身心都变得健康了。可以说这是一个很好的例证。

## 不要吝啬母爱

女儿满2周岁那年的暑假，我终于历经千辛万苦以优异的成绩拿到了本科文凭，我的毕业论文还被评为优秀论文，毕业创作工笔画《春》也得到导师的好评，有人笑称我是生了两个崽，那两年确实是很辛苦，又要读书，又要上班，还在这期间怀孕、生育、哺乳、育儿……又没有一个人可以帮我，都是我自己带孩子，我都不知道自己是怎么挺过来的，体力和精力上的劳累还好，我最大的烦恼就是觉得和孩子在一起的时间很短，不能如愿地给孩子以充分的母爱，当看到女儿喜欢看电视、喜欢吸吮手指等这样那样的小毛病时，总认为这是由于自己又要读书，又要工作，无暇顾及女儿，不能在家充分照顾孩子而造成的。

但我又不能丢掉工作或休学来专门育儿，那太不现实。况且母亲爱孩子的深浅程度，绝不是由接触的时间长短来决定的。我有信心一边工作、一边读书、一边以爱心照顾好孩子，培养出色的而且品德高尚的孩子。对育儿来说，我认为关键的问题不在于时间，只要内心有作为母亲的强烈意识，长时间离开孩子也不会降低育儿的质量。

我从早上与女儿分别之后开始，女儿就翘首期待我的归来，因此只要女儿一看到我出现在走道上，马上会高兴得叫起来："妈妈——"一路奔到我面前。我立即把女儿抱起来，以温柔的语调对女儿说"好崽崽，没淘气吧！"并以发自内心的感情贴一贴孩子的脸蛋，女儿就满足了，而我也足以弥补了一天没见孩子的遗憾并即时表达出了母爱。对于乳幼儿，母亲立即抱起这一瞬间的态度非常重要，能否使孩子受到母爱，完全取决于这一瞬间母亲的态度。如果下班回到家里后，母亲对孩子说什么"下班时人群拥挤，太脏，我先洗洗手""今天我有点累了，先休息一会""今天不抱了，明天再说"，等等，拒绝孩子的要求，过一会才好不容易伸出手来抱孩子，就错过了传达母爱的良机，那时，孩子的热情已急剧冷却下来，内心中充满了自己被冷落了的悲伤。

母亲怕孩子受细菌感染和想稍稍休息一下的心情可以理解，但是，若因此而失去了最宝贵的母子心心相融的瞬间机会，无论对母亲还是对孩子，都可能招致不幸的后果。也就是说，孩子未被满足要求可能以夜尿症、干咳、咬指甲、半夜惊醒等形式表现出来。在这种情况下，让孩子感受到发自心底的母爱，是最佳的治疗药物。

说到这里，不妨说一个我小时候听到的《十二生肖》的故事。小时候大人给我们讲十二生肖中十二种动物排序的来历，我仔细一数，其中没有猫。因为我小时候养过一只猫，很可爱，我十分喜欢猫，于是问母亲为什么十二生肖中没有猫。母亲说，其他动物听说有森林狂欢节，要按先来后到的顺序选十二种动物作为生肖动物，就匆匆忙忙跑去了，而猫想打扮一番，化妆之后来晚了没赶上。这话我至今记忆犹新。对于错失这个难以挽回的机会，这只猫事后反思一定会后悔的……

不管有什么样的理由，不管母亲怎样疲劳，孩子总是要母亲抱的，当孩子经过长久的等待终于见到母亲而撒娇时，当孩子对母亲有要求的时候，尽管疲惫不堪，也不要拒绝孩子，应该当场就予以满足，做到有求必应，千万不要吝啬母爱。只要母亲能随时随地、毫不吝啬地给予真诚的母爱，这就充分发挥了母亲的作用。这一瞬间的接触，会使孩子在脱离母亲之后一直空荡着的心得到充实和满足。之后，母亲再对孩子说“妈妈去洗洗手好吗?”或“让妈妈稍稍休息一会好吗?”孩子也就理解了，不会再妨碍母亲了。

即使孩子没有要求母亲抱，也应当把他抱起来，抚摸一下头部，使孩子感受到母爱的温暖，让孩子知道，在地球上，有那么一个人总是能够理解自己，全面在照顾自己，时间短也没关系，只要能和孩子一起玩得愉快就行，这就足以达到了目的。这恐怕是培养“心地善良人”的第一步。如果母亲能抓住一切机会与孩子亲密接触，全心全意尽到做母亲的职责，即使长久不在家对育儿也不会有什么妨碍。孩子的要求其实很简单，随时随地满足孩子爱的欲望，并非一定要花费很长的时间。但也完全没有必要没完没了地任孩子撒娇。

拔节篇

# 自主教育，让女儿快乐体悟生命

## ——3~5岁大脑开发

对儿童早期智力开发的关键，就是抓住最佳期。

——［德］卡尔·威特

## 及时更换幼儿园

1997年暑假一过，女儿就可以上幼儿园了。考虑到路程和价格，我就在学校附近的社区定了一家又方便又便宜的幼儿园，才去一天，女儿就不愿意去了，但已经交了押金和两个月的费月，我想让女儿先上两个月，第二天我特意早点去接她，想顺便看看到底怎么样。女儿的休息室刚刚做完油漆，里面气味熏人，女儿坐在床上双手抹眼泪，根本就没睡觉，起床后在一个大妈带领下穿过一个小天井来到另一间阴暗的教室，教室里约有30几个人，有的跑有的叫，女儿坐在一个角落里看着大妈准备分泡泡果之类的膨化点心，吃完点心，大妈就用一架破旧的脚踏风琴带小朋友唱歌，一首接一首，一直唱到家长来接人。女儿看到我后，眼泪又来了，我问她“幼儿园好不好玩?”女儿摇摇头，“你想不

想还在这里上啊?”女儿又摇摇头。其实看到这个情景即使女儿没表示我也坚决不会让女儿在这里待下去了。我要让女儿快乐、开心，不管路途远、收费贵，后来我连押金和学费都没要就再也没去那家幼儿园了，而是通过熟人找了一家部队幼儿园。女儿真的很幸运，像《窗边的小豆豆》中的黑柳彻子那样碰到了小林那样的好园长，经常对女儿微笑鼓励；还能像小豆豆一样上课时有机会和时间想做什么就做什么，更不可思议的是居然能享受小林似的园长为女儿他们设计的各种有趣而奇妙的活动，女儿开始了她快乐而幸福的童年学习生活。

图 17

图 17，女儿每次从幼儿园出来，总要和小伙伴一起到院子里的游乐设施上玩耍一阵（后面为女儿）。

这家幼儿园离我半年后搬家的地方很近，正好在从家到学校的途中，我每天用自行车驮着女儿去幼儿园，放学后再接回来，女儿开心地在后座上讲幼儿园里的事情。什么纪老师很漂亮啦，带小朋友做游戏啊；刘老师表扬女儿故事讲得好啦，还封女儿为“故事大王”啊；王园长带小朋友在浏阳河边找春天时和女儿一起照相啦……我们常讲“生活的意义”，经常感慨“啊！今天过得好快活呀”，作为有孩子的父母，看到孩子发自内心的笑容而感到高兴，这就是生活得有意义吧。作为人，感到生活得快乐，体会到满足感，当然是幸福的。

幸福和喜悦究竟指的是什么呢？对此，有人研究了大脑的生理机制。一个名为欧鲁兹的人，1962 年发表了一项动物实验结果，当对小鼠大脑的特定区域进行电刺激时，发现小鼠会表现出特别欢快的样子。在其后的研究中发现，大脑中感到满足和快感的区域不仅仅是最初发现的那个区域，而是以此为基础扩散到大脑的各个区域，这在解剖学和生理学上都得到了充分的证实。其实，大脑功能就是由于脑神经在各种刺激下产生生物电而开始的，大脑的工作就是把所产生的生物电传导出去，或接受其他区域传来的生物电。由于作用不同，生物电的通路也不同，形成了很多系统。感觉喜悦的系统叫作“脑报偿系统”。

当孩子做某一件事的时候，若其报偿系统的神经功能活跃，就还想做同样的事情，这就是教育孩子的神经功能原理。若孩子观察父母的表情，发现父母表露出了满意的神情，就会刺激孩子的报偿系统。因此，早日开拓通往报偿系统的道路极为必要，我及时跟女儿换幼儿园也是实时地利用了孩子的“脑报偿系统”原理，这家幼儿园的环境、设备都很不错，特别是师资理念好，从没有将小学内容移植到幼儿园上的现象，而是在丰富多彩的活动中培养儿童的习惯、开发儿童的潜能，他们也可能是充分利用了“脑报偿原理”吧，使女儿每天开开心心地去幼儿园。相反，如果孩子不愿意做某件事情，大人却强行要孩子执行，这种方式对某些孩子或许能够奏效，使大人感到满意，但是，却有可能抑制了报偿系统，造成神经通路闭锁，而且，这一道路或许不能再一次打通。让孩子顺应大人们的想法和要求，不能被认为是一种良好的教育方法。我认为，除了个别人以外，这种教育方法不可能培养出有创造力的孩子来。

我相信，重要的一点是，大胆放手让孩子多尝试、多体验，即使失败也没关系。当孩子在实践中尝试并认识到错误的时候，我从心底里为孩子感到高兴，因为孩子总是希望母亲能够满意，所以经常观察母亲对自己的行动是否表示赞许。我想，在诱发各种能力并必须使之发展的时期，利用脑报偿系统教育孩子是重要的育儿原则。它最适用于对 2、3 岁儿童的教育，但从 4、5 岁开始，继续利用这种教育方式也可能同样有效。这种利用脑报偿系统的教育方法并非在幼儿园时期就结束了，进入小学以后，仍可继续进行。

## 玩具的意义

我认为玩具的意义在于孩子通过玩玩具可以开发大脑、锻炼身体以及与同龄人交流和沟通。女儿最早的玩具就是几个月大时发现的废报纸，女儿在手撕废报纸的游戏中，一玩就是大半天，可以将一张整报纸撕成许多的小碎片，撕报纸既要用力气，也能从撕的过程中发现事物变形的简单方法，还能听到撕纸的声音。后来一两岁时喜欢玩积木，将一大堆各种造型和颜色的积木堆成城堡的样子；两三岁时喜欢拿着铁锹和铁筒与隔壁邻居家的小孩一起到学校沙坑里玩堆沙子游戏，或用蜡笔和彩色铅笔涂鸦，稍大点后，我有一次去湘西出差给她买了一套很便宜的用竹子做的炊事玩具，女儿经常变换着花样模仿大人的样子做饭、切菜、泡茶、招待客人等；四五岁时学会了用剪刀，就将剪刀等作为自己喜欢的玩具。总而言之，我给女儿购买的玩具很少，我从不认为只有花高价钱从玩具店或百货商店玩具柜台买来的才是玩具，我带女儿出去散步时，路边扔着的小石头和小树枝、枯树叶等都能成为女儿很好的玩具，至今为止，女儿的抽屉里还有这些对成年人来说不值一提但却能引起孩子无限想象和联想的最好的玩具。

一般来讲，从 3 岁开始到学龄前的儿童，正是处于体验错误而积累知识的时期，我想何不利用这一有利时期让女儿尝试不是仅有一种玩法的玩具，而是让女儿自己作出各种判断，自己动脑筋，通过自己的设想，不断地有所发现、有所创造。玩玩具的意义可能就在于此吧！对于一天天成长着的孩子来说，正是玩耍引发了自己的极大兴趣，尽管在大人看来，孩子所做的这一切玩耍活动都是很无聊的，然而对于孩子来说，这绝不仅仅是所谓的“玩耍”，对其智能和运动能力的发展也是极为重要的。

有一次，我和女儿从超市回来的路上捡了一大把可能是别人门店开完业后丢弃的花花草草，有千日红、薰衣草，还有一些说不出名字的绿色植物的小叶子，女儿可高兴了，像宝贝似的养在可乐瓶做的花瓶里。周日的上午，我带着女儿在阳台上晒太阳，女儿突然记起将那瓶花也拿出来了，由于在路上时可能被人踩过，有些花有点蔫了，我问女儿："能不能将这些花草做成一件漂亮的贴画呢？"女儿抽出其中的一根小树枝说："妈妈，你看，这是一个小王子呢！"我马上找来一张白纸，还有透明胶、剪刀等，与女儿一道做着"小王子的梦"，女儿将那根小枝贴在白纸的中间，小枝后面贴上一块大的红色的花瓣，女儿说是小王子的斗篷，后来我们又一起仔细做了小王子的眼睛、鼻子、嘴巴等，我们在冬日的阳光里尽情地发挥着想象力，不一会儿，一幅漂亮的贴画就做好了。

有些家长在考虑玩具与孩子的成长阶段是否适应这一问题上总在为选择什么样的玩具而大伤脑筋，但我认为最好先考虑玩具对孩子有什么意义。即使是同一玩具，也能与孩子的大脑发育相适应，不断地变化使用方法，如果不这样，玩具就不会成为促进孩子发育的"友好伙伴"。现在市面上出售的玩具有不少写着"几岁用"等字样，我觉得有点滑稽，几岁儿童用的玩具标准究竟是怎样确定的呢？的确，大体上说来，某年龄层次的孩子能够玩什么样的玩具，存在着一定的界限，但是玩具并非按大人的想象而发明，玩具应是孩子们所喜欢的。

我也不赞成有些父母为了让孩子打发时间而将玩具交给他们就再也不理会，这是对孩子极端的不负责任。孩子玩久了就会觉得无事可做，感到无聊与厌倦，甚至会破坏玩具，这是很可怕的事情，孩子长大后会无端地伤害他人或其他物品。我宁愿让孩子多接触自然和阅读书本，而不会让女儿一个人无聊地与玩具打交道。即使要让女儿玩耍我也会设法为女儿提供用途更广泛、不易感到厌倦的玩具，或者让女儿叫上隔壁的同龄人一起玩，这比大谈玩具的年龄更为重要。

孩子和小朋友一起玩耍是因为集体欲这种本能觉醒起来了。这个时期大约是从 3 岁以后开始的。女儿 2 岁时，经常和隔壁一个比她大一岁的哥哥玩，但他们之间还不能进行所谓"平行游戏"，也就是说，即使俩人在同一场所做游戏，相互间几乎还不能遵守同一规则。比如，他们同在沙坑里玩，两人从来没有共同用沙子堆积出某种形态的欲望。女儿3岁半时，我们搬了新家，这正是女儿产生集体欲的时期。女儿经常主动找楼上的一个比她大一岁的姐姐玩，因跟她一起玩的小朋友年龄相仿，她们能进行彼此都能明白的心灵沟通，玩耍的气氛很融洽，时间也很长，经常要去叫她们才肯分开。

## 玩伴间打架

争夺玩具或互说坏话而伤害自尊心之后，因为尚不具备抑制这些刺激的高级神经机能，在年龄相近的玩伴间会因一点小事就打架。一旦打得大声哭叫，最初在旁边默默观看着的母亲也就按捺不住，要参加“仲裁”。不过，玩伴间只要打得不十分厉害，最好放任不管。

女儿在和楼上姐姐一起玩耍时免不了产生因彼此的意愿发生冲突而争吵、因任性无法控制自己而打架的局面。也许开始时是为争夺玩具，最后相互推搡而动手。但因是两个女孩子，再怎么别扭也不至于打伤，在这种情况下，我一般不去干预。也许有这样的母亲，总是抱怨自己的孩子说：“被哥哥姐姐欺负哭着回家了，可不一会儿还要出去玩，真叫人担心。”但是，据我观察，一再被欺负又出去玩的孩子，无疑是高高兴兴地走出家门的，我认为这比垂头丧气地想畏缩在家里要好得多。在与小朋友一起玩耍的过程中，孩子会发现在小朋友中既有比自己强的孩子，也有比自己聪明敏捷的孩子，孩子会因此而自勉，焕发出“我不能输”“我要赶上”的积极思想。当孩子吵架时，母亲不要出面帮助或袒护。如果孩子对母亲的依赖过强，就很可能失掉难得的锻炼机会。孩子通过自己的疼痛及悔恨可以逐渐地理解对方的情感和立场。因此，即使失败而无精打采地回来，大人也不要和孩子一起愤怒或悔恨，更不要说什么帮孩子去报复，最好慈祥地给予安慰和鼓励。

女儿常常回来后向我诉苦说：“妈妈，姐姐说我坏话了。”或者，

“妈妈，姐姐把我摆弄的城堡弄坏了”。我淡淡地说：“那你就再做一个呗。”第二天她们又和好如初，一起玩耍了。若是母亲参与干涉，或追问争吵的原因是什么，或一味追究是谁先动的手，最后判断哪一方不对，这样就会养成孩子凡事喜欢告状的坏习惯。玩伴间打架哪有那么清楚的原因，并且孩子有孩子的道理，有时也很难说只有母亲的裁判才是唯一正确的。

现在的孩子基本上都是独生子女，家里没有兄弟姐妹和自己争夺妈妈的爱。但如果是表兄弟或表姊妹之间出现争吵或打架现象，做母亲的也要注意自己的言语，最好不要袒护小的，也不要责怪大的，就让他们自己去处理好了。我就有一个弟弟，比我小 4 岁，从小体弱多病，母亲自然照顾得多些。我小时候也经常会因一些小事情和弟弟打起来。我父母总是说“你是姐姐！应当让着点才是”。一味地怪罪我这个做姐姐的，我当时虽然嘴上不讲什么，但总觉得是弟弟夺走了母爱而本能地产生嫉妒心，并且长期积留在心里，总是埋怨父母老是以做姐姐为理由，每次打架时都单方面地被斥责或被忍耐，以致对弟弟更加不友好，总是三天两头吵架。这样一来，老是叮嘱我们姐弟俩“要好好相处”的父母，却反而把姐弟间的关系变得更加坏起来。但吵架归吵架，长大成人后，我 19 岁中师毕业就开始了独立生活，也能理解父母当时的艰辛，虽然嘴上没说，但我心里还是很疼爱弟弟，至今为止我们都能做到发自内心地友好相处。

## 帮大人做事，开发生命潜能

女儿过了 3 岁以后，什么都想亲自试一试，对大人正在做的事总想插进一只手来。看到我在厨房择菜，她也蹲在一旁有模有样地择；看到我拖地，她也要一起拖；在乡下时看到爷爷到菜园里种菜，她也拿着小铲子在地里刨坑。我们明知道女儿是在玩耍，但这也没什么不好，而是努力忍住性子，一声不响，在一旁照看，有时还夸奖说：“谢谢你帮了大人的忙。”虽然女儿分不清菜的好坏，也不能把屋子打扫干净，更不能将菜种好，但即使只做了一点也好，因为自己与大人做了同样的事情，孩子也会满心高兴。只要是没有危险的事，孩子如有兴趣，尽可能不要错过这个良好的锻炼机会，正好可以利用这个机会以长辈教晚辈的心情、和蔼可亲的态度教孩子如何做。现在，有些年轻的母亲不知道怎样淘米，更不知道如何做饭，可能跟小时候没有看母亲做事或帮大人做事有关。我小时候就是看过母亲煮饭才知道怎样煮饭的，当自己做了母亲主持家庭以后，很自然地也照样会做了。

因此，对于在一旁帮母亲做事的孩子，不可责令孩子“到一边去”“你还不能干”“别碍事”等。的确，这对母亲来说，或许是某种打扰，但孩子的这一点热情，出发点是好的，是为了将来长大后，自己来做日常生活所必需的事情，同时也是开发孩子大脑潜能的好机会。不让孩子动手，很可能会削弱孩子想做事的热情，摧残好不容易才长出来的这株嫩芽，将来孩子可能真的什么事都不会做了。如果实在是时间紧迫，也希望母亲善意地对孩子说一声：“下次一块干，好吗?”现在常听到有的母亲抱怨说：“我的孩子，衣来伸手，饭来张口，什么也不会干，真让人头痛!”我想这是因为母亲自己亲自将孩子的热情之芽剪掉的缘故吧。

现在的家庭基本上都有微波炉，有的父母可能怕孩子使用微波炉有危险，就不让孩子去了解微波炉的使用方法，孩子长大后要是碰上大人不在家就不知道自己用微波炉热饭吃。我们家刚买回微波炉时，我和先生在一起反复查看微波炉的使用方法，并多次尝试各种烹饪方法，每次我们一起商讨时女儿总喜欢挤在一起看，还要将一根火腿肠放进去试试，她爸立即制止，说什么微波炉很危险，弄不好会爆炸的，我想了想说：“与其让孩子远离微波炉，还不如教她使用方法。”于是我对女儿说：“来，妈妈教你怎么使用微波炉吧，你看这上面有很多按钮，其实最有用的就是这个‘快速烹调’按钮，你将要加热的东西放进去后按这个按钮，每按一次显示不同的时间，一般按4次2分钟就可以了，再按一下‘开始’按钮，微波炉就开始转了，停后开门用手套取出食物就可以了。”没想到3岁多的女儿学得很快，早上的包子、馒头之类的东西经常是她弄热的。更让人惊喜的是，女儿7岁那年，有次我们都出差了，女儿一个人在家用微波炉热饭吃。

几年后，女儿能参照食谱自己做饭、炒菜，女儿炒的苦瓜、木耳炒火腿和下的迷迭香牛肉丸子意大利空心粉真的好吃又营养，也很好看。至于拧抹布、擦桌子、打扫房间这些小事情就更不在话下了。

作为母亲，刚开始让孩子做事也许觉得很麻烦，但这是日常生活的重要教育，是“以爱育儿”的好方法，可培养出勇于实践、自立心很强的孩子。因此，应当欢迎孩子参加母亲的工作，让孩子感觉到自己也是家庭中的一员，可以为家里做些事情的，不要轻易责令孩子“到一边去”。

## 女儿的坏习惯

女儿有一个从月子里就开始的坏习惯，那就是喜欢吮吸大拇指，这习惯看上去不太雅观也不卫生，我总想设法纠正，或对她严厉斥责，或不时给予提醒，也想了很多办法，如在手指上涂上清凉油，把手包起来等，无论如何都不管用，越这样唠叨越难改正。女儿不吸手指就睡不着，真是无可奈何，若是想从她口里拔出手指，就哭叫不休，所以女儿大拇指上现在还有一个小包。

我想有这种坏习惯的孩子，大多数感受性很强，心情容易不安定。这样的孩子一旦欲望得不到满足、陷入神经持续紧张状态，作为解脱这种状态的一种排泄手段，就出现了这种坏习惯。如果母亲因此对孩子斥责或实施体罚，有时反而效果不好。往往一个坏习惯纠正了，另一个坏习惯又接踵而来了。为了纠正女儿的坏习惯，我仔细回忆起女儿在妊娠中和出生时的情况，一切应该还算很顺利，没有妊娠中毒症，分娩也正常，出生时体重3600克，我一一地回想，突然想起了一点什么事情来了。原来女儿很可能是混合喂养，女儿旺盛的生命力因奶水不够而得不到很好的释放，吮吸功能得不到满足而产生的。这样就不是孩子的不好，而是作为母亲因奶水不够女儿才这样的，这样一想我也就能容忍孩子，心境也就坦荡了许多。

另外，我也常常这样想，长大成人以后，没有谁总还是吸手指吧，这种坏习惯应该只存在于幼儿时的一个时期，不久便会改掉的。于是我对女儿的这个坏习惯就睁一只眼闭一只眼，带着慈祥的母爱坚信孩子不久就会改掉，并对女儿采取诱导鼓励和诙谐的态度，如一到晚上我就会有意对女儿说："记得把你的小手洗干净啊?! 要不然吃起来有异味的哦!"真的到6岁那年暑假，女儿知道自己就要上小学了，突然就再也不吮吸手指了。所以，最不可取的是母亲对孩子的坏习惯焦虑不安。

## 首次的表现尝试

随着女儿视知觉的发展，想表达一些意图的想法越来越强烈，但她的表现力却不能显出她的意图，于是我让女儿设法习惯于新的思考方式，这一点十分重要。如让女儿与所欲表现的事物建立起最轻微的关系，会使她产生极大的满足感。我问她："你喜欢玩球吗？球好玩吗？"以此引起女儿对玩球时的高兴、球扔过来时的恐惧等经验的记忆。我认为一开始，与实体所建立的关系远比表现的品质还来得重要，"头"的圆圈动作和"手臂"或"腿"的纵横线动作产生有效关系，足以让女儿表现出类似活生生的"人"（图18～图20）。女儿一下子发现她能够叙述她的表现十分兴奋，以至于她的心灵和感情充满了深邃的满足感，每天不断地画这画那，先是画单个的自己，又画幼儿园的老师、周围的动物以及和她亲近和熟悉的人和景，还画头脑中想象的东西等。然而，有趣的是，在女儿许多的绘画中，头的圆形和手脚的纵横线是最早的写实尝试，当女儿建立起对外部世界的关系时，便觉得需要去充实这新获得的发现。观察女儿如何从前阶段的涂鸦中把两根线条加以抽象化，是十分有趣的，如圆圈的涂鸦成为头的表示，而纵横线的涂鸦象征四肢，这便是为什么我们必须了解消逝中的涂鸦和开始表现之渴望的意义，涂鸦使得身体上的动作与表现在画纸上的因果关系逐渐消失。一个不同的绘画方式开始了——也就是有意义的创作形体；女儿对她自己的发现很惊奇，不断地改变形体的符号，每天表现人的方式也不一样，女儿进入了样式化前阶段，在这种新发现的关系中，不断追寻新的观念，不断尝试建立她个人的表现方式，因此，我们常常看到变化很大的符号来表现一种或同样的物体（图35、图36）。这一阶段，女儿只在创作过程中表现对她极为重要的东西，我们成为主动知识，这有助于我们了解儿童与周遭环境的关系及感情上的意义，但也注意透过个人经验来催化被她忽视的那些部分，也就是消极知识。这对孩子的成长很重要。

图18　我在玩球1

图19　我在玩球2

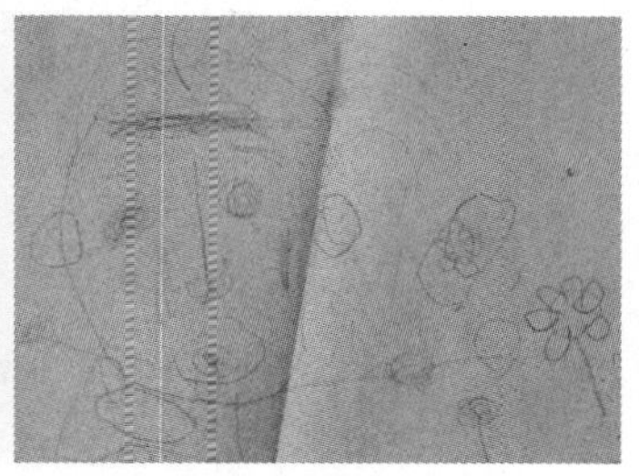

图20　我在摘花

图18～图20，女儿2岁10个月时的画作。没有感受空间的关系，比例是根据重要性而画的。尝试侧面，头脚表现，几何直线的使用，样式化前阶段。

图21　放学了

图22　爸爸来接我

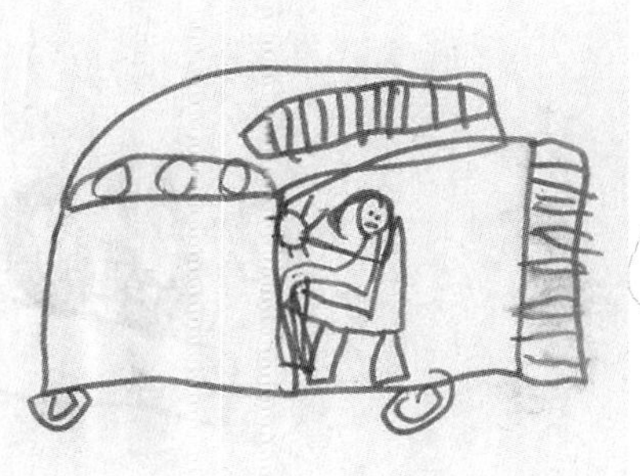

图23　开公共汽车的阿姨

图21～图23，女儿3岁刚上幼儿园时的画作，由单线的四肢变成双线，偶尔注意到耳朵，头发不是往上长的，画道具。注意表现的人物由自己转向与她有关系的人。

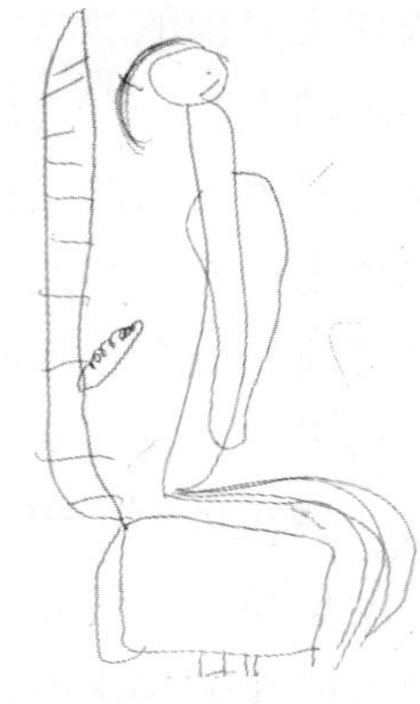

图 24　幼儿园的纪老师　　图 25　幼儿园的刘老师　　图 26　幼儿园的生活老师

图 24～图 26，女儿 3 岁 4 个月时的画作。继续关注与她关系密切的人，尝试用变化很大的符号来表现同样的事物，但注意到改变象征的符号，价值的比例，以表现不同人物的特点。

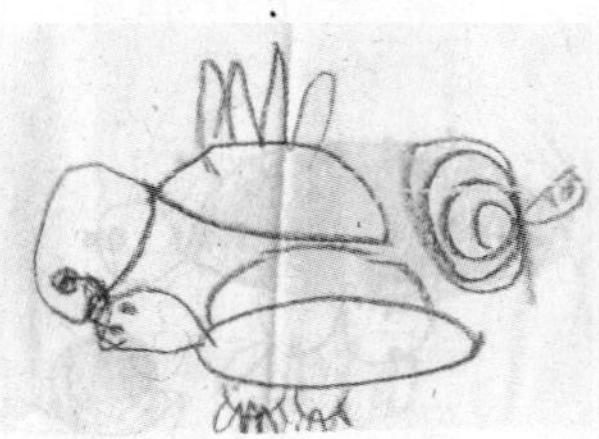

图 27　追跑的小鸡　　图 28　公鸡和母鸡　　图 29　胖子恐龙

图 27～图 29，女儿 4 岁 9 个月时画的动物。图 27、图 28 是在乡下玩时观察到的现象，图 29 恐龙是想象中的，关注点由人物到动物的转变，几何形的使用。

图 30　和姐姐玩球　图 31　和妈妈在河边散步　　图 32　和姐姐在河边玩耍

图 30～图 32，女儿 4 岁 10 个月时的画作。开始表现出与周围关系密切的人的活动，因感情的意义，所以感受到与他人的空间关系。如图 30 中的球场，因玩球重要，所以缩小了球场的比例；感觉到自己是环境的一部分，如图 31 中表现了树、云，图 32 中的草地、飞机和用倒影表现河水等。但还不能使它们相互关联。

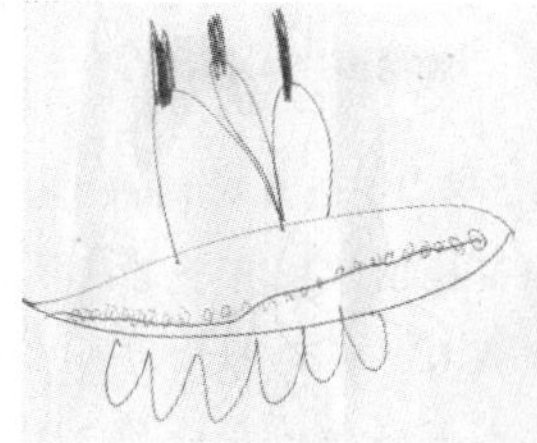

图33 飞机

图34 和妈妈在动物园

图35 动物园里的长颈鹿

图33～图35，女儿4岁11个月时的画作。开始关注体积更大的实体和动物。将自己、亲人和动物、环境等组织在一起，画面表现出一定的戏剧性情节和人物内心的感受和表情。仍然用圈出的空间（图34）和透明空间（图33、图35）表现她和环境的关系。嘴巴仍是一条线。

图36 两只长颈鹿

图37 小动物去春游

图38 乌龟和兔子

图36～图38，女儿5岁时的画作。开始画有故事情节的场景，并注意到动作，尝试用不同的符号表现同一事物，如长颈鹿的表现。由黑色和单色绘画开始尝试色彩的运用，但与实际色彩没有关系，由感情的特质决定。

图39 我的一天

图40 老师怀了毛毛

图41 我驾驶宇宙飞船

图39～图41，女儿5岁时的画作。开始有时间和更大空间的意识。图39描述了女儿一天的生活，左边表现早上下楼去幼儿园，右边表现晚上上楼回家，401是门牌号，三个太阳具有不同的含义。中间的分割线很有意思，将白天和晚上分开。中间的太阳是时间的固定表述，也可能是时钟。图40表现的是女儿最喜欢的纪老师要生毛毛了，特意将肚子里的毛毛画出来，脸上会有一些斑，但眉眼还是很漂亮，由此女儿开始尝试用双线画嘴巴和眼睛等，并根据感情意义扩大了它们的比例，却忽视了耳朵。图41开始尝试表现想象中更大的空间，因自己不重要了，故画得很小，而将宇宙飞船画得较大。

图 42 是女儿 5 岁 10 个月时的画作。女儿听楼上的姐姐说她们学校有个老师很严，经常用教鞭吓唬人，还没上学的女儿听后很恐惧，躲在高大的老师身后。注意老师的面部画成了女儿想象中的恶魔的形象，手拿又长又粗的教鞭，旁边还有一只惊恐的小鸟。比例因感情意义而夸大，方形的腿显示了女儿的果断力。女儿借用绘画这种形式疏解内心的焦虑和压力。

图 42　我未来的老师

由以上画作分析可以得知，女儿在样式化前阶段这一时期的绘画虽然与她经验的东西有确切的关系，并在最初感到满意和新奇，但很快丧失了重要性，而开始渴望建立起人和环境间明确的观念。因此，我注意到，女儿所有的线条，虽然是假定用来象征实体，但与实体没有直接具象主义的关系；当线条与整体分离时，线条便失去了意义；女儿是在用抽象的几何线条画画，是一种"象征符号"，但这种符号可以判定一个人的人格特质。赫伯·里德曾做过一个重要且广泛的研究，讨论这些线条与作者性格和情绪的关系。比如，一个跛足的儿童所显示的人物，象征符号在一边是变形的，与他自己的缺陷一致；一个怯弱且敏感的儿童所画的人的象征符号往往可以从圆的、未封闭的、不确定的线条中发掘出他的焦虑，而从另一位儿童的长方形人体中能发现他的果断力的特征。因此，最早的表现尝试与个体本身有密切的关联。从女儿肯定、大胆、随意而流畅的线条表现中可以看出她是一个开朗、活泼、自信而果决的人，虽有时显得有点敏感、焦虑，但能通过适当的方式及时疏解，显示了较强的心理能力。

就人物表现来说，女儿对她自己个人观念的充实程度有赖于她的心智成长、她对刺激的感应力及家长的适当刺激等，因为这个时候是最有可塑性的。空间表现也是如此。简言之，空间就是身体以外的每一件事物。我们在环境中的所有经验都是空间经验。开始时女儿只满足于新近

发现的人和绘画间的关系和她表现本身，并不在意物体之间是否发生关系。比如图 32《和姐姐在河边玩耍》中女儿想："我在那儿，那是草地，那是飞机，那是天空。"不会想："我站在河边草地上，河里有倒影，飞机在天空飞。"她还未感觉她是环境的一部分。但应及时抓住儿童的可塑期进行适当的刺激。一般来讲，儿童的第一个空间关系通常是透过感情来体验的。因此，有关主观关系的经验，是具有刺激性的。如我问女儿："你喜欢去动物园吗？画你自己跟动物。"这也显示出在这早期阶段里，空间关系相当受价值判断的支配。图 34《和妈妈在动物园》因感情上的意义，所以感受到女儿与妈妈及动物之间的空间关系，女儿正和妈妈一起在观看笼子里的老虎，妈妈是不重要的，而被忽略了细节，女儿自己观看的位置很重要，所以用倒着画的办法表现，老虎印象最深，因而画得最大，并在画面中用一个圆将自己和老虎确认为两个空间。

为了丰富女儿的视觉经验，不至于老将嘴画成一条线，将身体画成一个圆，我经常用"某某在何处和在何时"，其次是"在干什么"，最后才是"如何做的"等语言启发她，让女儿调动被她忽视的消极经验，以刺激她的感应力。这种以个人经验来刺激儿童对她身体各部分观念的方法能使儿童顺利度过样式化前阶段。具体来说还可以尝试用以下题材让孩子表现他的视觉经验和身体感受：

我和我的妈妈（体积）
我和我的房屋（体积）
我在刷牙（牙齿）
我在喝牛奶（嘴）
我在擦鼻涕（鼻子）
我在吃早餐（嘴）
我在找我遗失的硬币（手、眼）
我在玩球（手臂、手）
我弄伤了膝（膝盖）
我在捉迷藏（手、腿）

我坐在秋千上（身体）

我在收听收音机（耳朵）

我在摘花（手、手臂）

我的生日礼物（感情关系）

我的洋娃娃（感情关系）

我的舞会（感情关系）

根据女儿在这一时期的画作分析，可以看出女儿各方面的成长状况。

## 智慧成长

任何线条或记号都可以用来建立儿童的绘画与物体间的关系，具有表现性特征，女儿已经明确建立起了一种表现的关系；关于绘画细节的一般倾向，有智慧的儿童倾向于用许多细节来表示他们高度的自我经验。在图 22《爸爸来接我》和图 42《我未来的老师》中，可以看出，女儿所表现的人显然不只是头和手。

## 感情成长

观念愈是经常性改变，这儿童就愈具有可塑性和适应性。从图 31、图 32、图 34、图 35 中可以看出，女儿对“人”和环境的观念经常改变，她表现自己的记号经常地改变，未见到任何不断重复，显示女儿完全没有千篇一律的重复。如果儿童对有意义的经验产生反应，而且充满了敏锐的感情，那么，他在艺术作品中将会表现出这种感情的敏锐性，他会在他的画里夸张那些与他感情联系在一起的事物；缺乏信心的儿童经常用中断的细线来显示他们的限制。图 37 中的线条是大胆而明确的，这些绘画表示出她的自信。她把有感情意义的东西很明确地带到空间的关系中，图中，女儿把她从天空中发现的小鸟和她自己用很清晰的关系表现出来，我们很容易了解，女儿绝不想要模仿，因为模仿对她是无意义的。

## 社会成长

儿童是否渴望使其经验和其作品发生关系，便具有社会功能的意义。图 28《公鸡和母鸡》、图 30《和姐姐玩球》中，女儿努力使画中的每一部分与她体验过的经验发生关系，已经表现了较高程度的社会意识。她不再专注于直接的自我，显示了她对外在世界的兴趣，也许没有特别的秩序，也可能由感情来决定，但表现了她自己和事物间感情上的关系，同时还表现了一种空间关系，清楚地指示了“上面”和“下面”、“前面”和“后面”这种知觉是超越一般发展程度的。

## 知觉成长

当儿童运用视觉使绘画和事物建立关系，视觉知觉就开始了。即儿童所用的不只有几何式线条，在图 21《放学了》、图 27《追跑的小鸡》中，有线条直接显示出动作或声音的表现，而指出特殊的运动或听觉经验；耳朵被夸大了。但这一时期还未建立色彩和物体间的关系。

## 生理成长

有调查证实：不断地夸张或省略身体同样部位，通常显示出身体的这部位有缺陷或不正常。以上图中完全没有连续的夸张或省略身体的同样部位，所使用的线条果断有力，显示出女儿生理情况良好而富有生命力。图 18 ~ 图 20 中画出了身体动作，跑动和玩球，指示了她生理情况良好。

## 美感成长

画面上“有意义”和“无意义”区域间的关系非常和谐，所有区域的界限都是十分的良好，而“有意义”的部分又分配得极好，并没有“空虚”或“无生气”的区域需要予以铲除，从图 35、图 36 可以看出有装饰的欲求，题材和内容的组织似乎十分和谐，因没有任何部分会过度压制其他部分。图 30 中并未使色彩与物体发生关系，但对装饰分配似乎有优异的感觉，经常改变色彩，并没有在一边涂一种颜色，另一边涂另一种颜色，色彩有对比，富有装饰性。

## 创造性成长

这个阶段，有创造力的儿童会发展他对事物的独立关系，而以独立的观念表达出来。创造性成长以独立的方式表露了它自己。有创造力的儿童绝不会问“怎样”去画嘴巴、鼻子等，他会毫不犹豫地画出自己的观念，丝毫不受其他人的影响。观察女儿绘画的过程，没有任何征象显示她有模仿或抄袭的倾向。

对我而言，把绘画当作女儿整体成长的经验再来观看一次，仍然是重要的。我已经看到了，女儿的智慧程度似乎高出于一般程度，因为她概念的知识似乎超越了一般所期盼的程度，如前所述，在感情上，她的内在反应和对环境的反应似乎是超乎敏感之上的，在图42《我未来的老师》中，当“听姐姐说有个老师很凶时”，她想象自己正躲在老师的身后，因此，她的心里是很畏惧还未见面的老师的，就是因为这种感情的焦虑，使得她把未来老师的形象画得很大；因为老师喜欢手拿教鞭，所以教鞭很夸张，她自己的身体似乎是不重要的。

图39《我的一天》中，女儿想在一张画中表现白天上幼儿园和晚上回家，这使她画了两次，这是一种常见的动作表现。

女儿运用她观念的弹性是令人为之赞叹不已的。

根据以上分析，可以判断女儿的性格是一个调整良好、健康，而有些过度敏感的人，有高度的智慧和健全的身心，易于表现她自己和周围的人物及环境，然而，她对感情刺激的强烈反应并不能使她成为观察者，这是不足为奇的，因为视觉刺激对她没有很大的意义。她独立的创造力与她的美感倾向，使得她成为一个具有高度令人满意和全面优越的成长特征的儿童。

# 玩泥巴的快乐

女儿的幼儿园老师有一次在“家校联系册”上写到：“韦思很聪明，观察很仔细，今天幼儿园玩橡皮泥时我发现她捏的黄瓜上长满了小刺。”为使女儿更好地体验玩泥巴的乐趣，5岁那年，我带她到长沙铜官的农家窑去参观并体验玩泥巴的快乐。

同行的还有10多位年龄不一的玩泥爱好者，上午我们先参观了当地的农窑，女儿很兴奋，在山上一点都不怕累，每次都是抢先走在最前面，而且还钻进了黑漆漆的窑里面，听农家师傅讲烧窑的过程和出窑的惊喜，女儿很好奇地听着，接着又参观了当地大型的煤窑厂，了解工业制陶的流程。女儿最开心的是下午在一户农家的屋檐下亲自玩泥巴，那天正好下雨，我们在一户老农家的大门前一字排开，每人手里一大团软软的陶泥，你敲我打开始了自由创作。

图43　在长沙铜官的农家玩泥巴　图44　和好朋友可可一起参观农家窑（左为女儿）

女儿搬来的那团泥足有两三斤重，我们找到一块木板，坐在靠屋边的空地处，还没将板子放好，女儿就迫不及待地将衣服袖子挽起来，用整个手臂捶打起来，边拍打边说：“我想做一个爸爸。”（如图45）那天他爸有事没去，女儿就打算用泥塑造一个爸爸的头像。我也和她一起拍打，不一会儿，大团泥就变成了一个圆形的泥板了。女儿又搬来几个小泥团，开始一个一个塑造爸爸的五官和头发了。她边搓泥条边说："先做头发。"将泥条一条一条粘在头顶，我发现粘的时候女儿有意变化了头发的走势；爸爸最大的特点是戴了一副眼镜，女儿毫不犹豫地做了两个圆圈，接着将里面掏空表示眼睛；做鼻子时女儿犯难了，因为鼻子是突起的，不好怎么做，这时一个带队的老师来了，他想帮女儿做鼻子，于是就捏了一个梯形的泥块粘在脸部，并让泥块中间突起来，但泥块里面是空的，看样子不结实，女儿不满意，等那个老师一走，就将那个难看的鼻子毁掉了，自己重新想办法做，这次女儿先做了中间的鼻梁部分，再在鼻梁两边用盘泥条的方法做了两个鼻翼，比刚才那个突兀的鼻子好多了，而且将来烧出来时也不会掉。我心里一直惊叹5岁孩子的独创力和感应力。鼻子做好后，女儿又做了嘴巴和胡子，将眼睛加上睫毛和眼镜架，脸上还有几个疙瘩，哈哈，爸爸的头像新鲜出炉了（如图46）。女儿开心地打电话给爸爸报喜去了。

图45　和妈妈一起在农家玩泥巴

为什么女儿会高兴入神地玩泥巴？倒不是她对泥巴有什么样的渴求，而是她有股内心的"需要"，需要有东西，让双手不断地活动，接触事物、体验感觉同时发展智能，增强肌肉的协调和控制能力，从而学会自我支配，依靠自己的器官满足自己的欲望和要求，并尝试沉浸于自己的"工作"，从中获得乐趣，满足自己的欲望，学会"依靠自己"。玩泥巴其实也是一个关于塑造的活动，儿童的创造观念与经验和想象的投射有关。罗恩菲德认为，如果该年龄段的儿童比较有智慧的倾向时，塑造都是从细节开始的，把这些不同的部分带到他们的意识中，再使他们互相发生关系。认知到整体而未认知到物体之部分的儿童，通常从整块黏土来开始，从整块开始的方式甚至在完成品里也很容易察觉到，从整块来塑造的儿童通常是观察者，因为，大概只有视觉上才能认知到整体。女儿第一次接触真正的泥巴，很兴奋，开始根本就没想到要做什么，边玩边调动自己的经验和想象，先拍打一整块泥板再说，这也显示出女儿之前的经验都是视觉上的，还没有触觉的体验。在具体塑造爸爸的头像时却是从头发和五官的细节开始的，慢慢显示出女儿的智慧倾向。

图46　瞧，这是女儿做的"爸爸"

## 重要的是保持宽松的心境

现在有不少父母为提高幼儿的能力，很小开始就让孩子学习英语会话、练习钢琴、参加美术班、练习珠心算等，甚至还有为让孩子能进入有名的幼儿园而送其上早教班的，花一大笔钱把入幼儿园以前的孩子送到早教班姑且不说，如果各种各样的学习都为幼儿喜欢，我也别无可言。我想，把在家很娇惯的孩子送出去学习，即使时间很短，只要能使孩子心理文静、精力集中也算是件好事。但是，我发现对这些班那些班热心的只是母亲，是母亲怕自己的孩子输在起跑线上，而有些孩子对此非常讨厌。对于母亲来说，可能有种种想法：早些开始学习能让自己的孩子先人一步；有的孩子本来就讨厌学习，让他养成学习的习惯很重要；有的孩子已经开始学习了，轻率地停止，会使孩子养成做事有始无终的坏习惯等。我想这些想法有一定的道理，但是有的早教班违背学习规律，过早地将小学教育的内容搬到早教班上，如背诵《三字经》、强化珠心算等，不仅学不到有用的知识，幼儿的潜能得不到开发，反而还可能固化幼儿的思维，使幼儿失去学习的乐趣和后劲。有的家长强制幼儿做他讨厌的事，不仅没有自主性，而且只能使孩子成为一个缺乏积极性的人。不过，对于那些在娇惯的家庭中难以教育的孩子来说，设法让他学点东西，可能有利于使他成为一个勤奋的人。

我的女儿在上幼儿园之前没有上过任何形式的班，上幼儿园时学校曾利用下午等家长的时间开设了一些趣味活动，因这些活动有的是请的园外的老师上的，就收取了一些费用，刚开始时我也没有让女儿去参加园里的活动，但我因工作忙碌，下班的时间较晚，我去接女儿的时候，经常是其他孩子跳的跳舞，画的画画，教室里就剩下女儿一个人在一个角落里玩耍，还要有一个老师专门照看，我于心不忍，老师也暗示我说：“能不能早点接孩子啊？”言下之意是如果不能早点接就让女儿参加一些课外班级活动。我不想让老师为我女儿一个人守候那么久，也不想让老师认为我是舍不得出钱的家长，于是我要女儿周一参加舞蹈班，周三参加美术班，周五参加黄波英语班，这样就只有两个下午是一个人玩耍了，况且我觉得让女儿跳舞锻炼一下身体、画画启发一下想象力、在机械记忆最好的年龄段体验一下英语口语也未尝不可，我没有给女儿任何的压力和要求，只要女儿觉得开心、快乐就行了。半个学期后我发现女儿对舞蹈倒还感兴趣，用拍手的方法利用节奏练习发音的英语口语也很利索，能一口气说很长一段句子，但画作却不理想，基本上就是临摹老师画的机器猫、米老鼠之类的卡通图像（如图47），还不如女儿在家里画的涂鸦作品来得生动和传神（如图48、图49），于是那个学期的美术班没上完我就没有让女儿再去上了，而是让女儿学会细致观察，表现自己的生活（如图51～图53）。我至今还很后悔自己本身就是学美术的，倒让女儿去别人班级上美术课，所以后来我无论如何也不让女儿上任何美术班，一来我不想让女儿将来从事美术专业，但可以随心所欲地自由画画，二来我主要是担心教育不当过早地使女儿失去想象力和创造力，这才是最可怕的。所以我认为不要过早地教孩子画画，包括让孩子画各种基本形状。为孩子画形状，甚至事无巨细地指点孩子使用颜料，不断画线描等，教孩子画小鱼、花朵、房子、小车、小兔子、蝴蝶、燕子、蜻蜓等，看起来内容适合孩子，也在变化形式，实际上脱离早期美术教育的本质。日本儿童美术专家鸟居昭美认为："在孩子9岁（最早也不要低于7岁）以前，不要教孩子系统的绘画技能，如果从2～5岁时期教孩子画形状，照着老师画，不是任由孩子自己表达，那么，孩子以后就画不出充满孩子内心的真情实感、童趣盎然的真正的儿童画了。"这话不无道理。

**图47　大象妈妈和它的小象**

图47，女儿3岁半时的画作。女儿在美术班学习一段时间后的绘画表现，明显带有刻板的模仿痕迹。但两只小象吃奶的表现又显示出女儿想改变样式的欲望。

图 48　这是我妈妈 1

图 49　这是我妈妈 2

图 50　我妈妈

图 48、图 49，女儿 3 岁时的画作。女儿没上美术班之前在家的自由画作，线条流畅，注意了五官的细节和不同。图 50 女儿 3 岁半时的画作。在美术班上了几次课后的画作，线条犹豫、迟疑，有圈圈和顿点，对自己的表现有怀疑迹象。

图 51　我的爸爸

图 52　我的妈妈

图 51、图 52，女儿 4 岁时的画作。美术班停了后，女儿有一次在沙发上玩，看到我们正津津有味地看电视，于是拿起蜡笔对着我和爸爸画起来了，发型和脸型特征很突出，线条也很肯定，但身体仍是几何线条。

**图 53　看姐姐打羽毛球**

图 53，女儿 4 岁时的画作。女儿又开始找回了以前的自信，大胆的线条和因感情意义而有意夸大的姐姐打球的动作，球网因不重要而缩小。

一个学期后，舞蹈班和英语口语学习也结束了，女儿虽说能跳几支简单的舞蹈，能凭机械记忆说一些英语句子，但却不会像 1 岁多时在乡下那样能根据我唱的歌曲自编动作即兴舞蹈，也不能和我进行简单的英语对话，女儿在各类班级学到的只是一些死的知识和技能，我担心再这样下去会将女儿天生的灵性毁掉，后来的两年时间里我宁愿让女儿独自在教室里玩耍，也没有再给她报任何班了。在这里需要说明的是，我绝不是认为不要对孩子进行早期教育，或者认为早期教育不利于儿童的健康，剥夺了孩子的正常童年生活。事实上，现在的状况是早期教育本身没有问题，只是教育的方式出了问题。早期教育不仅会影响到孩子的性格、身体发育，而且还能有效开发孩子的潜能，越早对孩子进行教育，开发他们的潜能，孩子成功的几率就越大。

现在，有人认为中国人缺乏独创性。今天，中国被称为发展中国家，在工业能力、技术改造、技术研究能力等方面有了长足的发展。但这些技术的来源大部分是从国外引进的，也就是说，是引入的技术很好地发挥了作用，实际上全都是学来的，特别是现代工业文明、科技发明创造方面中国人独自创造出来的东西寥寥无几。人们常说，创造性很重要，但是，为具有这种创造性，从小时候开始，所采用的抚育方法很重要。若只想以强烈性灌输式的教育方式来使孩子记住知识，把孩子局限在一定的框框之内，这样，虽然脑功能的一部分作用能得到有效发挥，但负责新构想和突破的创造性脑功能却变弱了。

一般认为，中国人比其他国家的人勤奋。勤奋固然好，但过分勤奋，不仅没有喘息的机会，还使头脑疲劳不能胜任高质量的工作。虽然工作学习是件好事，但中国人的潜在意识认为玩乐都是坏事，所以就没有精神放松时间，进而也没有了思考问题的时间。一位哲人说过："闲暇出智慧。"中国人可能太忙碌了，使心境长期处于紧张状态，父母和孩子都失去了宽松的心境，对各种事情都想尝试一番的孩子的积极性也在忙忙碌碌的各类班级学习中日渐枯萎，最后只能培养出缺乏创造性、总是处于被动状态的孩子。

这种宽松的差别，结果形成了人的性格差异。一般来说，心境宽松的人谁都喜欢，可以快乐地度过人生。对此，我们有必要重新认识。

## 创造性成长

我拒绝女儿参加各类培训班并不表示幼儿园的日常教育差强人意，恰恰相反，据我所了解，女儿所在的幼儿园日常教学应该算是教育理念很先进的。他们以活动为载体，经常组织幼儿表演情景剧、讲故事、体育游戏、歌唱表演等，特别值得一提的是幼儿园是在一所军事高等院校里面，又靠近浏阳河，老师经常带孩子们在大院里和河边找春天、做游戏，既安全又好玩，还能充分享受大自然的清新与惬意。老师个个很有爱心，其中有个叫纪平的老师，女儿最喜欢，纪老师年轻、漂亮，更重要的是她很有爱心，即使是批评孩子也是以爱为前提，孩子并不觉得受打击。女儿经常回家说，"纪老师今天又表扬我医生演得好"，"纪老师说我编的故事很吸引人，把大家都逗笑了"，"今天我用橡皮泥捏了黄瓜，纪老师表扬我观察仔细，黄瓜上还捏了很多的小刺"……没有让

女儿上那些为满足家长急功近利的要求而只关注知识技能的培训班，女儿倒还在一种宽松的环境下发展了创造性思维，我心中暗暗窃喜。

为保护女儿的创造性，我继续在艺术、文学等领域对女儿进行潜移默化的培养。

我堂姐送了一台她儿子用过的日本原装进口雅马哈电子琴，那台电子琴质量很好，不仅有上乘的音色，还有很多种不同的乐器和节奏，另外还有拟音和录音功能等，女儿一下子就喜欢上了，一回家就打开电子琴开始捣弄，他爸说让她去学学弹电子琴吧，我坚决反对。一来年纪还小，如果不打算长大后从事音乐专业没必要，幼儿园就让孩子每天坐在那儿苦练几个小时，与其这样还不如让她到大自然中奔跑；二来刚刚从那些训练班解放出来，又送到另一个班去接受那些枯燥的训练，对孩子大脑发育不利，不如就让她自个儿将电子琴当玩具尽情地玩吧，没有压力反而利于开发智力。可能由于受过胎教的缘故，女儿天生对音色、旋律和节奏很敏感，她尝试琴上的每一个按钮，体验每一个不同的音色和旋律，特别是那些拟音，一会儿像小溪哗啦啦，一会儿像火车轰隆隆，女儿将这些不同的拟音和不同乐器发出的旋律及节奏配在一起，并编了一个个不同的故事，用琴上的录音设备录下来，然后很开心地叫我去欣赏，我惊讶地看着女儿像一个多媒体编辑在有模有样地操作电子琴，心里直感叹："三四岁孩子的创造力真的很惊人啊！"

女儿还喜欢和楼上姐姐一起玩自编情景剧游戏。她们先天花乱坠地编好故事情节，确定好主要角色并分配好后，就到我房间里翻箱倒柜起来，把我以前穿过的旧衣服、各色各样的围巾、帽子之类的玩意一股脑儿全翻出来，然后将自己和对方装扮成剧中角色的样子。有次我因要进房间拿东西就没打招呼闯进了她们的空间，看见女儿裸着上身正用我的长围巾缠住身体，还戴一副墨镜，一动不动地躺在地上，我吓了一跳，问她们在干什么？她说我们正躺在沙滩上晒太阳呢！

女儿出色的口头表达能力可能也与那时候喜欢听故事和编故事有关。从女儿还不会说话起我就给她念故事听，女儿学说话的时候我也从不说那些儿化的语言，什么"吃饭饭、起床床"之类的非正规语言，女儿一开口说话就是很正规的语言，弄得我们同事很惊讶，说："你们家孩子怎么像怪物啊？一个暑假不见一开口说话就像大人的口吻。”有时候晚上我还让女儿在睡前听一段录音故事，女儿的记忆力惊人，第二天早上我用自行车送她上幼儿园时她能坐在后座上一字不差地将先天听的故事复述出来，连语言语调都模仿得很像，有时候我就有意让她自己也编一个结尾，女儿就在自编故事的快乐中不知不觉发展了创造力。

## 开发右脑的意义

女儿1岁多一点刚学会说话那会，很喜欢和人打招呼。有一天，在街上，她看到前面有个男性老者，连忙大声喊“爷爷”，老者回头满面笑容地答应着，并称赞女儿聪明、懂事，擦身过后，女儿便低声说：“唉，老了。”我很惊讶女儿这么小是怎么辨别出老和少的，也由此看出女儿有一种凭直觉感知事物的能力。还有一次，我带她去商场的负一楼超市购物，从电梯下后在超市里转了很久，当我们提着大包小包找到一个电梯就准备上去时，女儿看了一下周围拖着我的手不走了，说：“妈妈，我们应该走那边的。”原来女儿在我们下电梯时就记住了方位，出来的时候也要坚持走原来的电梯，这样离大门出口近一些。我不得不佩服小小年纪的女儿就有惊人的空间记忆能力。

这可能跟我从小就注意开发孩子的右脑有关。

一般来说，左脑具有人所必需的基本能力，而要使这些能力产生飞跃，必不可缺的便是不断刺激和开发孩子的右脑。左脑最大的特征是拥有语言中枢，操纵语言，读解文字、数字，写文章，将复杂事物细分为单纯要素，有条不紊地进行条理化思维；而右脑则在感觉领域大显身手，能鉴赏绘画，欣赏音乐，凭直觉观察事物，纵观全局，把握整体。具体来说，包括类别认识能力——只记忆事物局部便能抓住整体形象，图形认识能力——将抽象的语言、事物作为一张图来把握，空间认识能力——进行立体思维，从整体上认识空间，绘画认识能力——将事物不是作为一个图形，而是以一幅图画的形式来把握，形象认识能力——扩展形象的能力，与创造性密切相关。善于使用右脑的人往往洋溢着创造欲望，充满着生命活力。

为开发孩子的右脑，我一般采取游戏的方式进行。游戏是所有动物（包括人类在内）的本能，在游戏中，孩子的各种潜能会被激发出来。针对孩子的各种潜能，我为女儿设计了五花八门的游戏，比如绘画游戏、音乐游戏、造型游戏、语言游戏、表演游戏、智力游戏、创造性游戏、体育游戏等，尽力使孩子的潜能无一遗漏地发挥出来。有一次，家里买了空调，师傅在安装时女儿也在一旁玩，装空调的纸盒很大，女儿从放倒的纸盒里钻来钻去，还搬来了阳台上平时装废报纸的一些小纸盒，“妈妈，我要搭一座城堡”。女儿信心十足。“好啊，要是给这个大纸箱开个门和窗子，就能成为一个小房间了。”我有意诱导女儿认识空间的能力，训练她用纸盒按自己的构思，把大脑中的形象实际地表现出来。女儿真的找来了剪刀，纸盒太厚了，她剪不动，我于是和她一起搭起了城堡，帮她开了门和窗子，女儿开心极了，在纸盒上面爬高，带上洋娃娃在大纸盒里面钻进钻出，自由创造自己的幻想世界。

其实前面说到的绘画、塑造、表演、音乐等艺术活动都对开发右脑不无裨益。特别是音乐的欣赏，我注意通过精选适合开发右脑的音乐给女儿添加大脑营养。虽说辨听声音是右脑领域，但并不意味着随便听什么都行。古典的音乐对孩子的大脑有益处。我在女儿玩耍、画画、游戏、吃饭、睡前等时间有意无意地让女儿接受这些一开始她可能不太感兴趣的音乐，但经过一段时间后，女儿对这些古典音乐很有感受，女儿后来主动要求学钢琴可能也跟听这些音乐有关。如：

《月光》（德彪西）

《蓝色的多瑙河》（约翰·施特劳斯）

《春之歌》（门德尔松）

《小狗圆舞曲》（肖邦）

《夜曲》（肖邦）

《G弦上的咏叹调》（巴赫）

《小步舞曲》（比捷）
《小提琴协奏曲》（门德尔松）
《幽默曲》（德沃夏克）
《爱的喜悦》（马蒂尼）
《勃拉姆斯的摇篮曲》（勃拉姆斯）
《长笛与竖笛协奏曲》（莫扎特）
《培尔·金特》组曲早晨（格里格）

一般的儿童，在6岁左右左脑定型之前，几乎全部都是以右脑为中心观察、分析事物，因此，应当尽早训练开发幼儿右脑，若不施以科学训练，放任自流地让孩子度过这个重要时期，大脑的发育必然会变得迟缓，甚至荒废。对一个婴儿，如果从出生到3岁期间，只给予足够的食物、水分，保持其营养状况良好，而不对他讲一句话，更不进行情感交流，最终，这个孩子会怎样呢？

结果令人难以置信：他死了！

相反，有的家长从小就费尽心机教给孩子尚难以掌握的算术和词句，让孩子记住一些相当高水准的“知识”，以为这样能把孩子培养成小天才，殊不知，教给孩子那些根本不能产生形象感的汉字或计算方法，并不能真正提高孩子的记忆力和智力，在某种意义上甚至可以说是害多利少。因为，这样会使大脑的重要部分——右脑的发育停滞。作为家长，应把培养孩子适应任何条件的思考能力作为首要任务，越早越好。

下面是检查孩子“右脑度”的测验题目，供你施教时参考。

## 儿童“右脑度”测验题

| | |
|---|---|
| △能记住初次见面的人的长相 | △不善于记住他人长相、衣着打扮 |
| △喜欢木头等自然材料制成的东西 | △对金属、塑料制品感兴趣 |
| △肚子不饿不吃饭 | △每天按时吃饭 |
| △受到斥责不太爱生气，转变较快 | △受到斥责很长时间内闷闷不乐 |
| △热衷于收集塑料玩具模型和其他小玩具 | △喜欢玩过家家游戏，会想出情节充当角色 |

△对电视或小人书中的人物记得清楚

△常把自己看过的电视剧或童话讲给人听

△看到大人做体育活动时总想模仿

△新的体育活动如没人教就不去做

△总愿和别人一起吃饭

△能一个人默默地吃饭

△说话时总借助手势、姿势来解释、说明

△说话时很少有动作、手势，很少有反应

△对新玩具或游戏很快就感兴趣

△对新玩具或游戏不太感兴趣

△走路时左顾右盼，观察周围景物和人

△走路很急，对周围事物不太感兴趣

请在符合的栏内划“√”，每“√”为一分。

左侧得分为右脑型，右侧得分为左脑型。右脑分在3分以下者，需反复施行右脑活化法；右脑得分在4～6分者，右脑状况一般，仍需进一步训练；右脑分在7分以上者，右脑状况良好。

——摘自日本医科大学教授医学博士品川嘉也著《儿童右脑智力开发》

由于我从小注意刺激女儿的右脑，使女儿大脑的锐敏度成倍提高，特别表现在应试上，不仅应付笔试考试的能力很强，而且在新加坡招生考试的面试中也表现相当出色，能够快速理解测试者的话，对他们的提问，能做出迅速、准确的回答，给人以开朗、果断、机敏的印象。就在撰写本书时，女儿从新加坡打来电话说，在新加坡《联合早报》招聘小记者的面试中她从众多的报名者中脱颖而出，被聘上了《联合早报》小记者。

## 尽早放手

对日益成长的孩子而言，在育儿过程中我所有的育儿心得可以概括为四个字：“尽早放手”。现在有不少母亲和家庭认为家里就一个孩子，要倍加照顾，母亲也还总是以孩子刚刚出生时的心情去对待，不敢放手。我认为如果孩子事事处处“离不开母亲”，这是育儿的一大失败。

我们经常看到有这样的孩子，去幼儿园前换衣服时，明明可以自己换衣服，但却偏让大人替他扣纽扣。可在幼儿园，没有人帮忙，必须完全靠自己扣纽扣。如果小朋友都能换衣服而唯独自己不能，在多数情况下会使孩子失去自信心而出现自卑感，最终导致不愿去幼儿园，即使去幼儿园，也会因为自己不能轻松地解开或扣上纽扣，在能够自己换衣服的孩子面前，产生自卑感而不愿和小朋友一起玩耍，导致性格乖僻。有时在公园的沙地上，会看到离开小朋友而孤单一人玩得很无聊的孩子。这是不合群的孩子，其共同点是受到了父母的过分溺爱。

有母亲问我：“孩子那么小，你怎么放心让她自己去做一些事呢?”我的经验是任何事情都是由量变到质变的，要从孩子很小的时候起就在日常的生活和游戏活动中慢慢培养她的独立意识和自立精神，当然首要的是先保证孩子安全的前提下。根据孩子的情况，而且从其年龄来看，也完全可以的话，不管任何事情，尽管放心地让孩子去做。孩子自己能做的事，即使花费很多时间，也要耐心地看着让他做。但若认为多少有些困难，母亲可稍稍给点暗示。当然，母亲的及时鼓励也很重要，能做到时，要给予表扬：“真棒啊！真好啊！”孩子得到母亲的表扬会建立起自信心，并很可能会以此为契机，迅速地拓展本来具有的能力。母亲的鼓励是让孩子以积极的态度去面对一切事情的“特效药”。

我的女儿从小到大没怎么让我操心，有人说你带孩子真的很轻松啊，我每天快快乐乐地过自己的生活，开开心心地做好自己的事情，可以说我是顺便将孩子带大成人的。女儿很小就学会了自己起床、穿衣服，自己洗脸、漱口，自己洗头、洗澡、打扫房间等。送女儿上幼儿园时我只送过她一次到门口，以后都是女儿自己一个人走过一个长坡去的，刚开始时我站在马路边看着她上去，后来干脆就是她自己走了。女儿长大后回忆这件事时还说：“我第一次独自上幼儿园时对门口站岗的解放军叔叔很害怕，当我经过大门时他们没说什么就不害怕了。”原来女儿还有这样一种心理，但我当时真的不知道，要不然我要好好夸夸女儿。因为女儿做到了一些小朋友不能做的事，孩子在幼儿园感到自信而快乐，还经常帮老师做一些力所能及的事情，像收拾玩具、餐具之类的活儿女儿都抢着做。

孩子去幼儿园或托儿所，有的不愿参加集体生活。这当中有的是因为性格内向，但普遍的特点是由于在家受到过多的照顾。对于习惯自己什么也不做全由母亲照顾的孩子来说，在有约束的集体生活中，很多事情不能随心所欲，大多心情极度不安，再加上看到别的孩子什么都能做而失去自信心。幼儿园的集体生活要求协调性和遵守纪律。有的孩子在家里想干什么就干什么，非常任性，在受到集体生活限制的时候，往往精神上难以忍受。还有，在不合群的孩子中，有的孩子一旦自己不能时时受到关注，心里就不舒服，也有的母亲患上了不安症，在幼儿园放学之前，常常偷偷地去窥视自己的孩子在幼儿园的情况。从小在这种环境下长大，孩子的依赖心会增强。这种孩子，若是没有人在身旁事事照管自己，心里就不舒服，或者总是在集体生活中不断做一些引起老师注意的事，一旦欲望得不到满足，则在集体生活中感到迷惘，从而失去自信心，心情忐忑不安。

现在几乎每个家庭只有一个孩子，因此以母亲为首的周围人，对孩子过于溺爱，不敢放手，大人总是关照孩子。看到孩子做的事不中用，自然就帮忙。无论什么事开头做不好是理所当然的，在反复实践中就会熟练。只有实践才会熟练，总由母亲帮助，永远也不会熟练。尤其是在幼儿推开母亲的手，反对母亲帮助时，母亲应耐心让幼儿自己去做日常生活中的事情，并以高兴的心情等待孩子自己去完成。若不这样，将来孩子会更觉困难，还会产生其他各种各样的问题。若不认识这一点，问题就得不到解决。虽说如此，相反，若母亲对自己的事以及自己的工作所倾注的比重过大，减少了母爱，那么，孩子为了吸引母亲的关心，在自己的心灵未得到抚慰的情况下，会出现反抗性的不良行为，变成一个乖僻的孩子。因此母亲放手的同时不能放弃对自己孩子的关爱，要让孩子时时刻刻知道有一个人在关心自己，在看着自己长大。总之，问题在于母亲离开孩子以及孩子离开母亲的时间、程度和方式。不仅孩子离不开母亲，最近在美国不愿成为大人、不能自立的青年的增多，正在成为社会舆论的中心。我有个邻居的孩子可能就是由于小时候体弱多病母亲

照顾过度，养成了过分依赖的毛病，以致到现在30多岁了还不愿成家立业，早上还要60多岁的母亲给他做好早餐。不管怎么，我认为其根源在于母亲对孩子照顾太多，影响力过强。

孩子小时，母亲的照顾是理所当然的。但作为父母来说，总是帮助孩子做自己已能做的事，并不值得赞赏。这样做会因为只顾眼前的小爱而忘记育儿这一博大的爱子之情。但是，这一责任并不只在于母亲。尤其是对男孩来说，到一定年龄，父亲的存在是十分必要的。自立心、判断力和责任感，应当更多地从与社会关系密切的父亲身上学习。在孩子需要父亲的时期，不仅在工作、社交上，我想在育儿方面父亲也要作为家庭的主角来参加。

## 训练女儿的平衡感

我尽量从早期对运动能力的基础——平衡感进行一定程度的练习，使女儿的平衡能力得到很好发育。女儿一周岁那天起就在小姑送给她的三轮自行车上踩得欢，那个时候女儿还不会独立行走，但自从会骑自行车后女儿的平衡感就突然增强了许多，过了几天就能敞开手走了。后来又利用她喜欢帮大人做事的机会训练她提重物行走，在逐步掌握身体平衡的同时小脑的功能也得到发展。稍大点后，我让她爸将三轮车的车轮卸下了一个，过几天再卸下另一个，女儿将没有小轮子的车子先推到一个小斜坡上，人坐在上面不踩车轮，只掌握方向顺着斜坡滑到平地上，经过几次摔倒之后，女儿慢慢就学会了独自骑自行车，初次尝到独自兜风的快乐，女儿一路欢歌笑语，围着我们住的地方转圈，一骑就是大半天。后来又自己学会了有杆滑板运动、轮滑运动、滑冰运动以及无杆滑板运动等多项平衡项目。

此外，我还利用在公共汽车中的站立机会对女儿进行训练。

在中国，即使对于乘车时稍稍拉着母亲的手已能站稳这个层次的孩子，不少的母亲也总是让孩子坐下，自己站着。孩子也觉得自己坐着是理所当然的，不让给他座位就发脾气。或许因为孩子是在这种育儿方式下成长起来的缘故，有不少男性青年看到老年人和孕妇站着也不让座位。与其说没有礼貌，不如说根本就没有培养出同情心这种高尚感情。

我一般带女儿乘车时尽可能让她站着。我对女儿说："妈妈是大人，大人要上班很辛苦的，你让妈妈坐吧！"女儿很乐意这样做，一来可以从小培养女儿的孝心和同情心，二来我主要是想利用这个机会锻炼女儿的平衡感。当然不是一概而论，对脚还站不稳的幼儿不能勉强这样做，有空座时也无须硬要这样做。一般来说幼儿到3岁左右，就能把两条腿分开站得很稳当。让孩子用两手抓住父亲的两腿，他就能自己掌握平衡，站立5~10分钟。到了这个年龄的幼儿，大人拉着他的一只手也不会跌倒。孩子自己也在努力逐步掌握平衡，以免摔倒在地。但在公共汽车内母亲要防止急刹车时的危险。但是，在儿童时就学会在公共汽车内站着，这不仅是从育儿方面考虑，而且，对于培养运动能力中最重要的平衡感也必将带来良好的效果。随着年龄的增长，能独自站立，对幼儿来说是一件十分喜悦的事情。应当让幼儿自己体验完成这个艰巨任务的满足感，这种喜悦之情，会使他自然不觉得在公共汽车中站着是一件苦差事。

## 孩子提问"为什么"不要烦

随着大脑的发育，女儿开始朦胧地明白世界上发生的事情有原因和结果，因而产生了想知道的欲望。女儿1到3、4岁，便经常喜欢问这个"为什么"那个"为什么"，回答了一个问题，等会儿还会一个接着一个地提出好多个"为什么"，也就是说，女儿的思维能力开始形成，其思考范围也扩展开了。女儿的"为什么"常搞得父母不得安宁，我有时虽然觉得有点烦人，但女儿对"为什么"的提出，恰恰是从漠然无知状态开始对事物因果关系感受兴趣的标志，我还是力图认真对待，并好好利用这一时期对女儿进行想象力的开发。

有一次，3 岁的女儿提出“妈妈，天为什么要下雨啊?”这个问题时，我也觉得难以回答。虽然回答“雨是天上的水蒸气遇冷后变成小水珠掉下来的”这是正确的，可是对于一个 3、4 岁的孩子来说，这样的道理太深奥，无法明白。这时，我想不如回答说“也许是天上的神仙姐姐找不到太阳妈妈急得哭了”，或“一定是神仙姐姐在用喷壶洒水浇花呢”等更好些。当有的父母难以正确地回答孩子的问题时，或父母正在忙、专心于别的事情时，往往对孩子的问题感到厌烦，回答态度冷淡，只是搪塞地说一句“这样的问题你没必要知道”或“别烦人啦，妈妈有事”等，给以粗野的回答。这对幼儿的心灵来说无疑是有害的。在这种情况下，不必过于注重回答的正确性。不管何时提出问题，都能得到和善的充满母爱的回答，这对幼儿来说是很重要的。因此，当幼儿开始提出“为什么”时，要想到这是从茫然无知状态开始探求事物原因结果的求知欲，从而耐心地和蔼地对待孩子。

像所有的孩子一样，女儿也问过我这样的问题：“妈妈，我是从哪里生出来的?”记得我小时候对这个问题也很好奇，但那时候人们对有关“性”的问题似乎特别遮掩，尤其是对小孩子。我就听到过形形色色关于这个问题的答案，什么“从妈妈胳膊下出来的啦!”“捡来的啦!”“肚子上破出来的啦!”等等，因此对这个问题的回答我决定不再遮遮掩掩，以免让女儿更加好奇和将来有受骗的感觉。“呵呵，女儿真聪明啊，”我边吃饭边随意地说，故意将气氛变得轻松些，“有一天晚上，爸爸和妈妈想要一个小精灵，于是爸爸的精子和妈妈的卵子一碰就变成了你，你在妈妈肚子里待了 10 个月，想出来看看外面的世界，就哭着使劲从妈妈产道里钻出来罗，哈哈，还光着屁屁呢!”说完我使劲捏了一下她的小屁屁，想转移她的注意力，谁知女儿一问到底：“怎么碰的啊？产道在哪里啊?”我不想再说得那么具体，就说：“妈妈给你看一本书吧，书上都画了插图的。”于是我找来了先前给女儿买的一本德国性教育漫画，上面有孩子出生的过程，我估计女儿也可能是看了书之后产生的疑惑，不得而知。只是女儿对这个问题越来越好奇了，有一次爸爸洗澡时想偷偷去看，我于是跟爸爸商量："干脆我们两人一起洗澡，叫女儿也一起洗，这样她就不会对大人的身体好奇了。"女儿开心地和我们一起洗澡，玩起了打水仗游戏，我趁机对女儿说："平时穿背心和短裤的地方叫隐私，是不能让别人乱摸的，知道吗？"女儿似懂非懂地点点头。

孩子对世界上最信赖的母亲提出问题，是因为相信无论提出什么样的问题都能得到回答。因此，这时总是和蔼可亲地给予回答是非常重要的，孩子将会通过母亲的慈祥态度培养起对其他所有人的信任感。相反，若总是说"真烦人"或"那样的事你不明白"等，结果会怎么样呢？孩子会失去求知欲望，好不容易刚刚萌发的思考能力也很可能被剥夺。同时，孩子也不愿再同母亲讲话了，从而产生出对其他人不信任的念头。因为即使是科学家，对 3 岁儿童提出的"为什么"也难说都能给出正确的答案。如果不知道如何回答，说一句"你想那是为什么"，反过来向孩子提出问题也不失为一种应对的策略。在这样的谈话气氛中，有时孩子也会自己找出能够理解的答案来。有一次我带女儿在烈士公园散步，那天天气很好，皓月当空，不时有些云层从月亮旁经过，女儿看着月亮一会儿从云层里出来，一会儿又钻进云层里，就问："妈妈，月亮姐姐为什么总是躲着我们啊？"我不想跟女儿纠结这样类似的问题，就说："那你想想是为什么呢？"女儿看着天空的月亮，想象的翅膀展开了，说："可能是月亮姐姐没穿衣服，怕羞，总想躲着我们吧？"我笑了起来，心想，是不是和我们一起沐浴后引发了女儿的想象力。

因此，当孩子开始提出"为什么"时，要想到这是从茫然无知状态开始探求事物原因结果的求知欲，从而耐心、和蔼地对待孩子。

## 不要轻易体罚孩子

女儿有一个表弟，比女儿小两岁，有点顽皮，她母亲总喜欢动不动就是一巴掌，有时孩子实在没犯什么大错，可能不小心把东西打翻了，马上招来一顿打，孩子一天起码要挨上四五次打，后来越打越不怕，不但连眼泪也没了，还要顶父母几句嘴。归咎原因，可能是父母本人都喜欢打麻将，在平时的育儿工作中没有及时给予孩子应有的爱，比如孩子在婴儿期希望吃奶时，不能随时得到满足；哭闹时，母亲没有总是抱在怀里。由于肌肤接触的机会较少，母子之间的机缘就很浅，所以，孩子被母亲责骂或打几下，孩子认为这是母亲不爱自己的表现，本来应该很深厚的母子之间的爱心断裂了，孩子也就产生了很强的对立情绪。他父母往往只考虑孩子的营养平衡怎样，应该给予什么样的玩具，买什么样的衣服等，在育儿方面忽略了最重要的爱和感情方面，与孩子之间产生了无法弥补的隔阂。

我认为这是由于母亲和孩子间心灵的纽带出现了裂痕，体罚在孩子的内心深处留下了阴影，这是很糟糕的事情。而且，由于母亲对孩子反复体罚，在多数情况下会增加孩子的恐惧心、反抗心和不信任感。孩子非但不会因为受到斥责而痛改前非，而且会因母亲不在的情况下，闹得更凶。体罚带来不良影响所波及的时间相当长，有的可能出现对他人的攻击性行为，如打人、咬人等恶习。现在这个孩子大了，不愿意学习，经常逃学，有时还要挑衅同学，几乎变成了问题少年。

尤其是女孩子，母亲更没有必要采取呵斥方式。如果孩子真的犯有不可原谅的错误，在有些情况下无论如何必须实行体罚，那么我认为打孩子时不要突然打其头部或手部，最好是把孩子抱起打臀部，或让孩子转过身去打。把孩子抱起或令其转过身去仅仅是几秒钟的时间，但这几秒钟可以使母亲的心情稍稍镇静些，可以不让孩子看到当时母亲可怕的面孔。母亲生气的面孔，对孩子来说看上去比鬼还可怕，会牢牢地铭刻在心中。这也是导致孩子精神紧张而引发种种疾病的原因。

我有一次也因自己工作压力大，情绪失控，加上每天带孩子早出晚归心情狂躁，没有以宽阔而平静的心情对待孩子、体谅孩子的心情，至今想起还后悔不已。那是女儿刚刚上学不久，一天中午在我办公室吃完中饭正要上楼时，突然撒娇，硬是要我帮她提书包，我当时就拒绝了，心想我从小就让你学会独立自主，自己的事情自己做，这点小事还要妈妈帮，就径直往楼梯上走，女儿还是追上来要我提，我实在气不可耐，就在楼梯拐角处将女儿的书包摔到楼梯口，大声说道："自己提。"我想当时的表情一定是面目狰狞，女儿吓得连忙不声不响地捡起书包，而我也往办公室走去了。我以为女儿会像平日一样跟在我后面也上楼来，过了约 10 分钟，还不见人影，我心里急了，忙下去找，没见人，女儿刚上学还对这里不熟，没别的地方去啊，我心里有几分后怕，就不自觉地往学校方向找。走到半路，看到女儿一个人孤零零地背着书包又从学校往办公室来了，那么弱小，那么无助，我一把抱住女儿，女儿"哇"的一声终于哭出声来。我知道学校还没开校门，女儿是无处可去，又往我的办公室走。"是妈妈不对，原谅妈妈，别哭！啊?"我一边跟女儿抹去眼泪，一边泪流满面地带她回办公室休息。当时，我如果这样想，女儿要我提书包可能是刚上学很辛苦，还不太适应，希望我给予安慰什么的，如果我能以和蔼的态度对待或至少暂时从孩子身边走开，让心情稍稍平静，就不会出现那一幕了。

我深深体会到做父母的由于自己的情绪和压力感情用事，斥责或凶孩子是万万使不得的。教育孩子非一朝一夕就可完成，必须花费很长的时间才能奏效，需理解、容忍和忍耐，同时，母亲希望孩子自主成长，但也不要做得太过头了，若不逐渐提高自己的思想水平，与孩子的幸福密切相关的育儿工作也无望取得成功。从此我再也没有无缘无故地粗暴对待过女儿，更没有对她实施过体罚，我既耐心地等待孩子的成长，又以舒畅的心情育儿，激发了女儿的主动性，女儿开始慢慢长成一棵树。

向上篇

# 美的教育，让女儿成为审美的人

## ——小学阶段良好人格培养

美育对人的核心作用就在于培养一个人超越功利的审美精神，从而能够自由自在地享受人生。

——柯领

### 美丽的学校和启蒙老师

女儿快上小学了，有一次问我："妈妈，我要去的学校是什么样子的啊？"

"很美，很漂亮的一所学校。"为满足女儿的好奇心，我特意提前带女儿参观了她即将要去的小学。这是一所居于闹市的省属附属小学，省级示范性学校，一走进学校的大门，干净整洁的校园面貌就展现在眼前，女儿挣脱我的手，到处瞧瞧、看看、摸摸，还停留在学校一块教师风采展板前看了很久，可能是在猜测未来的老师是谁吧？我想起了她幼儿园时画的那幅关于老师印象的画，可是眼前的老师都是笑眯眯的呀，女儿的疑惑终于消散了，"楼上姐姐说的话可能是夸张了点吧！"女儿又蹦又跳地四处游散了。“妈你看，少年山，我们上去玩玩吧。”孩子的眼睛真尖，进校门的右手边就是这所学校最有特色的地方——少年山，说是山，其实就是一块大的土堆而已，可是在这样的闹市区能有这样一块原生态的地方实属难得，山上密密麻麻长满了大大小小的树木和灌木丛，偶尔还可看见几株野花从树丛中露出来，我们沿着小石板路拾级而上，女儿一下子就不见了人影，穿过弯弯曲曲的林中小道，看见女儿正在山顶上的凉亭里四下张望，凉亭的石凳上有几个高年级的哥哥姐姐在玩什么，从这儿可以看见学校的大半个塑胶操场、装修一新的教学楼和逸夫科技楼一角。最好玩的是，我们在下山的时候，女儿居然发现了一行蚂蚁，我不得不停下来等她看蚂蚁。女儿后来日益渐增的对小动物的感情以及逐渐萌发的对生物学科的偏爱是否源于这次少年山之行，我不得而知。只知道女儿对学校的印象很好，回家后还不停地说“我们学校如何如何”，更让女儿想不到的是，女儿的启蒙老师就是原来教美术后来改行教语文的史老师——一个外表美丽、性格温柔、极富爱心的老师。

女儿真的很幸运，在她的成长道路上，碰上了很多富有爱心的好老师，如幼儿园的纪老师等，女儿后来上小学三年级时还一定要到幼儿园去看望纪老师；史老师也是其中最重要的一个，作为孩子一生最重要的成长阶段，史老师作为启蒙老师对女儿一生的影响巨大。那段时间，女儿说话的口气和腔调、面部的表情和手势等，都与史老师很相像，有一次，在家里没事的时候，女儿拿出水彩笔，画了一幅史老师的头像，将水彩笔里她认为最漂亮的颜色全用上，在五官和衣服、头发上还装饰了很多漂亮的图案和夸张的色彩（如图 54），极尽表现对老师的依恋和敬爱之情。

图 54　我爱老师（6 岁半画）

刚学拼音那会，一到晚上，女儿总要拉着我学着老师的样子教我怎么记拼音字母，女儿对 b 和 d 弄不太清，就自己想办法怎么记这两个字母："妈妈，你看这样记好不好？伸出左手就念 b，伸出右手就念 d，哈哈，我记住了。"在老师的启发下，女儿用身体语言和形象记忆法终于攻克了拼音难关。后来的学习女儿也是自己将一个一个难关攻克下来，学习上一路轻松和快乐。

## 趣味学数学

从女儿幼儿园毕业时的家校练习册上我发现了一个问题，女儿的成长量表上几乎全是优，但有一个地方的记载是"良"，就是"对数的概念"这一项，而且上学前的一次简单面试上老师也反应女儿好像对数学的概念不清楚。我开始反思自己的家教缺憾，可能跟我们从小对她的语言、文学、体育、艺术等方面的教育关注过多有关，虽然我也买过关于数学之类的书籍，但不多，唯有一套较完整的书籍是女儿 4 岁时我在北京出差买的《数学启蒙》，那是一套用很形象的图示法和趣味法教孩子数学概念的书籍，书的印刷质量也很好，全彩页，纸张很厚，小孩子不容易撕烂，女儿也很喜欢看，但我发现女儿只是看图和情节而已，并没有对里面的数学概念有什么理解。一天晚上，临睡前我在床上试着和女儿就里面的数学现象展开讨论，看女儿到底是不是理解其中的数学概念。第一幅的画面上画了一条大船，船上一共有 10 个人，女儿可以数得清，第二幅画的是从大船上走下去了 3 个人，我没有要女儿数大船上的人数，而是直接问女儿"10 - 3 = ?"的算式，女儿莫名其妙地望着我，摇摇头，我一下子火冒上来，大声吼道："你怎么这么蠢？你数数看嘛！"女儿吓得哭起来，不知是自己犯了什么大错，再也不敢继续看下去了。我也觉得自己太过于苛刻了，从来没有启发过女儿对数字的概念，她一下子怎么会知道算术呢？我为自己的无知深感懊恼，后悔对女儿的态度如此粗暴，真正"蠢"的是我自己啊！我担心女儿会由此失去对数学的兴趣，于是只要有机会我就会去跟教数学的老教师请教。

其中有个老教师在听了我的介绍和担心后，一语道破了问题所在："尽管你女儿缺乏对数学的概念和兴趣，但绝不是片面发展，这是你的教法不对头。因为你不能有趣味地教数学，所以她也就无兴趣去学它了。你自己喜好语言学、艺术、文学和体育，所以能有趣地将这些知识安排到有趣的体验活动中，女儿也能学得好。可是数学，由于你自己不喜欢它，因而就不能很有兴趣地引导，女儿也就没有什么感觉甚至厌恶它。"接着，这位老教师十分热情地教给我一套教数学的方法。我用这些方法教女儿数学后，效果果然很好。

这位老教师的建议首先是让孩子对数字产生兴趣。例如和孩子一起玩"不准说一个数目字"的游戏，就是与孩子互相说一段话，话中遇到要用数字表达的地方不能说数字，而要用别的方式代替，谁先说出数字谁就输。如"那天（不能说有一天），我和妈妈在路上看见了黄鸭和黑鸭（不能说两只鸭子）……"女儿很喜欢玩这个游戏，因不能说数字反而对数字有兴趣了。我于是趁热打铁，将一把黄豆和黑豆装入纸盒里，母女二人各抓出一把，数数看谁的总数多，谁的黑豆或黄豆多；或者在吃西瓜等水果时，数数它们的种子；或者在厨房剥豌豆时，一边剥一边数不同形状的豆荚中各有几粒。我们母女俩还经常做掷骰子的游戏，最初是用两个骰子玩。玩法是把两个骰子一起抛出，如果出现 6 和 4，就把 6 和 4 加起来得 10 分。如果出现 2 和 4、3 和 3，就得 6 分，这时就有再玩一次的权利。把这些分数分别记在纸上，玩 6 次或 5 次之后计算一下，决定胜负；或者玩掷骰子走棋盘的游戏，就是那种掷一次看看是几就走几步，碰到障碍就倒退几步或碰到加分就前进几步，看谁最先到达终点的游戏，女儿对这些游戏性的数学活动乐此不疲，渐渐对数学有了感觉和意识。

当然，在女儿投入到这种游戏的乐趣中之后，为不使她的脑子疲劳，每次玩游戏的时间不会超过一刻钟。在这一游戏玩了两三周以后，我又把骰子改为 3 个、4 个，最后达到了 6 个。

接着，爸爸也加入我们的游戏中，到底是学理科的，他建议我把黄豆和黑豆分成两个一组的两组或三组、三个一组的三组或四组，把它们排列起来，数数各是多少，并把结果写在纸上，然后把这些做成乘法口诀表挂在墙上。这样一来，女儿就懂得了二二得四，三三得九的道理，而且非常高兴。我们又设计了更复杂的游戏依此类推地继续做下去，女儿终于明白了除法和乘法的关系。不久，父女俩就开始玩那种算 24 点的扑克牌游戏了，就是随意抽取四张牌，在很快的时间内看谁先算出得数 24，谁就赢。刚开始女儿还很慢，扑克牌经常被老爸全赢了去，可是不久，女儿就能和老爸抗衡了。

为了使女儿将数学知识运用于实际，我们还经常同她做模仿商店买卖情景的游戏。所卖的物品有用长短计算的，也有用数量计算的，还有用分量计算的。价格是按着实际的价格，钱也是真正的货币。我常常到女儿开办的“商店”买各种物品，用货币支付，女儿也按价格表进行运算，并找给我零钱。

不仅如此，我还对女儿进行有偿劳动的训练。当女儿学习努力、表现积极或帮助家里干活时，我就付给她钱。她还偶尔从杂志社领取稿费，每年还有数目不小的压岁钱，我鼓励她把这些钱用自己的名字存入银行，并计算利息。

女儿就这样对数学产生了浓厚的兴趣。一旦有了兴趣，以后的学习就像流水一样，从算术开始一直到顺利地学会了代数和几何，后来女儿在一家书店买了一套《趣味数、理、化、生》的书籍，又买来《一千个思维游戏》等训练逻辑和推理的数学书籍，女儿如饥似渴地学习与思考，对她的启示很大，这期间女儿从没有去参加过什么奥数班，有一次班上的数学老师带了一份奥数题目给大家做，那些学奥数的同学都没有考及格，从没学过奥数的女儿倒还考了 80 多分。女儿在参加新加坡考试时的智商测验中也是表现优秀，据说那才是他们录取的主要考核标准。

## 带女儿寻找四季

生活中有很多孩子，他们的童年是在忙碌中度过的，丝毫没有快乐可言。由于父母对孩子的期望过高，使孩子丧失了学习任何东西的热情。为了使孩子成才，确切地说是按照父母的意愿发展，孩子在周末和节假日几乎没有休息，不是上这个奥数班就是上那个作文班，还要学习书法、美术和钢琴等技能班，不仅如此，父母还给孩子安排了许多复习、补习的学习内容，每天除了吃饭和睡觉之外，孩子几乎天天都被关在房间啃那些无趣的书本。父母不许自己的孩子与别的孩子接触，也很少带孩子到外面玩。读书、学习几乎是孩子唯一能做的事。这样的父母愚蠢地以为如此这般便能培养出一个天才，然而，他们忽略了一个重要的道理，那就是让孩子有兴趣地学习才能有良好的效果，否则只能使孩子失去学习的热情。

为使孩子保持学习的兴趣，我经常带女儿到大自然中寻找四季变化带给人的灵感和创意。春天，和煦的阳光洒在身上，暖洋洋的微风吹拂着脸庞，孩子能领略生命复苏的迷人景致；夏天的时候，让孩子在酷热中体会煎熬的滋味，在骄阳中倾听知了的歌唱，这是一种无可名状的愉悦；到了秋天，头顶蓝天，秋高气爽，枫叶正红，稻谷飘香，果园里树上挂满累累硕果，田野里到处是一片金黄，在这个成熟的季节，带孩子去体验劳动的快乐和意义，感悟人生的价值；在冬天，面对刺骨的北风和漫天飘舞的雪花，让孩子知道人生的道路上困难重重，一定要有坚强的意志，一家人出去堆雪人、打雪仗，在漫漫雪野里尽情欢乐。大自然是一部伟大的教科书，是人们的精神家园。

女儿上四年级那年秋天的一个双休日，我们一人骑一辆自行车到附近的郊外田野玩，那时刚收割完稻子，我们一起拾稻穗、找蚂蚱、躺在稻草堆上晒太阳，听秋蝉的鸣声和微风的轻语，感到无比的快乐和幸福。后来女儿根据这些体验和亲身经历写成了《骑单车旅行》的作文："……休息过后，我们又踏上了旅行之路，我跟妈妈走了大约二十分钟，感觉车子越来越重，但却并没有影响我看风景的心情。又走了几分钟，映入眼帘的是一棵棵大树，它们都老了，叶子也掉光了，我想大树年轻的时候一定很健壮。我们走进了一条小道，奔向稻田。到了稻田，我们把单车放好，妈妈在刚收割好的稻田中坐下来。我就在一边抓蝈蝈，一边捡农民收割时掉出来的稻谷，这儿踩踩，那儿踩踩，一只蝈蝈跳起来，我很快就发现了它，等我走到它面前时，蝈蝈早已经不知道跑哪去了。玩够了，我坐在草堆里休息，稻田一大片一大片地连在一起，如果你是只小蚂蚱的话，就像刘姥姥进了大观园——这看看，那瞧瞧，两天都走不完这么长的草堆。我坐了一会儿，又去玩我的‘抓蝈蝈游戏’了。”这篇作文叙述流畅，观察仔细，童趣盎然，这是在任何作文班都写不出来的，也是无法根据所谓的作文技法掌握的。从小到大女儿也从没有参加过所谓的作文班，现在看见很多家长将孩子送往各类作文辅导班，我真的觉得滑稽，没有生活体验和情感经历，孩子能写出什么情真意切的作文吗？与其花那么多钱送孩子到作文班，还不如带孩子到大自然中去寻找灵感。

有一年春天，为了看油菜花，我从网上找到了一处离市区最近的油菜花生长地，我们先从起点坐公共汽车到终点站，下车后又转坐摩托车，约二十分钟后终于到达了猴子石大桥南边的一块草地上，并约定摩托车司机两个小时后再来接我们，这样我们就有充足的时间观赏那一大片一大片金黄的油菜花了。女儿在一眼望不到边的油菜花地里使劲地闻着花香，观察勤劳的蜜蜂采蜜，那片油菜花比女儿的身高还高，我们在里面玩捉迷藏的游戏，摆各种姿式照相。“与菊花所蕴含的秋之萧瑟、凄清相比，油菜花更为奔放、不拘、热闹。菊花辛苦一年来才开出一朵，而油菜花轻松就长出一大串一大串，满满当当地挤在一起压弯了茎。明年春天，或许会有更多油菜花绽放吧！一大片一大片地绵延下去，卑微却美好，平凡却幸福。它们顽强地守护工业化城市中最后一点自然气息，把春送进水泥深处。”女儿在作文《一大片金黄》中由衷地发出感慨。

孩子在四季的变化中亲眼目睹开阔的蓝天，闪烁的星星，血红的晚霞，无际的田野，飞翔的大雁，嫩绿的幼苗，并由衷地发出赞叹，心灵深处就会产生审美的愉悦；还能听见树叶的沙沙低语，草虫的悦耳歌唱，小溪的潺潺流水，小鸟的婉转啼鸣，雪花的兹兹飘落，狂风的怒号席卷，水波的缥缈粼粼，深夜的肃穆寂静，并学会倾听和欣赏大自然奇妙的音乐和声响，引起心灵强烈的情感共鸣。

和非洲了。每年暑假，我带她到各处旅行，开阔她的眼界，扩展她的知识，增长她的见识。

现在有许多母亲都为孩子沉迷网络游戏等不良行为发愁，我认为，孩子的不良行为是由于孩子不知精力往何处用而造成的，这是一种精力的浪费。因此，我建议把他们带到大自然中去，他们就无暇干坏事了，而且接触大自然能使孩子的心地高尚，自古以来和大自然感情融洽的人都是心地善良宽厚的人。同时，让孩子接触大自然，不仅可使他们的身体健壮，而且精神也会旺盛起来。城市的孩子因远离大自然，很少呼吸新鲜空气，因而心情不佳或性格乖张。为此，我建议家长尽可能地把城市的孩子经常带到郊外去接触大自然，这样就可以在一定程度上预防孩子不良行为的产生。

图55 女儿在常德桃花源游玩时被一群小蝌蚪吸引住了

# 纪律会扼杀天才

女儿刚出生时，我们家住的房子很小，只有一间不到三十平方米的房子，一家三口挤在很小的空间内，家中显得乱。后来孩子3岁时，终于搬到一套三室一厅的房子，女儿有了单独的一间房。当时她的个人物品无非是玩具，她比较喜欢把玩具都拿出来，放在一起，然后给小熊、小狗等穿衣服、排座位、讲故事，玩得很投入，玩完后也不会马上将那些排好了座位的“伙伴”收拾好，而是继续放在那儿，所以女儿的房间基本上就被那些玩具伙伴占据着，这下爸爸来脾气了：“你看你，房间乱糟糟的，床上、书桌、地板上丢得满屋都是，还不快点收拾好。”怪女儿不喜欢收拾东西，他认为孩子玩完后，应该立即自己收拾整齐，物归原处，保持她自己小房间的整洁，女儿极不情愿地慢腾腾把玩具放进柜子里，他就亲自帮女儿收拾起来，我却在一旁看着他那恼羞成怒的样子暗暗好笑，心想：“玩具是孩子交流的伙伴，通过玩玩具可以开启孩子的想象力和创造力，房间乱就乱点，有什么大惊小怪的。”于是我等女儿到楼上和姐姐玩时对爸爸说：“玩具嘛，就是用来玩的，孩子在玩玩具的过程中锻炼了交流和组织能力，现在的独生子女又没有玩伴，还不把玩具当成了自己的好伙伴，其实对孩子来说，每一件玩具都有生命和灵魂，她是在和另一个自己对话，你要她将那些与自己对话的生命硬塞进柜子里不觉得残忍吗？就为了让你觉得房间看起来很干净而已。”

“那女儿以后长大了，不玩玩具了，她就会乱丢东西，衣服啊、书啊、笔啊什么的会随手乱放，到要用时再去找，就会浪费许多时间，好的生活习惯要从小培养。”爸爸仍坚持自己的观点。

“其实，恰恰相反，女儿在玩玩具的过程中发展了分类和安排、组织能力，反而对她日后的秩序概念有帮助。”事实也证明，女儿在后来的生活和学习中能有计划、有秩序地安排自己的事情，且效率很高。

有教育家说，教育的目的就是形成习惯，这是极端错误的说法，教育的目的并不是在于形成习惯，而是要经常防止习惯的固定化，这才是教育最重要的课题。我们现在的学校教育也好，家庭教育也罢，往往是重纪律甚于重素质，把纪律看得高于一切，凡是遵守纪律的孩子，就被看成是好孩子，享受各种优待，一旦孩子违反了什么纪律，不管是有心还是无意，一律视为“不听话”，非得严惩不可。人们常常不自觉地要用纪律、习惯和规则去约束孩子，尽力使他们合乎大人所谓的规范，以便使大人容易“管理”，殊不知，一个处处合乎规范的孩子，可能就是一个完全丧失了创造力和想象力的孩子。

## 要得到必须先付出

女儿到了小学三四年级，也需要零花钱了。“老妈，明天休息，我们几个同学约了一起去看电影，能否赞助一点?”女儿说。

“天下没有免费的午餐，你要钱得自己想办法去挣。”我说。

“我怎么能挣到钱?”女儿不解。

“你可以洗碗啊、扫地啊什么的，每次二元，一月一结，现在你要钱，我先借给你，你到月底再还我。”我希望女儿能做些力所能及的事情。

“好!”女儿欢快地答道。

“还有附加条件啊，平时你还要积极拖地，到垃圾，你是家庭成员，也要为家庭做贡献。”我补充道。

“行啊，你不要太啰唆了。”女儿爽快答道。于是当天我就告诉她洗碗的要点及注意事项，不到九岁的女儿就开始做家务了。直到她初中毕业，去新加坡前，她还拿出记账本，统计上月洗碗次数。

美国心理学家沃尔沃·米切尔和他的实验人员曾做过一个经典的

“成长跟踪实验”，他们选择了一家幼儿园，并在幼儿园选出十几个4岁儿童，将一些非常好吃的软糖按每人一颗发给这些孩子，同时告诉他们：如果马上吃，就只能吃手里这一颗；如果等20分钟后再吃，则能吃到两颗。在美味的奶糖面前，任何孩子都将经受考验。

沃尔沃·米切尔把用于分析孩子承受延迟满足的能力称为“延迟满足”，一个很通俗的解释就是能够等待自己需要的东西到来，而不是想到什么就要什么。这个实验的最终结果表明：面对“诱惑”，孩子当初做出的选择不仅反映出他的性格特征，而且在一定程度上预示了未来的人生道路。

这个调查的结果可以说是对节制价值的很好印证。它说明控制冲动、延迟满足是一个人取得成功的重要因素，它比智商更具预测性，而且后天可以练习。

父母要让孩子学会“等待”，对孩子的一些日常玩乐、享受的需求给予延迟满足。最好让孩子做出适度努力后，再满足他的欲求。如果孩子想得到新衣服，就要学着自己洗衣服、刷鞋子、整理床铺。还可以采取积分制，每做一件值得鼓励的事，就加几分，累积到一定数量，可以让孩子获得想要的某种奖励。

有些孩子产生“欲求过分”的问题，表面上看原因似乎在孩子身上，实际上根子还是在家长身上，是家长“有求必应”的行为滋长了孩子的这种习惯和心态。

## 提高孩子财商要早准备

近年来随着收入水平的增加，孩子的压岁钱也是“水涨船高”。据银行业不完全统计，一个长沙市普通家庭子女的压岁钱在3000至5000元。面对孩子手中日渐增多的压岁钱，科学打理是对孩子进行理财教育的一个好机会，家长要提早准备，让孩子从小就滋生一些朦胧的理财意识。压岁钱是长辈给孩子的，完全由父母支配并非明智之举，容易让孩子产生抵触情绪。毕竟，他们日常生活需要钱，他们有得到钱、支配钱的欲望，就中小学生而言也需要具备自己管理钱的能力。但完全由孩子自己支配，想怎么花就怎么花，大手大脚，则会助长孩子不理智消费行为。所以父母对孩子既不能限制过度，也不应撒手不管。

我认为家长最好是跟孩子共同商量一个用钱计划，如果数额比较大，拿出一部分暂时存入银行，以孩子的名义设立个人账户，待日后需要时派上用场。或者买一件孩子心仪的物品，或者做一件孩子特别愿意做而平时钱少不能做的事，比如盼望已久的旅行，让压岁钱花得值得、有意义，得到更长久的效益。

女儿每年接到的红包，保守统计，在5000元左右。我们一般要求女儿自己支配20%即1000元左右，剩下的交给爸妈。

“这1000元，我想分作几份花。”女儿说，“第一笔钱我想孝顺父母，在他们过生日时买一些物美价廉的东西，但是预算不会太多，大约100元，毕竟‘礼轻情意重’嘛！第二笔钱是自己买一些文具、书籍、光碟和资料，多买书看看，丰富自己的阅历，学习也是一种投资嘛，预算250元。第三笔钱我想支出50元给自己的同学过生日时买礼物，尤其是我的几个‘死党’，当然，礼物要投其所好。第四笔钱，我想给一直想要添几盆花木而没有时间精挑细选的妈妈买几盆盆栽，预算大约100元。最后一笔钱，大约是500元，我决定存大约300元进银行，因为存钱已成了习惯，余下的钱我想留作活动经费，每个月和‘死党’看一场电影。”

女儿通过对自己的劳动所得和每年压岁钱的支配，开始学会了合理消费和适度理财的观念。现在女儿在新加坡每月有200新币的经费来源，我们也适当给她一些零花钱，女儿就在新加坡开了一个账户，每月按计划开支伙食费、路费、电话费、零食费、书报费等，间或还有看电影、听音乐会和演唱会的开支，每次回来还不忘给爷爷奶奶、外公外婆、爸爸妈妈和亲朋好友带点牛奶、化妆品和小礼物之类的东西，女儿的情商和财商都慢慢发展起来了。

## 必须为自己的过失负责

刚上学时，女儿做事有点丢三落四，有一天她刚到学校，就打来电话，说有课本放在家中，要我赶快帮她送过去，我第一次还是满足了她的要求。女儿晚上放学回家，我认真地告诉她："韦思，妈妈觉得你已经长大了，有能力为自己的事情负责。妈妈工作很忙，不能总是给你送这送那到学校。如果你下次还是忘记带课本之类的东西，你应该自己对此负责。"我跟她讲好，帮她送书这是第一次，也是最后一次，建议她睡前检查一下书包，把明天要用的书和学习用品带好。

女儿答应得很痛快。过了几天，她习惯性地又给我打来电话："妈妈，我忘记带作业本了，您给我送来好吗？老师要检查，没有会挨批评的。"

我说："我已经说过了，韦思，你应该为自己的行为负责。妈妈很忙，没空过去给你送本子。"

女儿继续跟我磨，但是这次我决心很坚定，和蔼而坚决地拒绝了女儿的要求。

放学回家后，她闷闷不乐，不答理我们，我们也不提她挨批评的事。从此以后，做完作业，她会认真地看课程表，把明天需要的东西放进书包，再也没有出现这样的失误了。让孩子品尝自己造成的恶果，是让她知道自己需要对自己负责。

卢梭认为："儿童所受到的惩罚，只应是他的过失所招来的自然后果。"这就是卢梭的自然惩罚法则，是世界教育史上的一个里程碑。简单地说，自然惩罚法就是让孩子在自作自受中体验到痛苦的责罚，强化痛苦体验，从而吸取教训，改正错误。自然惩罚法则的关键就是要让孩子感到受惩罚是自作自受，是应该受惩罚的。如果孩子打破了他所用的东西，不要急于添补，让他自己感受到需要它。他打破了自己房间的玻璃窗，让风日夜吹向他，也不怕因此而伤风，伤风比起漫不经心还要好些。让孩子从自己的错误中直接体验到后果，父母不对此加以评论和指责，效果会更好。当孩子在行为上犯了错误时，父母不应对孩子进行过多的指责，而应该让孩子自己承担错误直接造成的后果，给孩子以心理惩罚，使孩子在承受后果的同时感受心情的不愉快甚至是痛苦，从而让孩子自我反省，自觉弥补过失、纠正错误。

“自然惩罚法则”的另一种方法是：给机会去试试，如孩子一定要穿那件好看但太单薄的衣裙，就让她穿，结果必然是“太冷了”，总之是让孩子自作自受；还可以给机会改进，让孩子知道事情的艰难和风险。

女儿小学一年级上学是和我一起乘公交车，但放学时我由于工作忙，不能按时去接她，女儿就基本上是独自坐公交车回家，于是我给她买了一个公交IC卡，让她单独回家，告诉她，公交卡放在书包的一个固定位置，需要用时拿出来，用后就放在原处，不要乱放，乱放容易弄丢。她小学二年级时，第一次丢掉了IC卡，考虑到挂失的地方离我们住的地方远，还没有直达车，我帮她去挂失的，但和她说好，下次再丢失，就要自己去挂失，挂失的十元钱用自己的零花钱，可过了几个月，她又丢失了，当时她认为自己太小了，公交总公司又没去过，不想一个人去挂失，想要我陪她去，想想为了给她一个教训，正好也可以锻炼一下她的独立生活能力，我就给她画了一张地图，让她身上带一些零钱，遇到困难就打我电话，在路上穿马路时走地下通道，一定要遵守交通规则。大热天的坚持让她从城北出发，转了一次车到城南公交总公司去挂失。当时我心中也有一些担心，怕路上不安全，但觉得有时冒险也是值得的。从此后，女儿再也没有乱丢过东西了。

国外有人认为，要培养孩子的责任心，就要从小让孩子对自己的事情负起责任，只有树立了责任心，将来才会有所担当。比如和孩子下棋，要让孩子知道落子无悔，教育他对自己所做的事要负责任，同时下输了要承认，家长有时也要放手让孩子赢一两盘，这对孩子来说很重要。平时的一些生活和行为方式，可能影响一个人的事业命运，真是不得不认真对待。

## 音乐能够造就天才

有大量的文献记载，凡是成为“天才”的人，大多数都喜爱音乐，并都接受过音乐教育的熏陶。一位哲学家曾经说过：“音乐往往能够造就天才。”孩子接受音乐教育不仅为他成为音乐家提供了可能，也为他其他方面的发展创造了极佳的条件。对于一个孩子来说，音乐对他的影响较其他教育方式更为明显，因为孩子对音乐的敏感在很大程度上远远超出了视觉。

我在怀孕期间就听了大量优美动听的古典音乐，女儿出生后也不断地让她听，其中包括管弦乐和器乐，涵盖了莫扎特、克莱斯勒等大师的曲目，而不是通常的儿歌，总之只要是我喜欢听的曲子，就不断地重复，连续地给女儿播放，即使在她哭泣或生气时也不间断。当她哭闹时，我没有像其他的父母那样递上吃的、喝的，或者玩具，而是用音乐慰藉孩子。女儿一听到音乐真的就不再哭闹了，还跟着节奏扭动身子。我认为孩子哭闹时递上吃喝的东西，不但对孩子的健康有害，而且也会使孩子养成一种恶习，因为这样会在孩子的头脑中形成一种概念，即哭闹便能换来吃喝。吃喝是世界上最好的事，形成了这种概念的孩子必定会变成一个俗物。我认为，如果女儿能称得上“天才”（天赋之物）的话，那么从某种意义上讲，音乐便是让她成为天才的重要原因。

通常，人们总认为让孩子学习音乐仅仅是为了使他们多一门技能，多一种爱好，或者陶冶性情，或者消磨时光，而在我看来，学习音乐是开发孩子智力的有效手段。女儿很小就能读书写字讲故事，并对词汇有特别的敏感和理解，这在某种程度上可以归功于音乐。我们单位有个曾留学日本的老师，平日没事的时候我好玩跟她学几句日语，回家后说给女儿听，没想到听起来像音乐节奏一样的日语腔调让女儿对日语产生了浓厚的兴趣，她买来了大量的日语动漫和日本电影光盘，对日本文化也情有独钟，我看她这么喜欢日本的东西，就试探地问她：“想不想去学日语啊？”

“好啊！”女儿很开心地答应了，此后的两年时间女儿利用周末晚上的时间学习日语，因为是她喜欢的，所以学起来很轻松，一年后她准备直接参加日语三级考试，但因没有学生证而被拒之门外，女儿很伤心地告诉我时我安慰她说：“没关系，这次没让你考，下次你直接报二级。”第二年女儿真的顺利通过了日语二级考试，相当于英语的四级，那一年女儿13岁，同时参加考试的考生基本上都是大学生。

但有一件事我终生深感遗憾。由于女儿对音乐特别敏感，上小学二年级时她一定要参加学校组织的合唱队，也就是每周五下午的课外活动，由于是聘请外面学校的老师，需要收取一定的费用，考虑到女儿那么喜欢音乐，又不耽误休息时间，我也就同意她参加。刚开始女儿还很感兴趣，每天回家哼哼呵呵的，但后来越来越没有歌声了，以致最后合唱队不要收费只要她去她都不再愿意去了。我后来了解到这个老师是个专门训练合唱的老教师，他的任务就是帮助学校训练一支队伍以便日后的比赛拿奖，所以原本是愉快的音乐体验变成了机械枯燥的技能训练，唱不好还要挨骂，难怪女儿打死也不去参加合唱队了，以后也很少听到女儿开心地歌唱了，只是喜欢在耳朵上挂一个MP3听听喜欢的音乐。这不能不说是我教育的失策。著名作家毕淑敏曾回忆自己小时候参加合唱时也是被音乐老师无端地羞辱致使她很长一段时间失语，我就觉得是自己扼杀了孩子的音乐歌唱能力。在当今社会要找一个有艺术素养又有教育理念、能完全摆脱功利的好老师是多么重要啊！很多时候，不是我们的艺术教育本身有什么问题，而是教艺术的目的和方法出了问题。

日本著名的铃木镇一老师发现了一个令人深思的现象：在学习某种技巧的时候，成年人不管怎样努力都达不到要求，但是才几岁大的孩子却很容易就达到了，越是小的孩子，学习的效果就越好。有一次，我带8岁的女儿在附近小区的游乐设施上玩耍，忽然传来一阵优美的钢琴声，女儿寻声找去，发现小区里有家“音乐小屋”，里面有个高中生在一个漂亮的音乐老师指导下练习弹钢琴，动听的旋律从指间流淌出来，女儿随着音乐的起伏高兴得又蹦又跳。“你是不是想学弹钢琴啊？”我看见女儿的眼里放着光，就试探着问她。

“想啊！”女儿拍着手跳了起来。因女儿在家里自己弹电子琴，对键盘音乐还是很喜爱的，再说，离家也不远，每周一次的上课很方便。

不到两个月的时间就将《汤普森简易钢琴教程》学完了，可能由于小时候胎教的缘故，女儿对音乐很敏感，加上很喜欢这个既严格又会鼓励人的老师的教学，不到两年的时间基本上就达到相当于六级的水平，但我不主张让女儿去考级。后来由于学业的日益繁重，加上对那些枯燥的练习曲不感兴趣，更主要的是由于女儿的老师怀孕了，换了一个男老师，那个老师可能态度比较严厉，批评人的口气很重，女儿慢慢不想去弹钢琴了。我也没有硬逼着她去弹，但女儿仍不能舍弃对钢琴的喜爱，就自己在网上下载喜欢的曲子打印后作为谱子，自己在家里有空就练习。现在女儿在新加坡没事或想家的时候就到钢琴房弹琴，《献给爱丽丝》《月光边境》《龙猫》的主题曲等都是她自己弹会的、非常喜爱的曲目，以此寄托思家之情。

## 自编剧本表演

孩子都喜欢做“模仿游戏”。这种游戏能有效地发展孩子的智力，应经常让她玩。尽管人们对电影有种种看法，但我却认为，只要选好影片，电影对孩子还是很有教育价值的。为此，我经常带女儿去看好的儿童剧和电影。我们不光看，回去以后两人还模仿电影中的情景进行表演。角色不够时，就用玩偶和其他物品代替。不仅对电影情节如此，对于读过的书中的故事，我们差不多也都表演过。小学三年级的时候，有一次，女儿要去参加一个由新东方和平安集团联合举办的英语口语大赛，她选的内容是《丑小鸭》的故事，女儿的口语一向很流利，背诵课文没一点问题，但如果就是将课文光背诵一遍，没有什么新意，也不会给评委留下深刻的印象，于是我启发女儿：“你不是很喜欢表演吗？能不能将这个故事改编成剧本进行表演呢？”

“是的，这样也可以展示一下你的表演天赋啊！你小时候不是很喜欢和姐姐一起表演吗？”爸爸也很支持我的观点。

“好咯，那我试试看。”于是女儿将原文中的叙事内容改编成分角

色的对话，正好家里有一个套在手上的黄色小鸭，女儿就拿来做道具，还自己画了一个头饰戴在头上，女儿在家里很投入表演的时侯，我们直夸女儿的表情、动作、手势、姿态等模拟得很有创意，充分表现出了害怕、恐惧、痛苦、悲伤、温柔、亲切、惊喜和自信的复杂情感，结果那次比赛女儿在一千多人中脱颖而出，以优异的表现获得了二等奖，一等奖只有一名，还奖励了一个步步高复读机。

女儿通过身体表现和语言表达这种戏剧表演形式达到了交流和巩固感知的机能，丰富了想象空间、激发了创造冲动、唤醒了创造激情。女儿第一次在舞台情景营造的环境下战胜自己的身体，这对于她巩固时空概念十分必要，也有助于进一步完善空间方位感和方位辨别能力，还有助于丰富身体节奏感、肌肉紧张性、动作协调性和情感表现力。

由于女儿从小对戏剧表演的喜爱，小学五年级时她利用自己作为校广播站长的机会发动和组织了学校的班级儿童剧展演活动，在学校的支持下，这项活动变成了学校“庆六一”的大型表演活动，每个班级的优秀节目在市少年宫的大舞台上集中展演。很多孩子有生以来第一次在全校的舞台上演出，这次难忘的经历将影响到他们的一生。

图56 和同学一起表演自编剧本

上中学后，很多学校教的历史课，完全是照搬年代表，毫无趣味，学生厌恶它也是理所当然的。对历史事件的学习，女儿也有一套自己的方法，她充分发挥自编剧本和表演的能力，即在学过历史知识之后再自编成剧本用戏剧形式表演，这样就容易记住。女儿抽空自编了《赤壁之战》剧本，在学校的元旦庆祝会上和同学一起表演获得大家一致好评。

图 57　在剧中担任小主持人角色

## 不断丰富表现的样式

在女儿样式化前阶段（4～7 岁）和样式化阶段（7～9 岁）的画作中，有绝大部分描绘的是和她有关系的人，如爸妈、姐姐、老师、同伴等，其次，因我们就住在浏阳河边，女儿有很多的画作表现的是河边的场景，说明女儿在成长期的探索中渴望对人和环境发展出明确概念，并认识到样式的意义，这种概念是高度个人化的，几乎没有两种样式是一样的，就绘画来说，这一时期表现形体概念（样式）的丰富程度取决于儿童的性格和家长启发儿童的程度。儿童如果经常改变样式来表现物体，那么他所表现的经验就特别的重要。

### 人物样式

当女儿从无意识表现人物概念里挣扎出来迈进意识的领域时，每一项完成都变成一种成就。并且经由重复来肯定自己，人物形体的样式包含了高度个人化的不同的形体记号，并不是随意的记号，而是与身体和心智有直接关系。

**图 58 一起坐船去旅行**

图 58，女儿 4 岁时的画作。经过长期的挣扎，终于找到了关于‘人”的概念，每一个“人”都安排了合适的位置，有不同的动作和表情，他们之间还有一定的故事，并不是随意的记号。因感情的重要性通过 X 光线画显示船体内的部分。空间是根据重要而填满的。

**图 59 我的生日** party

图 59，女儿 4 岁半时的画作。终于摆脱了先前基本形角色的影响，开始表达自己的内心和生活体验，通过人物大小和遮挡初步表现出空间感觉。桌子是“折叠”的表现。

图 60，女儿 5 岁时的画作。主观空间的无意识显现，经由重复肯定自己的人物表现，并尝试人物样式的变化，场景的概念表达，定型的重复现象消除，有弹性地表达了明确的概念（样式），显示出智慧成长。

**图 60　我穿上了新裙子**

## 空间样式

这一时期女儿最大的发现是“在空间关系里存在着明确的秩序”，最初发现她是环境的一部分，而在绘画里采用称为“基底线”的记号表现出来。这对儿童的教育具有极大的心理含义，意识到他是环境的一部分乃是合作的重要前提之一，显示儿童已经从自我走出来，而进到一个群体的世界里，同时也指示了儿童把事物加以互相关联的能力，这对提高儿童的阅读也很有意义。

**图 61　马路上**

**图 62　街上的气球**

图 61、图 62，女儿 4 岁时的画作。横向的线不仅是物体所在的基底线，还是街道本身。但不能表现街道两边的空间，这条线只是“街道”的一个证记而已。注意每一条基底线都有它自己的天空（或是“空气”的意义），也就是说，有“两个或三个天空”。

图 63　和姐姐一起跳舞

图 64　地下迷宫

图 63、图 64，女儿 4 岁半时的画作。使用变化的基底线象征事物所站立的基底，显示出基底线并不是一个刻板的符号，只要有感情经验的介入就会改变。基底线“走上又走下”“弯弯曲曲”象征地形。

图 65　浏阳河畔

图 66　青青河边草

图 65，女儿 6 岁时的画作。所表现的空间概念与生活环境息息相关。现在的空间概念包括了自己、树、屋子、草地、河流、还有远山、倒影等整个环境。首次发现了空间里的明确秩序。图 66 是在我和女儿一起到河边一大片草地上野餐后回来画的，女儿将水彩笔的笔芯抽出来兴奋地涂着青草的颜色，发现色彩和物体之间存在着某些关系，为突出主体物首次发现视平线的意义，后面的远景和远山几笔带过，注重自我的视觉经验，显示出知觉成长。

## 样式的改变——主观经验的表现

一般来讲，儿童改变样式的形式有三种：（1）夸张重要的部分，（2）忽略或省略不重要或受抑制的部分，（3）改变有感情意义之部分的记号。我们必须了解，夸张和省略的仅是体积的大小而已，而记号的改变则是形状的改变。巴肯说：“儿童并不夸张，他们只是创造他们觉得‘真实’的体积关系。”他是对的。这类改变是源自自动造型的经验——也就是说，自我身体的感觉，或是觉得某些部分特别重要，或是因为这部分对儿童产生了特殊的感情意义。

图 67　美丽的夏天

图 67，女儿 6 岁半时的画作。和邻居姐姐在夏天的晚上到河边散步时女儿发现的快乐。星星和萤火虫因感情的意义有意夸大，捉萤火虫的手不仅画得较长，而且尝试改变符号。没有写实的倾向和概念，注重的是自我的经验以及主观世界的经验。这是与外界建立接触的先决条件。

图 68　唱歌的同学

图 68，女儿 6 岁半时的画作。对人物的表现只是部分来自视觉经验，仍包含了几何式线条和主观装饰纹样和色彩，但不同的形体记号并没有限制，并对普通化的描述不满而着重表现眼睛、嘴巴、睫毛和其他细节，探索精神的表现，但动作中不包含关节；“色彩样式”和主观的装饰显示出设计的意义，但并不刻板，因特殊经验和感情意义而显示出高度个人化的色彩表达。

图 69　路上的行人

图 69，女儿 6 岁半时的画作。女儿所在的学校位于闹市区，放学回家时经常会看到时髦的女郎从街上走过，对人物的表现开始注重视觉经验，改变和夸大印象深刻的部分，如头发、衣服和身高等富有弹性的样式表现，显示出感情成长；但表现力却相对滞后，于是通过语言强化这种体验。注意基底线（马路）的细节，交代了认为重要的部分，表明：我们都与马路有关联。此乃社会成长的一个重要特征。

图 70　高级厨师

图 70，女儿 7 岁时的画作。手的功能因重要性而增加了数量，通过表现“超人”的力量显示出寻求样式变化的内驱力。注意桌子因重要性而“折叠”起来。

## 设计的自然冲动

在儿童尝试改变样式时会有一种兴奋的自我肯定心理而导致自发的重复倾向，这种自然的重复显示出设计的意义，从这个意义上说，儿童是“天生的设计家”，只是儿童不知道而已，这种设计的天赋行为源于儿童把艺术当作自我表现的方法，所有强加于儿童的成人步骤和装饰美化方法以及任何形式的指点和批评都会摧毁儿童自发性的创作行为，扼杀他们的自由创造。诸如比例的形体概念、“平衡”和“韵律”等造型元素的灌输等都会对儿童的自由发展形成障碍。儿童表达设计的天赋感觉与控制力和自我肯定具有同样的心理根源，那就是在重复中显现出来。因此，如果我们发现儿童的样式开始有重复的冲动时，这种设计的天赋感觉便开始显现。

作为家长，只需把这种重复的自然冲动疏导到正确的途径上，就可刺激孩子心中自然的设计价值。如图 62《街上的气球》是这种出自自然重复之冲动的好例子：“手持气球的人”，绝对没有设计的意图，它们是女儿的形体概念，经由重复，“手持气球的人”的样式就确定了；“气球”的新经验使她改变了她的样式，因此，气球是不规则的，这种不规则使“手持气球的人”免于单调，虽然没有设计的意欲和意识，却初步达到了设计的效果。

另一个概念是对于无意达到的设计效果有极大贡献。如图 71《我给姐姐打扮一下》，女儿在这心智程度里，处理空间的方式由基底线所决定，而把绘画空间分为数个段落，这种看似十分平常的分割，在设计的发展上却有极大的贡献，并显示出一定的美感成长。

图 72、图 73 是女儿有次中午吃完饭在我办公室玩，看见桌子上有几张散乱的打印稿纸，就拿起我的水性签字笔在打印纸反面画起来。想通过衣服的表现改变形体的样式，却在无意中发展了设计的意识。

对于儿童来说，这些都很自然地成为他发展的一部分。这种天生的对形体概念（样式）的重复和夸张以及空间概念，使儿童成为一个“天生的设计家”。儿童是一个天生的、直觉的艺术家而不需要知道事实，外界所谓的有意识的步骤会干扰他的天赋，其结果将只是挫折。而这往往容易被我们所忽视，以致好心干成了坏事。

图 71　我给姐姐打扮一下

图 71，女儿 7 岁半时的画作。基底线改变成竖的样式，自然装饰的重复纹样。

图 72　我设计的服装 1

图 73　我设计的服装 2

图 72、73 是女儿 7 岁半时的画作。在尝试改变人物样式的过程中发掘出天生的设计意识。

总之，作为家长要根据孩子在每一个发展阶段里的需要采取适当的刺激类型。我们已经分析发现了在样式化阶段里，儿童对人、空间、色彩和物体都已形成了明确的概念，产生了不同的艺术表现路线，并且与他的心理发展成为一个整体，这种明确的概念，经由重复，便成为样式。家长的任务是在使孩子有运用他经验的机会——不是刻板的形体符号，而是生动的经验。因此，必须创造一种气氛，让孩子觉得他是环境的一分子，在一个有秩序的空间里体验动作。如“我们”（了解我和其他人的意义）、“动作”（我们在做什么），以及“地点”（动作发生的场所、特征表现，无需表现深度和距离），还可以体验“时间和空间的刺激”（远足、旅行或包括不同时间程序的个人经验）以及内部和外部都予以强调的 X 光线画等，重要的是要使这些活动产生一种强烈而紧凑的气氛，使孩子乐于接受。

女儿这一阶段的成长特征最易在她的创作品中见到。根据图 59《我的生日 party》、图 66《青青河边草》、图 67《美丽的夏天》可以见到女儿最特殊的是“统一性”，显示出该作品是一个整体，在那儿，没有东西被加以省略，或加以改变，这一特殊的特质是她对“组织”和“秩序”的感觉，她表现了对空间观十分清晰的感觉和了解。借着“折叠的桌子”和草地的适当关系，把她和小伙伴们都包括在一个空间里，叙述了她对“群体意识”的感觉，这种社会自觉的苏醒，以及对组织和秩序的清晰感觉，似乎表明女儿是一个乐于与群体合作的个人。然而，桌子的“折叠”指出了一个事实，就是在这种合作里她不会忘掉自我，因为，通常只有以自我为中心的个人才会连续地使用“折叠”的程序，这在图 70《高级厨师》中也可见到。

从女儿的绘画可以看出，所有的成长因素都超越了她的发展程度。然而，缺乏细节上的变化似乎又指示了较低的主动知识，而这又显示了一个不太主动的心智，如她对人物样式的正面表现多于侧面，在色彩与物体的关系上亦不太主动，只在《青青河边草》中有所关联。当然，一方面由于我工作的繁重忽视了对女儿知觉经验的积累，另一方面，我虽不想把这归因于学校课业的慢慢加重以及对艺术课的认识和态度，但也不能不说有一定的关系。



的确，前面所分析的绘画特征和人格成长使我对女儿有非常精确的认识。她是一个合群的人，乐于助人，与同学关系很好，有想法、识大体，聪明、活泼、快乐的个性深受老师喜爱，在感情上，富有弹性，一般较平静，有时也容易激动，可以从《美丽的夏天》看到这点。从她捉萤火虫的夸张的手和绘画表现的笔触可以看到生理上是健康的，属于结实型，从她所使用的色彩来看，喜欢用明亮而鲜艳的色彩，显示出开朗和阳光的特质。在创造性方面，在表现她自己的概念时喜欢使用她自己的表现记号，是完全的独创性的，表现的题材也完全是她自己决定的。但不太主动去改变她的表现样式，这也显示了：经验不够强烈，不足以激起足够的弹性来尝试改变。

小测验：使用下列的特征，分析你孩子的绘画（查核正确的部分）。

| **绘画特征** | **人格特征** |
|---|---|
| 几何线条 | 主观的 |
| 写实线条 | 视觉的、客观的 |
| 基底线 | 合作的 |
| 非基底线 | 不合作的 |
| 丰富的样式 | 聪明的 |
| 贫乏的样式 | 愚笨的 |
| 折叠 | 自我中心的 |
| 经常的夸张 | 感情充沛 |
| 太多的夸张 | 感情不稳定 |
| 并未强调特殊部分 | 愚笨的 |
| 经常使用明朗的颜色 | 快乐的 |
| 经常使用沉闷的颜色 | 悲伤的 |
| 空间与时间的表现 | 主观的 |
| 定型重复 | 感情失调 |
| X 光线画 | 主观的 |
| 良好的组织 | 统整良好和平衡的 |

——摘自［美］罗恩菲德著《创造与心智的成长》（湖南美术出版社）

## “天才儿童”

罗恩菲德在《创造与心智的成长》一书中提到，天才儿童“在兴趣的领域中所形成的高度敏感，不但使他经常显得与他人不同，并且也使得他不参加那些对他较不重要的活动……发展的特征不再能适用到他们的身上，因为他们是居于‘普通人’之上的。”因此，像要儿童“画大点”——“不要用蜡笔”——“纸张的大小最小应该是……”等诸如此类的“指导”是一种典型的教条和“学院主义”。罗氏认为天才儿童有五项因素可以参考：想象和表现的流畅性；高度发展的敏锐性（在一定范畴内；尤其关于动作和空间）；想象的直觉性；表现的直接性；对于题材和媒介高度的自我确认。

这是《创造与心智的成长》一书中引用的一位天才儿童的绘画作品：

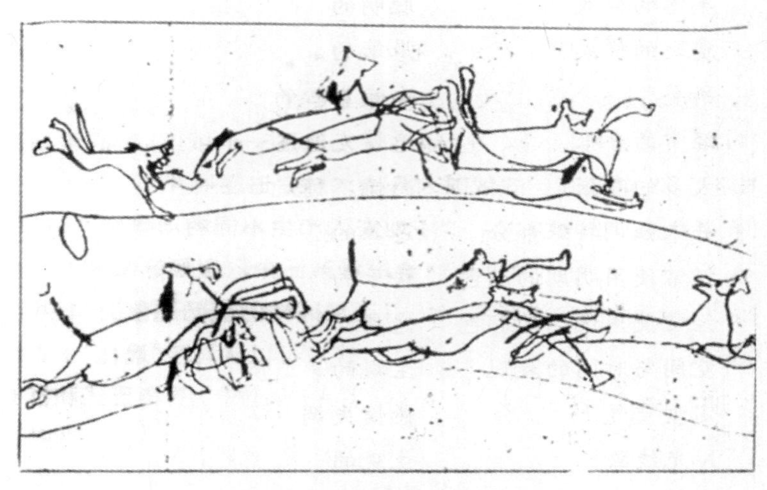

图 74　被狗驱逐的马群

图 74，小珊 5 岁画作，不爱使用颜料，而只是用铅笔画的素描。

下面我想以女儿和楼上姐姐同一题材的两幅画作为对比来进行分析。

图 75　被雨淋湿的小鸟（楼上姐姐 6 岁半画）　　图 76　百鸟朝阳（女儿 5 岁半画）

楼上的姐姐比女儿大 1 岁半，经常在晚饭后到我家和女儿一起玩耍，有一次我带她们两人从河边散步回来，两人都拿起了水彩笔画小鸟，因住浏阳河畔的缘故，两个人都对河边成群结队飞翔的小鸟很熟悉。图 75《被雨淋湿的小鸟》是姐姐的画作，图 76《百鸟朝阳》是女儿的画作，两人约定同时画同一题材的绘画，我觉得很有意思，就都将她们的画收藏了，现在拿出来仔细分析，觉得绘画与人格及心智有很大的关系。

## 想象和表现的流畅性

在这个特殊的个案中，最明显的特征是：两个人随时处理各种状况能无拘无束地调整其能力。这种不停的衍变——即一种元素衍自于它者——不但是这个案的重要因素，而且是对创造性的一般标准，不管它应用于何处。在观看两人绘画时，我发现她们都是从一只小鸟引导到另一只小鸟，从一个飞翔的动作到下一个动作，很明显的是，当想象“扩展”时，这种自由的表现就发展了；她们并没有预先想象一个“整体”，而是在“自由进行”时很流畅地从一只小鸟画到另一只小鸟。这种理念的流畅性或称“观念构成的流畅性”是任何创造过程中一个重要的部分，特殊禀赋的人比一般人，较具有理念之流畅性。这种表现的自发性，以及在发展新表现时从既定的情况中获取衍变的能力，能在天

才的绘画中见到。从两个人对绘画题材的连续反应和对小鸟的弹性描绘中可以看出她们的心智是不停歇的，想象的流畅性随着创作过程而扩张，假如给她们足够大的纸张，这种表现可能会更加强烈，她们仍可运用同样的流畅想象力和弹性表现出飞翔的鸟群，这点可以从小鸟“遮住”了别的小鸟的翅膀之部分重叠的彩笔记号中看出，女儿的表现似乎更突出，她能运用流畅而生动的长短不一的彩色曲线表现出体积不等的小鸟飞翔动作，这种从题材、新颖形式和富有变化的连锁反应中建立起一种强烈关系，极具创造力，乃是天才的一项重要的评判标准。当儿童成长时，这种“连锁反应”在材料和技术的使用上也同样地发展着。当他对成品的自觉意识提高时，能从偶然效果或其他技巧的成就上获得一生的好处。这一点在女儿10岁赴凤凰的一次为期10天的首次写生与创作活动中充分显露了出来。相反，如果儿童自身缺乏这种欲望时，刻意地把他的注意力引导到这发展的技术，只会干扰儿童自发性且无意义的表现技巧。这就是我坚持在9岁之前不要让孩子上任何形式的美术技巧训练班的原因。

即便是无意识，两个孩子都以强烈的自我确认和以硬笔的固有性质及高度的敏感来使用材料，以至于这些媒介不需要由其他材料来代替，尤有甚者，这是她们自己选择的表现感性的方式。家长如果强迫她们改变成别的方式如用水粉颜料等表现，不但会挫折她们，而且会剥夺她们最有意义的表现方法。女儿在她的画中是以流畅、敏感和肯定来运用线条，我们在成人有意识的程度上很难发现这类的艺术表现。姐姐也没有重描一条线的必要，她对她的表现和用笔的使用也是十分肯定的。

## 高度发展的敏锐性

我有一次带女儿和姐姐一起沿着河边走了很远的路，看到那里有挖沙的大船，为增强她们的见闻，我要她们回家画一张船的画，出乎意料，女儿说：“我不会画，我只画一些快速移动的东西。”于是她们便画起了小鸟，在画中可以看到两人对移动和韵律的敏感性，这也证实了罗氏的观点：天才儿童对于不同经验的敏锐性并不是均等地发展。女儿最首要的是动作，其次才是色彩，且以暖色为重；姐姐却只有动作，她不喜欢使用色彩，即使少量的使用也是以冷色调为主，但两人对空间的安排和组织都具有相同的高度敏锐性，有人认为这种“对协调组织的敏锐性”是创造力的一项突出的特征。这两位天才儿童很富弹性地把组织的敏锐性表现了出来，姐姐用整张纸来叙述她的“故事”，在灵巧的韵律中描绘小鸟羽毛的细节和美丽，显示出动作的具体化；女儿则认为方向性的运动对于表现小鸟很重要，她巧妙地缩小远处小鸟的体积以及基底线上的树并使用没有限制的彩笔线条将认识到的动作、韵律和空间具体化。由此可见：移动、韵律、内容和组织成为一个不可分离的实体，思想、感觉和感受的统整乃是任何创造过程的部分和整体，而天才只不过是具有较高的程度而已。画面是如此的完整，以至于任何的改变都会扰乱画面的和谐。

## 想象的直觉性

从姐姐所创造的小鸟符号以及5岁女儿的朝向太阳飞翔鸟群的自发性和多样性中，可以明显地看出两个孩子创造了“空间”，她们的动作时以“傲然的”自主而产生，好像她们是“上帝”，我们只要比较两人对基底线征象使用的敏捷发明力和弹性变化，就可以认识到这两个天才儿童有强烈的知觉力量。姐姐省略了基底线表现代之以光线、雨滴和云朵作为空间的发现，女儿则将基底线降至几乎看不见代之以缩小的树表现空间和高度。她们在创造过程中通过想象用来直接联想或间接回忆事物，也作为一种新的历险工具来探讨不可知的领域，可见在每一种创造活动中想象的直觉性是很重要的，天才则具有高程度的想象力。这种直觉的想象通过具体的形式表现出来，就区别于幻想了，这在教育上是很重要的。

## 表现的直接性

我曾在教授美术课时经常听到有缺乏自信的儿童说：“我不会画”，而天才儿童的表现却富于直接性，如前所述，是什么使得姐姐和女儿对自己的表现这么肯定？仔细观察和分析发现，所谓“我不会画”并不是儿童缺乏技巧或者不能描画外在物体的形象，实际上，女儿在我要她画船时的对话中已经给了我们答案，当她说“我只画一些快速移动的东西”时，她就在暗示：假如没有先前的经验作为基础，她便不能画。相反，假如一项经验与她的表现欲望符合，她便能很肯定和直接地画出，我们也毫不迟疑地相信她所表现的说服力。可见，“艺术是独立的”。创造者以独立的本质赋予属于它的生命，姐姐和女儿都是以这样的信念来创造，以至于除了她们自己心中设定的标准外，外界的要求和标准是不会接受的。

## 高度的自我体验

如前所述，由于有了对河边成群结队的小鸟的高度体验，这个题材对于姐姐和女儿就显得非常重要，加上在经验中的感情和生理参与，使得题材和媒介在整个创造活动中成为不可分离的整体，当我们看到两人所创造的每一细节时，便可感觉到这种生动。尤有甚者，可以从她们的创造过程中看出她们的体验，姐姐以一种富于装饰性的画面来表现，女儿则以富于运动性的方式来完成整个动作。假如她们对所表现的经验没有强烈的体验，便不可能产生创造活动。的确，没有强烈的体验，任何创造活动都是不可能的。然而，它不只是对题材——小鸟的飞翔动态、太阳的照射、下雨的表现、云朵和小树的衬托——的强烈体验而已，它也是对媒介的激烈感觉。彩笔对于两人几乎都成了这一年龄段身体的延伸，似乎成为了她们身体的一部分，她们透过彩笔自由呼吸和生活。

总之，作为家长如何应对这一时段天才儿童的成长？姐姐和女儿基于她们高度的感应力和高度的自我体验发展了她们的表现世界，如果强行改变可能会招致排斥和混乱。给她们广告颜料可能会剥夺她们线条的流畅性。除非自己有需要，她们可能会选择大小不同的纸张，也可能会发现细节能更好地表现特征化、粗犷的笔触更能表现迅速的动作等。实际上，这也说明了天才是因人而异的，家长要防止艺术教育中的学院主义。

另外有一点必须要明白地指出：我在这里讨论的“天才儿童”是建立在每一位儿童在潜能上都是具有天赋的基础之上的，把儿童区分为“天才”和“庸才”是错误的，因为我的分析和表述是基于每一位儿童都有潜在的创作能力，而不论这儿童的资质如何。

# 玩陶的快乐

“陶艺”是陶瓷艺术的简称，儿童玩陶是近几年家长非常热衷的一项亲子美术活动。我经常在大商场里或陶艺大教室里发现儿童在玩陶的过程中，脸上往往流泻着动人的表情，时而口中念念有词，时而双眉紧蹙，凝神思考，他们的双手在不停地摆弄，或搓、或揉、或压、或刻，使手中冰冷的泥团变得温热，变得富有灵性，而他们也就在这种思考、把玩、创造的过程中体验着玩陶的快乐。那么，儿童玩陶的快乐是一种什么样的快乐？与其他快乐有什么不同？它是怎样产生的？怎样激活这种快乐呢？下面我将试图提出一些自己的看法。

## 体验审美快乐

美感有种种特征，但其最终的结局或效果却是一种特殊的快乐，即审美快乐。审美快乐具有非同一般的独特性质，与其他快乐有明显的区别。比如，儿童将泥团投掷到远方产生一种生理上的感受，这是游戏的快乐；儿童在手中反复搓揉泥团而产生一种来自身体低级感官（触觉）的快感，这是低级的快乐；儿童一眼看到泥土时所产生的亲和力，这是本能的快乐。而审美快乐是感情上的、纯精神上的快乐。当儿童怀着浓厚的兴趣去欣赏一件陶艺作品或潜心创作时，并不是为了满足一种基本的生理需要，而是为了满足一种精神上的追求，从而沉浸到一种无比愉快的精神境界中，体验到一种来自内在情感生活状态的快乐，这种快乐是机体和精神上的双重快乐，因而，儿童玩陶体验的是一种审美快乐。

## 审美快乐产生于生命的体验

儿童是一个个生活着的生命个体，儿童的生活除了理性生活、道德生活以外，更重要的还有作为一个完整的人所必不可少的审美生活。审美生活是由儿童作为人的本身的天性、本质决定的。这种天性和本质不是一种知性活动，而是一种感情活动，只要感情丰富，将其转移到其他特定的事物上面，就能创造和欣赏美，从而产生审美快乐，也就是说，儿童的审美快乐产生于一种自由的活动，产生于内在生命情感的释放。

美国著名符号论美学代表人物苏珊·朗格认为，艺术之所以能表达人的生命感受，是因为艺术对应着生命的逻辑形式。她还将生命的逻辑形式概括为有机统一性、运动性、节奏性和生长性等四种生命形式的特征。儿童玩陶，其作品的基本因素是点、线、面、体、质等，而这些因素又可构成作品的局部因素，再运用立体造型的法则将这些局部因素组织成完整的作品。一旦完成了这种组织形式，作品就获得了有机统一的生命感，这种服从于整体的有机组织形式，与生命的组织形式是对应的；节奏是一种可比因素——强弱、虚实等——有组织的交替形式，是生命体存在和运动的节律，陶艺作品中线条的扭曲、粗细的交替变化，块面的伸张、强弱的彼此呼应都是一种节奏现象；运动性主要体现在：1. 线条的方向性和组织形式本身可以表现运动特征，2. 玩陶过程本身就是生命体的身体和心理运动过程，3. 陶艺作品表现的内容使人们在观赏时通过直觉和想象使静止的东西产生运动感；生长性在陶艺活动中则表现为一种由泥土的特性和把玩过程使人产生的心理效果。泥土的生命意义，塑造形式的动势，创作方法的运动过程，都体现了生长性的特征。

陶艺作品的形式因素和创作过程几乎都与人的生命存在因素密切相关——节奏作用于人的筋肉而导致某种情感的出现；质量对应着人的重力感；空间处理具有生活的意义；火与土的煅烧效果同样是生命存在的渴望。可以说，儿童玩陶本身就有映象生命的痕迹，陶艺学习的过程实质上是欣赏生命的价值过程。因此，儿童玩陶培养了儿童对生命价值的欣赏和认同，让人体验到生命的微妙与丰富，因而能让人体验到来自生命感觉的审美快乐。

## 审美快乐的激活

1. 激活儿童玩陶的审美快乐的前提。

一是儿童的审美需要。当儿童对大量的记忆教材感到困倦时，当儿童对纯粹的接受式学习方式感到压抑时，内心便会产生一种紧张力，这种紧张力的状态促使儿童产生一种纯精神上的审美的心理需求。

二是类生命的审美对象的刺激作用。玩陶就是这样一种能释放儿童紧张力的类生命活动，当儿童克服某些干扰（比如学校的学业成绩及家庭情况的影响）与类生命的审美对象本身（陶艺活动）的图式发生整合时，内在紧张力便幻变出与审美对象同形的动态图式，有了明确的方向性和运动感，审美快乐便随之被激活。

2. 激活儿童玩陶的审美快乐的方法。

一是使儿童储存一定量的信息。信息的传递方式应有一定的审美氛围，比如在陶艺教室四周挂上各种风格、不同时期的陶艺作品范图，在书架上放上精美的陶艺书，在隔板上放上学生的优秀作品，玩陶时穿上统一配备的工作服等，面对这种氛围的认识，会使孩子产生一种审美的定势。这种认识上的“定势”是审美经验产生的前提，也是促成审美快乐的不可缺少的因素。

二是使儿童体验一定强度的刺激。在儿童玩陶过程中，适中程度的紧张可以通过以下途径得到：家长自身和陶艺室里的师傅对玩陶方法和技巧的适度示范和讲解造成的知觉刺激，如做陶的泥性把握，塑造的基本方法（盘条法、泥板成形、堆塑法等），形体的接合技巧和细节处理等；一定量的图片和实物造成的视觉刺激；玩陶过程中的用力拍打、轻轻搓揉等来自手臂的运动和指尖的触觉刺激等。这些中等的紧张刺激能使生命处于活跃的状态，而这种活跃正是快乐的源泉。

三是把儿童置于一种充满活力的活动中。当儿童玩陶时，内在情感会发生碰撞，并寻找一种合适的表达方式释放，他们会极尽表现之能事，将心中的感觉融入泥土而乐此不疲。很明显，在玩陶活动中，融洽和谐的亲子关系、互帮互学的伙伴关系、幽默风趣的室内氛围，同样也是产生审美快乐不可缺少的条件。

著名美育学教授滕守尧在《审美心理描述》一书中说：“任何艺术形成，如果要产生出审美快乐，其内在张力式样就必须适应某时某地人类内在情感生活的总的水平，更重要的是不能脱离生命之动态平衡的本性”。在儿童玩陶过程中，要做到这一点，就要避免表现内容的单一，见出生命和情感本身的多样性；避免表现手法的机械重复，见出生命历程的流动和曲折；避免引导方法的乏味，见出生命和情感的起伏和节奏；避免如法炮制，见出新意。只有这样，儿童玩陶才能真正产生审美的快乐。

## “写实”的尝试

正如前面提到的，女儿在样式化阶段后期越来越对几何式的概念表达存在困惑而迫切需要视觉上的强烈刺激，以满足不断发展的“写实”的感觉。当然，这里的“写实”不是要求儿童学会照相式的模仿自然，照相式的模仿仅会剥夺儿童体验他自身经验的机会，而是尝试把实际表现为视觉概念，也就是极力表现出因动作、距离、光线和大气产生的视觉印象。

由于日益渐增的对外部世界的知识妨碍了儿童在绘画里协调自我和视觉经验，导致不能很好地建立起自己和外部世界之间的关系，女儿对她创造力的信心首次被一个事实所动摇，亦即她开始意识到环境的意义，女儿的作品开始显得单调、乏味（如图77《老师如蜡烛》）；同时由于发现了“社会独立感”而产生“党群”的概念，觉得在群体里比单独时能多做一些事情，认识到男孩女孩的不同，首次产生对性别的真正自觉，而急欲把女孩子特征化为女孩子、男孩特征化为男孩，所画人物形象拘谨（如图78《快乐的一家》）；也不能很好地建立起空间关系，所画内容前不遮后，不能很好地理解和画出物体的缩形变化。罗恩菲德认为这与儿童的心理发展有关。他将小学四五年级（9 ~ 11 岁）儿童划分为绘画的理智萌芽期，也就是儿童心理上的结党期，儿童的内心需要的是友谊和党群。我们绝不能轻视这些画，因为它们是朝向写实概念的第一步骤。经由这些特征化，儿童便对细节发生感情，但却也失掉了对动作的感情，较少用到夸张、省略等表现方法，人物动态表现较为“僵硬”和刻板（如图102《苗家女》），其原因是儿童太强烈和太突然感觉到特征化需要的征象而又未能妥善处理新近发现的社会独立感。但自此以后，每一部分都有他的意义，且与整体分离后亦能保持这意义，这是评量儿童是否已经达到“理智萌芽”阶段的一个很重要的方式。

图 77　老师如蜡烛

图 78　快乐的一家

图 77、图 78，女儿 8 岁时的画作。人物刻板，动作僵硬，但男女特征明显，线条不只是具有象征性意义。

作为家长必须认识这一点，以使孩子有自尊的感觉。其中重要的是在儿童画里以有意义的感性来刺激空间关系，来启迪儿童合作的感情。比如启示孩子将平面空间与自我发生关联；带孩子亲身体会经验，让孩子体验到自己乃是群体的一分子；引导孩子丰富视觉经验，多观察生活，丰富视觉表象。如有一次我们一家三口去贺龙体育馆的摩天轮玩，女儿兴奋又紧张地坐在摩天轮上，我趁机问女儿：“摩天轮是什么样子的？”有意引导孩子观察、体验，女儿回来后创作了一幅《游乐场》（如图 79）的作品，不只是画了摩天轮，还将她喜欢的烈士公园里的“火车”组合在一起，不但只描绘场地（动作发生的平面），同时也包括穿运动服为特征的自我和爸妈，以及周围游人、环境等，这样孩子会觉得自己不再是孤独的个体，而是生活在群体中，周围有家人、伙伴和友谊。当儿童对于周围环境有较大的自觉，或是对同学、对邻居感兴趣，那么在一定程度上说明了儿童在知觉上对社会的兴趣，这样儿童就可能会少一分孤独，多一分关心与友爱。另外，还可以通过多种材料和绘画方式的体验帮助孩子找回自信（如图 81《打电话》、图 86《树叶书签》等）。

图 79　游乐场

图 79，女儿 9 岁半时的画作。在游玩游乐场后回家画的。脱离了基底线的表现，摈弃了天空，意识到平面，注意到物体之间的遮挡关系，显示出知觉成长；觉察到环境的意义，脱离了几何线条的样式化并表现了男孩和女孩的细节特征，显示了智慧成长；人物动态有变化，不显僵硬和刻板，笔触和线条是自由的，注意到摩天轮和火车的夸张，显示了感情成长；作画过程中没有打铅笔稿，而是在一张四开纸上先从主体物画起，并使细节与整体产生连及关系，构图大气、色彩醒目，体现出美感成长；题材是自己独立选择的，将两个地方的设施组合在一张画面上，并尝试用彩色铅笔画背景，体现了创造性成长。

图 80　各国小朋友　　　　图 81　打电话

图 80，女儿 9 岁时的画作。用水粉颜料在白色瓷盘上作画，体验不一样的平面和感觉，色彩与人物有关联。图 81 是用废旧材料在一次性纸杯上的小制作，用一根白色棉线和牙签将这几个“人”连起来，就可以“打电话”了，女儿很喜欢和邻居哥哥、姐姐一起做这样的游戏。图 80、图 81 为国标教材《艺术》上选用的女儿的作品。

# 发现空间

9～11 岁这一理智萌芽时期，儿童绘画还有一个明显的表现特征是不能建立恰当的空间关系，这主要是由于儿童缺乏与人合作的意愿，多数儿童倾向于从群体的接触中脱离，比较以自我为中心，特别是被误解的儿童或受到挫折的儿童，在心中有畏缩的倾向，这些导致儿童不能在绘画里建立起空间关系。因此，家长一方面在心理上要满足孩子的需要，理智萌芽期儿童由于受自我意识的暗示，自尊自爱的同时，也希望得到旁人的理解和信任，家长则应顺应孩子的需要刺激孩子在创造作品中建立起空间关系，在大多数例子里，会促进孩子社会行为的改进。因此，集体工作在这一时期带有特殊的意义。如我鼓励女儿经常参加学校组织的集体绘画活动（如图 82《集体绘画活动》），让她体会个人的贡献是整体的重要部分。假如儿童能体会到自己的重要性，能有机会和同伴合作和游玩，能透过感情宣泄来表现他所想的，能认识到自己所属的集体是一个社会整体而因此尊敬它，他就会很快地由这年龄长大而进入推理的时期，并发挥最大的用处。

图 82　集体绘画活动

图 82，女儿 9 岁时在长 2 米、宽 1 米的画幅上集体创作《放风筝》，有的画草地，有的画远山，有的画风筝，有的画放风筝的人，表现出了一定的空间关系，所有的人都觉得使用自己的方法完成这种巨大的任务，这对增加合作的感觉有极大的帮助。

正如前面所提到的，女儿由于不想改变样式而显示出不太主动的心智，我觉得也跟她的心理发展特点有关，须进行适当的调整。因此，倘若孩子的主动精神受到了限制和压抑，无法投射在创作表现中，家长就必须采用“提示”的方法，使孩子从这些局限中解放出来，改善他们的精神状态。这是艺术教育促进身心发展即艺术治疗所依据的原则之一。比如，像前面提到的提供孩子有意义的经验，以增长孩子的见识和扩展认知深度，并提高孩子的自我认识和社会认识。另一方面如前所述在形式上鼓励孩子进行“合作学习”。美国心理学家格拉塞博士曾提出了“自控论”观点，他认为，行为的内驱力来自人的固有需要。从儿童的基本需要出发设置民主的学习气氛，通过同学之间的一系列的相互帮助等相关活动的交互作用，促进孩子在认知情感方面的积极发展。儿童在集体工作中，便于建立起良好的空间关系，既培养了与人合作的感情，又使儿童感到自己的存在与价值，提高了自尊心与自信心，并使每一个儿童都有一种成就感。这样，儿童渐渐对学校、老师有一种依恋情绪，产生依赖感和归属感，弗洛伊德把这种归属情感称之为“移转”。那么，儿童也就不会出现厌学等不良心理了。

理智萌芽期的儿童发现了基底线之间的空间是有意义的，平面被发现了，但还没有对深度发展出有意识的视觉感应，却知道由地面长出的树遮住了天空而察觉到了重叠的视觉经验，这种视觉经验最佳的刺激就是采用剪纸的技巧，因为不同层的纸被粘贴在一起会互相重叠，这种经验可以导致对三度空间表现的渐增概念，且还有心理上的理由：一件物体能遮盖另一个物体，乃是一项重要的经验，意味着觉察到其他物体的存在（如图 83《剪纸团花》、84《剪纸公鸡》）。

剪纸能让这一时期的孩子体验到空间的视觉征象，但要在平面上表现出三度空间却不是一件容易的事。女儿 7 岁多时曾和我一起去过北京，我因要开会，女儿就一个人游览北京城，她后来回忆说，那是她玩得最开心的一次，除了可以自由地购物（当然是买些便宜的纪念品之类的），还能在地铁里自由穿梭（一票制），“你能把地铁的情形画出来吗?”我突然觉得这是激起她深度空间视觉经验的极好机会。女儿拿起彩色笔，不一会儿就画出了地铁的场景（如图 85《我第一次乘坐了地铁》）。

图 83　剪纸团花

图 84　剪纸公鸡

图 83，女儿 9 岁时的画作。用的是对称剪，图 84 是随意剪。体验重叠的意义，体会阴阳、虚实等概念。

图 85　我第一次乘坐了地铁

图 85，女儿 9 岁半时的画作。通过缩小远处的物体表现出纵深感，两边的场景也都向画面中心消失，三度空间的首次表现。有大人指导的痕迹。

## 创意生活

多种材料的创意表现对孩子的空间意识亦很有启发，让孩子体验到“每一张材料都有一定的空间”对设计也很有帮助。因为“设计是源自于材料的!”有一天周末的午后，我和女儿一起在河边散步，突然，女儿发现了什么：“妈妈，你看，那儿有一堆鲜花啊!”

“是啊，可能是别人不要了丢弃在这儿的吧!”我虽也觉得丢掉了可惜，但仍边说边继续往前走，“你在干嘛?”我发现女儿没跟上，回头看她正在捡那些被人丢弃的花花草草。

“这个很好看，像公主的裙子，这里还有一根好玩的小树根。”女儿一下子就捡了一大把。

“是啊，要不我们干脆多找找，看还能发现什么宝贝，回家做做创意手工贴画吧!”我灵机一动，启发女儿道。

于是，我们一起又找到了一些枯草、豆豆、细铁丝、柚子皮之类的“宝贝”，回家做起了手工活。那些被人遗弃的材料一下子在女儿的手中有了生命：长胡子的先生、穿裙子的姐姐、王子和公主……有的变成了书签，有的变成了贺卡，还有的做成了装饰画（如图86，图87），整个下午，我们就在阳台的阳光里尽情享受着发现的快乐。

这是一种很重要的经验，因为它能让孩子体会“每一种材料的特殊功能”，愈来愈意识到周遭的环境，这不仅具有教育上的意义，而且还有伦理上的重要性，因为那会提升一种诚挚和真诚的感情，“树叶能做什么?”“它什么时候会觉得愉快？什么时候会觉得寂寞?”当这些被人忽视的“宝贝”经过剪切、弯曲、重叠而重新有了生命时，“可能会快乐的”，孩子把这些不同的材料加以结合而创造出和谐的画面，会帮助孩子对大自然和人造材料变得具有感应性。毕竟，重要的并不是完成

品，而是制作过程，父母的责任在于唤醒孩子天生的感情，而把它引导到适当的路线上。

图 86　树叶书签

图 87　树叶贺卡

图 86、图 87，女儿 9 岁半时的画作。主要材料：树叶、菊花花瓣、豆子、枸杞子、葡萄干、枯草等。

图 88　我的好朋友

图 89　王子和公主

图 88、图 89，女儿 9 岁半时的画作。主要材料：花瓣、树枝、细铁丝、柚子皮、彩色纸等。

多种工具的尝试也使女儿的创造潜能得到发展。有段时间女儿迷上了用电脑里的画图工具绘画，常常对着电脑一画就是 1 ~ 2 个小时，致使眼睛开始近视，这是我们万万没有想到的，也是永远都不能弥补的遗憾。

图 90　DM 的房间

图 90，女儿 9 岁和同学合作完成的画作。实际上描绘的是她自己在电脑桌前的情景。人物形象受漫画书影响，画面有强烈的装饰效果。

## 理智萌芽期的人格倾向

在分析女儿这一时期作品的细节前，再来把她的作品整个地看一次，不难发现，所有的细节都融为一个整体，所有的征象显示女儿超越了她的阶段，她似乎已经脱离了理智萌芽时期而进入了“推理阶段”。在智慧上，女儿对细节的观察，似乎能加以控制并能予以推理，在用多种材料和方式表现不同性别的特征时十分成熟，却不夸张。作为母亲，我并不感到惊讶，因为女儿快 10 岁了，显然还是个“天才儿童”，并没有足以阻碍她自由表现的感情障碍，至少到目前为止她还能体验她自己的经验。这一方面跟我对她的自由教育有关，我除了幼儿园唯一的一次因接送原因上过几次美术辅导班以外，再没有让她上过任何形式的美术技能培训班，当然不是说所有的美术班都不好，那些以开发孩子智力、促进潜能发展的班就可以上，像湖南的谢丽芳老师的美术班我认为就很好，对育儿来说，至少我不赞成过早地将孩子送往那些技能培训机构，从这个意义上来说，我的女儿受一些对个人成长有限制和阻碍的情况应该是最少的。另一方面可能跟学校美术老师的教育方式也很有关系，我很庆幸女儿的美术老师也是一个崇尚自由教育的人，常听女儿说："我们美术老师最好了，他上课基本不怎么讲，而是要我们自己想象和画画。"这实在是孩子的幸运，他们没有受到老师过多的指点和批评，"教"的痕迹几乎对他们没有任何影响，反而发展了孩子独立思考和体会经验的能力。

不过，还是有个别人物的表现有些超出她自己的经验，显得有点僵硬和刻板。同时，在社会成长上，女儿似乎非常的成熟. 不但能使她的人物和谐地相处，而且还能使他们与其所在的环境发生联系。由于视觉经验的增长，女儿开始主动表现侧面人物，然而，她似乎是根据她自己的社会标准来安排每一件东西。在心理上，女儿似乎是相当的健康。在感觉的运用上，显然也超出他人甚多——在她的知觉成长里，她意识到环境的材质和触觉。

女儿的美感感应似乎也很强，可以见诸她绘画的构图和她对装饰图案及多种材料的感应。但是她的表现力却远落在后面，女儿的表现力并不强，在她的画里甚至有模仿的痕迹（如图 85《我第一次乘坐了地铁》）。她智慧上的超越与社会独立感的倾向，足以显示她是一个有点传统倾向的儿童——比较喜欢并有能力达到一定的标准，而较不喜欢主动改变来自我表现。

## 艺术治疗

随着年龄的增长，儿童到 9 ~ 11 岁这一阶段慢慢有了较明显的自我意识和个人需要。需要与情绪有密切关系，而情绪是在诸多的心理因素中对健康影响最大的因素。按马斯洛的需要层次划分，儿童除了生理和安全的需要以外，还有尊重与受尊重以及爱的需要。当需要得不到满足或通过自控建立起的平衡遭到破坏时，儿童便会产生不良情绪和行为，有的甚至会有多动症现象。如果不及时排除这些心理隐患，久而久之，会直接影响儿童的身心健康。艺术教育在处理人的心理情绪方面，有其独擅之处。强调过程和娱乐性的艺术活动，不仅本身的形、色、质、动作等直接作用于感官而唤起人的某种情感，而且作为一种方法，艺术活动还直接地处理人类的情感——表达高尚的理智感、道德感和对美好生活的憧憬和向往；宣泄郁积于人心中的恐惧、烦闷、孤独、愤怒、焦虑和狂暴等不良情绪。因此，我们可以借助于绘画宣泄儿童内心恐慌不安的情绪，从而缓解心理的紧张感觉，达到艺术治疗的目的。像前面提到的通过合作学习改善精神状态就是属于艺术治疗的范畴。

**图 91　烦死了**

**图 92　陶老师**

图 91、图 92，女儿 9 岁时的画作。图 91，女儿对妈妈的唠叨开始表现出不满和厌烦，注意人物的表情和因烦躁时的无意识涂画装饰色块。因注意情绪的宣泄，人物形象和线条反而没那么僵硬。图 92，女儿 9 岁时的画作。画中表现的是女儿的数学老师上课的情形。大片的灰色使画面色彩黯淡。

那么，什么是“艺术治疗”呢？

艺术治疗是一种特殊的心理治疗的方法，即利用艺术形式通过人的心理作用影响人们的身心功能协调和行为变化，可以振奋人的精神、陶冶人的情操、激发人的情感、改变人的情绪状态。特别是在儿童教育方面，许多发达国家的美术教育工作者广泛应用儿童美术加强自闭儿童与外界的沟通和交流，宣泄和疏导儿童强烈的情绪，以及发现儿童的心理状态。

因此，就美术的特殊治疗作用而言，既有一般性心理治疗方法的特点，如解释和指导、保证和支持、鼓励和安慰、教育和疏导，又有其自身的特殊方法，如：观察法、个案法、交谈法等。

那么，怎样从儿童的绘画中了解和排除各种心理疾患、深入儿童的内心世界，并借绘画为手段，疏导郁结情绪，改善儿童的心理状态和行为方式呢？

儿童在绘画中会不自觉地流露他们内在的潜意识情感。弗洛伊德认为“心理冲突深藏在潜意识中”。在儿童画中似乎难以看出经过雕琢的痕迹，细心的家长则能从他们的绘画里发现孩子的心理状况，以及孩子对自己的认识和评价，并可由此鉴别和评估儿童的问题行为。例如，心情忧郁的儿童画面表现常显得单调和缺乏色彩（如图 92《陶老师》）；患多动症儿童的画中充塞了各种支离破碎的细节，缺乏整体感；自闭型儿童的画中，人物的眼睛往往与其他部分没有联系地浮在眼睑上，与人的总体不相统一……

从图 91、图 92 可以初步了解女儿那段时间可能存在一定的心理隐患，家里父母的唠叨和抱怨对孩子的心理无意中产生了一定的影响，“要多穿点衣服”“上课要认真”“不要和同学闹矛盾”等，女儿开始厌烦家长的絮叨，她有自己的生活规则和行为规范了，无需家长过多地干涉；另外课业负担的繁重和教师授课的方式也可能对女儿产生一些影响，而导致心情郁闷，情绪不佳。观察女儿以前的画作不难看出，如果儿童生活在家庭关系和谐的氛围中，画面往往表现得或热闹或温馨，不但添画上自己喜欢的玩具，还有各种小摆设及各种家具和电器；在家庭中比较自我中心的儿童，画中常不会忘记画上一个神气十足的“自己”，周围的人和物都尽量围在“自己”周围。我曾经也观察过一个自闭型儿童的画作，由于自闭型儿童性格、个人意识等方面的原因或是一时的情绪波动以及语言表达能力差的原因，很难与成人进行成功的交谈，因此往往将自己的思想和情绪状况表现在绘画中。他们的绘画表现为构图拘谨、小气，色彩灰暗，有时直接再现自己内心痛苦，如：为父母不和、吵架而哭泣，为在家庭中受到不应有的冷遇而伤心、孤独等。

当家长一旦发现了孩子的不良情绪时，应积极多接触孩子、观察孩子，与孩子多交流，尽量满足他们的心理需求（比如爱与尊重），与孩子达成心灵沟通。艺术是个性的产物，家长应该充分尊重孩子的个性表现，从绘画作品当中发现孩子难以企及的内心烦恼和不安，帮助孩子摆脱困境，及时调整自己。

儿童以自发和自然的方式创造了艺术，而艺术则是维护心灵健康进行心理治疗的良方。亚里士多德很早就洞悉了艺术的净化作用，他认为："艺术能外化人的内心紊乱、倾吐人的内心痛苦，从而使人获得解脱。"因此，绘画是自我表达的一种捷径，检查儿童的绘画作品，不仅能够洞察儿童内心的矛盾，还能通过绘画，消除心理紧张，宣泄和释放积压的能量，以维持心理上的平衡。

学习的理论认为，人的个体行为都是从社会中习得而来的。正常行为是习得而来的，同样，异常的行为也是在环境中学来的。既然病态的症状是从环境中学来的，那么矫正的方法也应是通过学习新的方法，使异常行为得以消除。儿童的异常行为表现得最突出的是多动症。多动症行为就是从对紧张刺激的生理反应中学到的，因此，如果发现孩子有这种异常行为可以用绘画方法帮助解决，具体方法有以下几点：

激怒。在发现了不良情绪以后，有意识地用一种情态去战胜和克服另一种偏激的情态，从而使人恢复平衡。多动症儿童易激动，如果有意识地用图画的方式激起儿童强烈的情绪，让儿童勃然大怒，而发怒之后儿童必定会安静下来，经常如此，儿童的情绪会慢慢趋于稳定。

联想。通过欣赏优秀绘画作品激起人的简单想象，使多动症儿童有意注意集中到图画这一点来。因为通过图画等视觉艺术能帮助儿童排除忧虑和紧张的情绪，使之自我放松乐观。

宣泄。多动症儿童小动作多、好恶作剧，因此可以利用患儿的这些特点，专门提供一块场地，让他们大胆地尽情地画出心中的恐惧、焦虑和不快，宣泄郁积于他们心中过剩的能量，当儿童无拘无束地表达和宣泄自己的情绪时，内心激烈的焦虑、紧张情绪也会慢慢缓和，也只有这种自发性的欲望驱动，治疗才可能成立。透过这种自发性欲念，学生才能显露其本性，并提示出以往深层潜伏的内心冲突。

通过绘画的治疗途径，可以使儿童充分认识到自己是一个独特的个体，有思想、有情感、有精神，意识到自己的存在，体验到自己的认识和感受，并且把自己对生活的评价和感受投入到自我的表现中去，从而引发本体逐渐获得对环境的满足感。而就绘画的独特治疗作用，它与人的精神面貌有很大的关系，孩子在各种自发性、创造性活动中不断地提高自我认识和自我评价，这样，艺术教育治疗的终极目标——帮助孩子发现自我即已达成。

## 向大师学习

孩子在成长过程中，不断丰富自身的体验是发展心智的一个方面，从大师那里学习更丰富的艺术语言也不失为一项教育的途径。心理学家和教育家承认模仿是学习的一项重要内容，就像语言的学习一样，作为学习方法的模仿，其重要性是不可低估的，但如果只停留在模仿的阶段，人就会像鹦鹉一样，因此，模仿只是作为达到目标的手段，而非一个目标。我给女儿在省博物馆办了一张年卡，只要博物馆组织艺术展览，女儿必看不漏，从黄永玉到梵高、从四羊方尊到秦俑、从俄罗斯 19 世纪油画到意大利 14、15 世纪馆藏珍品等，一个都不落下。除此之外，女儿还在学校老师的帮助下通过网络途径搜集了她喜欢的艺术大师及其作品，这对孩子深刻了解艺术家的精神和作品风格很有好处，因为这是他们自己找到的，其他人没有强加和干涉。图 94《窗前的恋人》是女儿 10 岁时模仿西班牙大师毕加索的《情人》而创作的作品，前面说过，这一时期的儿童对“写实”的概念绝不是照相式的模仿，同样，他们在学习大师时也绝不会全盘照搬大师的作品。因为创造力在 10 岁左右真正开始发育，若此时发展顺利，创造力可在一生中持续发展下去。从图 94 可以看出，女儿改变了人物的方位，色彩和窗子的细节也有变化，她极力想学习的是大师对人物描绘的神韵。选择这幅作品也暗示了这个年龄逐渐萌发的对异性的自觉意识。女孩子从 10 岁左右开始，由于体内的性激素分泌，逐渐对性问题开始关心。作为母亲，要改变自己的思想，以对朋友那样的心情与孩子恳谈性问题，对性问题感到羞耻而遮遮掩掩反而不好。

图 93　情人

图 94　窗前的恋人

图 96《天黑》是女儿 10 岁时在欣赏了西班牙大师米罗的一系列作品后受到大师的艺术表现符号的激发而创作的，且尝试改变媒介，用蜡笔在砂纸上作画，表现出黑夜惊悚和孤独的感觉。

作文链接：

## 学习米罗

今天，我要向米罗大师学画画。

我知道若安·米罗是 20 世纪的绘画大师，超现实主义绘画的伟大天才之一。米罗艺术的卓越之处，并不在于他的肖像画或绘画结构，而是他的作品有幻想的幽默。另一个卓越之处就是，米罗的空想世界非常生动。他的有机物和野兽，甚至他那无生命的物体，都有一种热情的活力，使我们觉得比我们日常所见更为真实。米罗画的画中，最体现他风格的就是星星、“米”字，圆圈，面、点、线，丰富的想象力。

仔细观察米罗的画，我学习到了他是如何用星星、“米”字，圆圈，面、点、线来组合的。从《哈里昆的狂欢》的复杂性，到《犬吠月》和《人投鸟一石子》的单纯性，以及他的想象力，都让我佩服得五体投地。

在米罗众多的画中，我最喜爱的一幅画是《哈里昆的狂欢》，它是米罗的第一幅超现实主义图画，而且还非常具有想象力。室内举行着狂热的集会，人叼着长杆的烟斗，围绕着他的是各种各样的野兽、小动物、有机物，全都十分快活（如图95）。

光看看画，找找资料是不够的。我还模仿米罗画了一幅画（如图96）。

图95　哈里昆的狂欢

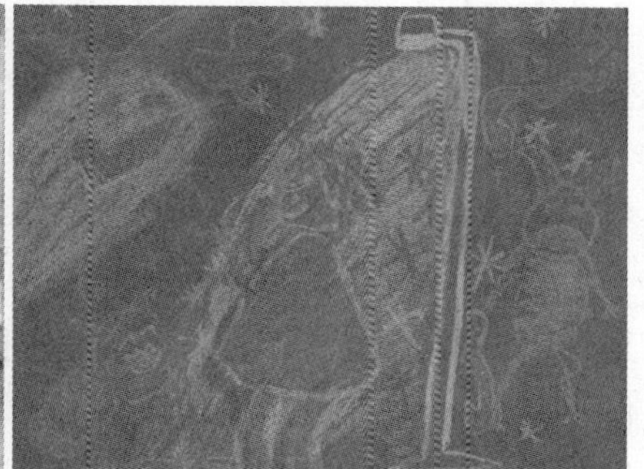

图96　天黑

我画的这幅画的名字叫《天黑》。天空中闪烁着星星，在无人的街道上，一个胆小的女孩在路灯下擦着泪水，狰狞着面孔的“魔鬼”、可怕的幽灵、撒坦的手下，正向她袭来，描述了女孩当时孤独的心情。在这幅画中，我用了大红、蓝、紫、绿、肉色、橘黄、深蓝、黄，怪物较少，星星、“米”字较多，是因为我想学习突出米罗的风格。

看过米罗的画，给我感觉他似乎好像还是一个小孩，以前在画中被我忽视的星星、“米”字，圆圈，面、点、线，竟然被米罗用得活灵活现，这让我明白了世界上所有的事物都是美的，关键要看你有没有一双发现美的眼睛！

## 写生——“危机期”应对办法

从前面的分析来看，女儿已经进入到“拟似写实阶段”即青春期前的“危机期”——视知觉的感受能力达到了一定程度，其审美愿望和情趣不断加强，具有一定的评判美丑的能力与自知之明，倾向于成人的审美特征，可是与认识的飞跃形成一个矛盾的是表达能力的落后，却非一朝一夕能够跟上来，这样一来使他们成为了一群眼高手低型的追求者——他们追求形似，追求眼睛感受到的立体效果，却苦于手达不到，差距较大，为此心理处在一种矛盾中。如前所述，既然艺术教育影响了整个人——其思想、感觉和感应力，家长便有很好的机会来影响以及改变，这种改变可在一项事实中见到，那就是：儿童具有高度的创造力，而成人则因为他们对想象活动产生了批判式的自觉，因此，一般都丧失了原有的创造力。

那么，我们要如何使儿童尽可能的有所准备来应对这种改变以保持其原有的创造力？换句话说，我们要如何使儿童在创造活动中为自己的作品感到骄傲，而不是感到惭愧？因为这个阶段的儿童注意力首次从制作过程逐渐转到了完成品上，认识到了成品的重要性，家长应了解这点，要尽可能的在不伤害儿童创造性的原则下唤起孩子的自觉，正是由于眼高手低的原因，即认识、判断等思维能力的大幅度提高与表达、创作能力相对发展缓慢的矛盾存在，导致危机期的产生，从这个意义上来说，通过写生的方法引导孩子的视觉经验无疑大有裨益。理由如下：第一，“眼高手低”其实是一种相比较而言的结果，并非“眼高”到了一定高度，不用再另外去发展。恰恰相反，这方面的发展因各种原因却是不足的，或是“畸形”——方向上有偏失。只不过由于手低的差距衬托出其似乎很高的。第二，要解决“眼高手低”，避免和克服“危机期”的产生，就要一直协调发展“眼”与“手”，这应是治本之关键。

写生的方法科学地发展了“眼”。所谓“眼”，就是指学生的感受能力、观察能力、判断、推理等思维能力等有关鉴赏所必备的能力，其

中重要的一项就是观察能力，观察并不只是去看或去认识而已，是在分析空间里的视觉形象的变化效果。观察只有细致，角度独特，方法正确，远近符合具体要求，才能有种种不同的发现。这种观察能力的锻炼，比临摹画显然难度大得多，灵活度高得多，更重要的是，有自身经验的积累和体验，这是与临摹不能相提并论的。

另外，通过写生可以让孩子全方位、立体地、无拘无束地感应着大自然，使感受更锐利、敏捷，更贴近生活；至于写生对思维能力的培养，就更为明显了。因为它面对的是美的多种联系的综合体——外部客观世界，作画者必须依据自己的思维去发现、总结出一种美的联系，并积极进行判断推理和方法、角度等的选择，以便成功地表达出来。

写生的方法科学地发展了“手”，能杜绝“手低”的产生。所谓手，就是指表达能力、制作能力。在写生中有了对不同事物的真正熟悉，抓住各种事物的特征，这样在多次的尝试和练习中，就会渐渐总结出各种物体的较佳表现方法，也就掌握了多种表达手段。

家长在具体实施中要注意训练方法：单个静物→简单的组合静物→简单的风景→复杂的组合风景→单个建筑物→较复杂的组合→单个人物→组合人物（静态→动态）→综合以上内容的社会场景，整个过程可采取螺旋上升的方式进行，并有所侧重的增删、穿插，灵活运用。

图 97 ~ 图 104 是女儿 10 岁时在湖南凤凰写生的部分作品，经过 10 天的写生训练，女儿的视觉感应力和绘画表现力明显增强，并能体验到发现的惊喜和创造的快乐。

图 97　乡下的桌椅

图 98　三江苗寨

图 97 是出去写生之前的静物组合练习，有模仿的痕迹；图 98 画的小构图习作，注意到门的视觉经验，画出了纵深感，对深度的发现。

图 99　凤凰青年旅馆

图 100　虹桥

图 99 观察到屋顶的透视现象和屋里的场景，桌子没有折叠，视觉经验进一步增强；图 100 注意到用线的疏密变化表现光影效果，但忽视了墙上草的生长特征。

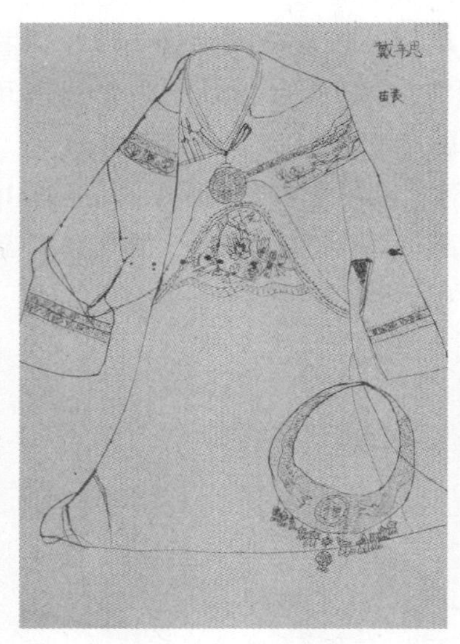

图 101　苗衣

图 102　苗家女

图 101 画人物之前的训练，注意到衣纹的变化，用线条的穿插表现前后关系，细节的描绘；图 102 注意到关节的描绘，力求画出正确的比例和有变化的动作，但没有表现腿的透视感，人物坐不下去。

图 103　凤凰街上

图 103 由单件衣服→单个静止人物→组合动态人物和场景的综合表现。观察到人物与环境、人物与人物之间的比例和协调，有选择性地描绘视觉经验。

图 104　看街

图 104 是在凤凰的最后一天由于下雨不能出去写生，女儿就在屋里凭记忆画了一幅街景图，纵深的青石板街道、叫唤的小贩、来来往往的人流以及具有民族特色的物品使画面富有强烈的生活气息，特别是中间那个小贩纠缠顾客买她东西的动作和表情，以及顾客的反应更是使画面充满了戏剧性色彩。作品显示了清楚的自我概念，并能体会到动作。

## 拟似写实阶段的成长特征

下面以图104《看街》这幅画来解释女儿在拟似写实阶段个人不同的成长特征。

《看街》中，人物和物体的表现都没有任何既定概念，完全摆脱了样式，把街上的小贩、顾客和游人加以视觉化，显然是女儿在凤凰观察到的印象，这在把它们特征化时所使用的细节上可见到，画中有许多有意义的细节特征化——图中主要小贩头上的头巾，具有苗族特色的服饰，召唤顾客的动作、表情和语言等无不显示出对凤凰特色街的表现，每个人物都有他自己的动作，有的买东西，有的往这边走，有的往那边去，周围环境的细节也表现得很仔细，显示出这一阶段的智慧成长。

画中以她自己的经验强调了重要的部分，如中间小贩伸出去的手就夸张了这细节，而对其他的人物感情则有所改变，如有的只画了一半，有的只画了背面等，清楚地表现了女儿的感情兴趣是在于主题之上的，同时有意将主体部分的比例夸大，人物的表现也更富有弹性，不只是关心外在容貌的特征，对表情也产生了兴趣，甚至用语言加以强化，地面的结构注意到细节，显示了女儿对于新情境迅速调整的能力——这是感情成长最重要的标志。

从女儿的创作中不难看出她对社会问题关注的自觉性，对环境已经发展出极大的感应力，尤其是从人物的不同服装类型和街上的情景描写上表现出来，她谨慎地选择环境，将其他小贩和商品置于街边，游人在街中间行走，也显示了她的社会自觉；同时使物体和人物与空间发生关联，整体考虑人物和物体，不仅意识到空间，也意识到社会，这是掌握合群能力之社会成长最重要的一项标准。

在知觉成长方面画中已明显表现出视觉环境，远距离物体的体积缩小，而且前景中的主体人物比任何物体都大，通过纵向街景的描绘也初步显示出深度的表现，街景中的石板处表现了部分物体的阴影感觉，注意到关节但在衣服上并未表现出折纹。

美感成长影响了整个儿童，显示出在混乱中创出有意义之整体的能力。在画中体现出把作品中各个部分加以分配的能力，这很容易评判，假如把这幅画作180°地倒置，而忘却其内容，只是把它当作一幅抽象画，会看到相当有趣的抽象设计：各部分之间的平衡非常巧妙，中间部分的空间被人和物填满，左右两边的黑底白色方块绝对均衡，没有一部分突出或觉得过重，而分割部分（两边的街道）上的白点使这均衡产生运动性质的感觉。

美感成长愈来愈成为创造性成长的一部分。同时，显而易见的是，如果没有感情的自由，儿童的生长绝不会是有创造性的。在图中，我们没有看到一处地方是受到了限制而影响了女儿的创作自由。当然，这幅画是在雨天的屋子里独立画成的，应该没有受到其他同学的影响，看起来十分和谐和富有创意。

观察女儿的作品可以轻易地看出，这是由一个在成长各领域都很发达的女孩所绘制的。她似乎比较着重主观的阐述，然而，她的感情却十分平衡，她的社会意识自我体验能力以及智慧的警觉性和情感性质，都使她适合担任领袖。唯一的干扰性质是在细节描绘中的视觉表现中所显现的：对于衣纹的忽视显现出对客观的忽视，而这是作为领导人最重要的特质。然而，她在“美感经验”下所见的特殊组织感却足以弥补此憾。假如我们把这件作品视为一个实体，就可以断定女儿最特殊的性质是她对生活的观察和对社会问题的感情。

## 营盘街环保小卫士

现在的孩子，在物质上大多过得比较幸福，但现在中国的孩子，又是世界上最苦的孩子。从小学开始，多数家长就给孩子太高的期望和太多的压力。从小学生开始，本身学业已很重，家长还把他们送到外面学东学西，孩子的天性是爱玩的，可给他们自由玩耍的时间真不多。当女儿读小学时，社区有个退休教育专家何奶奶，义务组织了一批孩子经常不定期开展活动。有的家长认为这跟“学习”没什么关系，宁可在周末送孩子上各种培训班和辅导班，也不想把孩子送到这里来“浪费时间”。何奶奶就一个一个学生打电话，让孩子们尽可能地参加社会实践和服务活动。我是坚决支持何奶奶的一个。有这样好的教育理念，还分文不收，现在社会上这样好的人太少啊！

图 105　女儿在环保小队活动上对社区群众演讲，宣传环保知识

## 上街捡垃圾

“长沙真是太脏了”，一天女儿回家对我们说。原来是环保小组上街捡垃圾。“街上的垃圾真多，我一会就捡了一塑料袋，有的人把烟头等垃圾丢到草皮、砖缝角落里，让我们好难捡。”中国人普遍缺乏公德，常常把自己家搞得一尘不染，在外面就把整个世界当垃圾场，哪怕距垃圾箱只几米远，也不愿多走几步，而随意丢垃圾。

“那你自己以后不要在外乱丢垃圾了，让清洁工人工作得很辛苦。”

“我才没有乱丢过垃圾呢。”女儿肯定地答道。

女儿在这方面做得非常好，我看见她在外面每次要么把垃圾丢到垃圾箱，要么放到自己带的书包内的塑料袋内。我想如果中国人都对子女进行公德教育，中国的文明会进一大步。

## 保护母亲河

抓一把细沙，撒在湘江的历史长河，捡一次垃圾，留住长沙的美丽瞬间。一到寒暑假，何奶奶就会组织环保队成员完成一项特殊的“家庭作业”，那就是对长沙市民母亲河——湘江的保护，在湘江河畔清理河床及岸边白色污染。喝着湘江水，在湘江边嬉戏长大的环保小队员们，一起小心翼翼地用钳子将岸边的垃圾夹进垃圾袋。

“湘江就在家门口，保护母亲河我们有责任。”7 岁的女儿回来后对我们说。

学校布置的寒假作业是书面作业，何奶奶组织的“寒假作业”则是社会实践活动，让孩子们动手的同时，培养了他们的社会责任意识，这样的“作业”真的很好。

## 给叔叔送凉茶

长沙的七月是火炉，一般人都躲入空调房中，而修路工人为了城市的建设，仍在烈日下工作。何奶奶常常组织环保小队，煮了大锅凉茶，冒着酷热，送到建筑工地。女儿每次回来都开心讲送水中的趣事。

**图 106　给叔叔送凉茶**

图 106 来自《长沙晚报》的报道：营盘街修路时，社区何奶奶带领环保队成员一起给叔叔送凉茶（右二为女儿）。

从小学到中学，女儿每次都非常开心地参加活动，我问女儿为何非常喜欢参加何奶奶组织的环保小队呢？

“何奶奶的活动好玩，还有奖品。”女儿告诉我。

何奶奶是一个非常有教育经验的专家，她从不对小孩讲大道理，也没有任何说教，她是通过活动让孩子培养了优秀的品质，也锻炼了能力，还让孩子获得了自信。生活中能遇到这样有爱心的热心人，也真是孩子的一种福气啊！

## 把爱传递到远方

在何奶奶的潜移默化下，女儿也知道做些义务劳动，有时楼梯间脏了，物业没有及时来打扫，她也会悄悄地去打扫，可能是害羞，她一人到外面搞卫生时总是怕熟人看见，所以选人少时去。女儿后来自己组织了几个同学，主动参加了湖南省图书馆组织的阅读点亮童年计划的农村版——“把爱传递到远方”，建立边远山区学校图书室的活动。在社区发起了为农村小朋友积极捐书的倡议书，还在小区门卫处建立了临时捐书箱，他们自己也都将看过的书籍积极捐献出来，等到有一定的数量时和同学一起坐公共汽车将图书送到湖南省图书馆，给农村孩子捐旧书；初中毕业后的假期，又组织了几个同学去孤儿院看望小朋友，把自己穿不了的较好衣服和文具送给小朋友；女儿考取了新加坡全额奖学金后，学校每月还有200新币的零花钱，除了必要的开支外，女儿还节省了一笔钱，为回报何奶奶的环保小队，她回来后给这个曾经带给她快乐和回忆的小队捐献了1000元作为活动经费，还精心准备了讲座稿给后面的小队员们专门介绍新加坡学习、生活和活动情况。女儿开始懂得了感恩和回报社会了。

我们生活中的献爱心活动，多为某地发生灾情，或某人得了大病等特殊情况下，捐钱捐物，这种偶尔的做秀式活动虽也能触发孩子的爱心和责任感，但只有将这种爱心和责任感贯彻到日常化的活动中，通过孩子对身边社区做义工，关心身边的弱势群体，让这些活动成为她日常生活的一部分，这样才能让孩子真正变成一个有爱心、负责任、敢于担当的人。

现在的独生子女，许多过着衣来伸手、饭来张口的生活，家长认为只要小孩把学习成绩搞好，其他事不做也无所谓，这样培养出来的孩子，从未看到自己对家庭、社会有什么帮助，体验不到自己的价值，也不会懂得什么是责任，更别说学会担当，于是当自己的孩子沉迷网络，满身毛病时，后悔不已。

## 辟一块属于自己的开心农场

我认为，让孩子搞园艺确实是一种很好的教育方法。我让女儿从小就开始搞园艺。让孩子搞园艺，不仅可使孩子高兴，而且可以促进孩子智力的发展和身体健康。女儿刚会走路时，我带她到乡下住了一段时间，她每天开心地跟在爷爷屁股后面，和爷爷一起挖土、种菜，爷爷给她小铁锹和小铲等，在屋子旁边的一角开辟一个小园地，教她下种、栽花草、除杂草和浇水的方法。通过搞园艺，使她产生了新的兴趣并养成了忍耐精神。有一次，爷爷还特意将自家池塘里的水放干，让女儿和几个表弟到池塘里捉鱼，体验劳动和收获的快乐。女儿打着赤脚、挽起衣袖，在泥巴水里抓了好几条鲫鱼，虽弄得满身是泥，却玩得好开心。

回到城里后，我在阳台外专门请人做了一个长条形的铁架，为女儿开辟了一块属于她自己的开心农场，女儿在这里用家里的废盒子、饼干桶和一次性饭盒等栽培花草、大蒜和马铃薯等。孩子非常喜欢做这些事，每天给它们浇水、除草、捉虫子，观察它们的生长情况，感到非常高兴和有趣。

有一次我们在浏阳河边玩耍，河边经常有人在那里种菜，我们发现有一块翻过的菜地中还剩下一颗孤零零的萝卜苗，女儿就将这颗被人遗忘的萝卜苗小心地移栽到我们家楼下一块空地里，每天去浇水、观察，后来这颗萝卜苗不知被谁连根拔掉了，女儿伤心了好几天，还写了一篇文章描述了这次种菜的经历。

不仅如此，女儿还养过小鸟。她有一只鹦鹉，叫菊花，一只八哥，叫黑黑。菊花是许多日本少女喜欢的美名，黑黑是表示八哥的羽毛很黑的意思。女儿养鸟从不关笼子，她说小鸟应该飞翔，于是乎，我们家阳台就成了实实在在的“鸟窝”，小鸟可以在阳台上自由飞翔，饿了渴了就回笼子里吃食、喝水，晚上在笼子里休息。这样过了几个月，有一天早上起来，发现小鸟不见了，我仔细观察后发现不知是谁故意将阳台的纱窗开了一条缝，小鸟就从此自由飞翔了。我问爸爸是不是他，他说不是，我又看看女儿，女儿故意将头偏向一边，我什么都明白了。

此外，她还饲养过鱼儿、乌龟、兔子和小狗。饲养这些动物时，为了调食，孩子得高度注意，以培养她专注的精神，还可以培养孩子的慈爱之心。有人认为饲养动物是危险的，因为动物是传染病的媒介，而我则认为，只要让孩子注意，是没有什么危险的。女儿养的那只小兔叫灵灵，就是小精灵的意思。有一天，天气骤然变冷，灵灵有点瑟瑟发抖，女儿将毛巾给它围上，第二天傍晚我下班回家时，还在楼梯口就听见女儿号啕大哭，哭得很伤心，我以为家里发生什么大事了，连忙开门，发现女儿正跪在灵灵旁边，灵灵死了，是爸爸不懂科学喂养，看见灵灵发抖以为它感冒了，给它喂了藿香正气水。我不停地安慰女儿，这是女儿第一次面对死亡，那年女儿8岁，开始懂得怎么面对自己心爱的东西突然失去。过了好一会儿，她终于止住了哭泣，小心翼翼地用报纸将灵灵包起来，带上塑料铲子，在浏阳河边的草地上挖了一个小洞，最后看一眼她的灵灵，默默地盖上泥土，做了一个小坟，还插上一根树枝，上面用废报纸做了一面旗子，写着：“安息吧，我的灵灵。”

为安抚女儿的心，爸爸从“同城”网上买来一只高大的牧羊犬，一身棕色的毛，颈部和腿部有一圈是白色的，很漂亮，女儿给她取名叫美美。女儿也属狗，对美美特别偏爱，每天放学后带着美美到浏阳河边溜达一圈，美美沿着浏阳河岸放风，又蹦又跳又叫，好开心。美美很聪明，看到女儿在写作业时从不进她的房间，只要女儿一出来，就双脚搭在女儿胸前，好像要抱的样子，女儿挠挠她的颈，开始弹钢琴了，美美就乖乖地盘在琴凳旁，似乎也在欣赏动听的音乐。两年后，在我的提议下，美美被送到了外婆家不远的一户人家，原因是我们住的是高楼，不方便养狗，再说房子也不大，家里气味较重。美美被送走后，我们全家还经常去看她。美美做了妈妈，有三个小宝宝，知道她很好，女儿也就放心了。

## 成长的代价

女儿在六年级时写过一篇作文《唠叨就是福》，其中有一段是这样的：

> “韦思，你今天忘记带本子了吧？瞧！多不好的习惯。今天学校发生了什么重大的事件？快说吧！我听着呢！……”又是老妈在唠叨。
>
> “吵死了！吵死了！安静点行不？难道街上还不够吵？你不唠叨不行啊！我耳根都起茧了。”我皱着眉头扬了扬手，不知为什么，火苗一下子窜上心头。也许是太累了吧！“到底有没有？对了，我上次看见你班上的……”“好烦啊！”这几句话犹如火上浇油，那股不明之火烧得更旺了。“麻烦你不要说话，OK？”我嘟着嘴大声回答。提起书包，“砰”的一声关上了房门。身后传来幽幽地一阵叹气。
>
> 从此，老妈果然“收敛”了许多。吃完饭，本是家庭交流的时间，却没有人说一句话。我不想说，妈妈欲言又止，爸爸生性不爱主动交流，使得家中死一般寂静。电视的声音似乎更大了，它一次又一次地撞击着我。只有墙上那跟我差不多大的钟在“滴答、滴答”吃力地摆动，我渐渐有些闷了。刚开口，却不知要说些什么，半晌，我才轻轻从嗓子眼里挤出一句：“妈，明天下雨吗？”这仿佛是给炸弹装上引导线，一下子炸开了，三个人你一言我一语聊得十分开心。10 分钟过去了，我才记起还有作业要做。

第二天回到家，老妈又唠叨开了："明天要下雨，韦思你要带伞啊！关于八大中学不……"我瞪了妈妈一眼，想说点什么，却又咽了下去。昨天那一幕又浮现在眼前。"想说就说吧！公平权力嘛！"我想，转身走进了房间。

看了这篇文章后，我不自觉地在晚上吃饭的时间仔细瞧着眼前这个曾经活泼可爱、机灵鬼怪的小家伙，才发现女儿的脸颊虽仍显稚嫩，但额头上不知什么时候冒出来几颗小疙瘩，身体也突然无形中增加了近十厘米，已经和我差不多高了，我这才猛然惊醒：女儿在不知不觉中慢慢长大了，女儿开始步入人生中最重要的时期——青春期。这个时期，由于体内大量激素的分泌，神经功能变得敏锐起来，而且有时十分过敏，植物性神经也不稳定，一点小事也可造成很大的精神波动和心情不安。这一年，正是小升初的关键一年。作为一个教育工作者，我虽极力反对应试教育给人造成的后患，但作为家长仍不能免俗地时不时在女儿的耳边吹吹警钟，希望她能考一个所谓的"名校"，那段时间学校也是对六年级学生抓得很紧，原因是教育局要抽考，还要全区排队公布名次，这对学校的压力也很大，班主任每天两张试卷发下来要做，还有大量其他抄抄写写背背的作业，女儿的心理压力可想而知，所以将父母的关心视为唠叨，反思我们自己，其实也没有真正去安慰过女儿的心灵，怪不得女儿和我们之间出现了一道心灵的屏障，而将自己关进屋子。难道这就是孩子成长的代价吗？如果是这样，我宁可不要女儿长大，宁可要回从前那个懵懂无知、开心快乐的女孩，而不要现在这样拒人于千里之外、视我为陌生人的好成绩的女儿。

为缓和母女气氛，从这个时候开始，我将指导孩子生活的主要角色自然地转换到了父亲身上。对于面临青春期的女孩子来说，会逐渐对父亲寄予无限的信赖。此外，所谓第二反抗心，也是青春期的特征。这个时候是孩子反抗心的旺盛期，如同水沸腾时一样，安全阀就需要打开，即需要休息一下了。这时，我把自己降低到孩子的水平上，和她一起到河边散步，像朋友一样与之交谈，跟她一起打球，带她出去旅行，特别是女儿在那年的暑假来了月经，我高兴地对她说："恭喜你啊，终于变成大人了！”以此消除孩子的不安、恐惧和失落感，而不是像我小时候那样总是回避、躲闪。有什么事我总是仔细倾听孩子的意见，即使孩子做了什么错事，也不一味责备，而是观察导致孩子做这些事的心理活动，谅解孩子做错事时的心情，在此基础上确定今后的对策，只有自我意识得到了承认，孩子的心扉才会敞开。我们通过各种各样的努力，与孩子的心灵相互沟通，建立起良好的母女和父女信赖关系，让女儿顺利度过青春期这个关头。

茁壮篇

# 生命教育，开启女儿智慧人生

## ——中学阶段精神品质提升

要使知识充满活力，不能使知识僵化，而这是一切教育的核心问题。

——怀特海

## 青春期危机

危机意味着在极大的困难下从一个阶段通到另一个阶段，这是关于生理的、情感的或心智的。青春期危机与从儿童期到成熟期的身体、感情的变化和困难有关，这是人类发展中一个重要的决定时期。我在这里要表明的问题是：艺术教育如何减轻青春期的危机？还是先来了解女儿的心理变化吧。

这个时候，在绘画上个人已经脱离了儿童式的记号表现，却还未在她自己有意识的方式中发现信心。由于建立起这种方式的欲望非常强烈，有很长一段时间女儿暂时放弃了对创作的主观态度，自由表现的信心开始动摇了，加上这个时期又是接二连三的中学会考时期，学校几乎将所有的艺术课程全部停止，况且她自己也不想长大后从事美术专业的职业，家长也没有对她实施有意的训练，女儿更有理由暂时躲避对创作的自觉，而以一个非常深刻的危机为特征，几乎动摇了整个自信。我也了解到女儿的同龄人中有相当一部分人中止了他们的创作工作。在现今的教育实践中，这项危机的特征几乎不为人所知。

显然，艺术教育在这时期的最重要任务，是采用防止儿童丧失自信的刺激方式和方法。然而，要达到这一点靠非艺术专业的普通中学来完成是不可能的，作为家长我自己也不忍心再在本来已经很饱和的应试时间里去进行什么艺术的训练，唯一的救赎只有女儿自己了。在青春期的危机中，个人必须为许多影响深远的决定而挣扎，她站在成人期的门槛上，而在一些影响其生活和学习的情况下达到。因此，心理的影响是更重要的，可以透过创造活动来克服这些困难，这是个人表现自然的宣泄方法，而且是作为个人而不是群体自然的表现方法。女儿这个时候受日本动漫的影响很大，加上先前有写生的经验，便将人物的创作通过她头脑中美的形式表现出来，并带有强烈的个人情感和体验（如图 107《弦外之音》、图 108《三个人的读书会》）。女儿在初中三年没日没夜地对付应试，在夹缝中挤出时间沉浸在属于她自己的创作中，创作了大量有动漫效果的表现“孤独郁闷”“渴望友情”等心情的主题画作。现在想起来我觉得当初没有要求女儿去继续学习通常人认为的“天赋”的美术学习是明智之举，这里的“天赋”其实指的是技巧，以及对自然物体作传统描绘的能力。当然，我不是要反对学习技巧，恰恰相反，技术和技巧的获得乃是此时期艺术学习的一项重要内容，应该特别注意防止个人因他完成品的“不成熟”而感到失望；我想表明的是技巧不是目标而是达成目的的手段，技巧是发展出来的，而不是教授的，是源于表现的需要。如果女儿没有前期到凤凰写生时的表现技巧，她所要表达的观念也将是无力的。只不过女儿所追求的是尽可能地消除这种“艺术表现”的传统态度，即认为艺术一定要与环境建立起“写实”的关系，而发展出外在世界“真实的”（照相式的）绘画，事实上我们应该尽量从不同时代和不同文化的表现中来证明“真实”的真正含义。女儿在她个人的精神、思想和感情的引导下激发了创作的驱策力，而在自己个人的心中延伸出自信，以表达出“艺术是基于个人需要的自我表现”这一观念。因此，这些作品看起来虽然技巧不圆熟，但它表达了个人的内在精神，这就好比原始人的艺术能成为伟大的艺术品，而技巧圆熟的作品却未必是艺术品。从这个意义上说，“使艺术成为人类一种普遍的表现方式”将成为我们的主要目标。让我们牢记罗恩菲德的话：“在艺术教育里，艺术只是一种达到目标的方法，而不是一个目标；艺术教育的目标是使人在创造的过程中，变得更富于创造力，而不管这种创造力将施用于何处。假如孩子长大了，而由他的美感经验获得较高的创造力，并将之应用于生活和职业，那么艺术教育的一项重要目标就已达成。”

图 107　弦外之音

图 108　三个人的读书会

图 107（13 岁画）、图 108（14 岁画），女儿在做完作业之余的空闲时间里在练习本上的自由创作。仍旧固执地用她喜欢的铅笔线条表现带有主题意义的画面，注意人物的动作、表情和场景，细节也是描绘的重点，并以内心独白的方式表达出自己的内心世界。

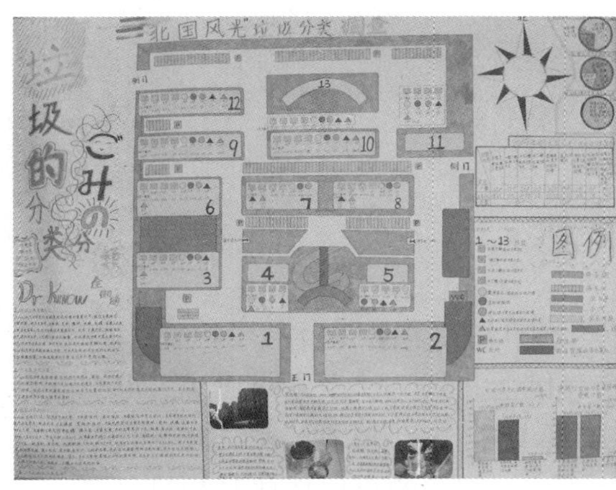


图 109　手抄报

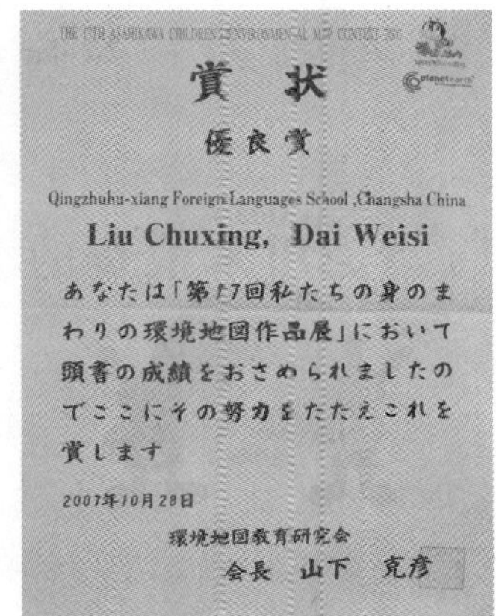

賞　状

優良賞

Qingzhuhu-xiang Foreign Languages School ,Changsha China

Liu Chuxing,  Dai Weisi

あなたは「第17回私たちの身のまわりの環境地図作品展」において頭書の成績をおさめられましたのでここにその努力をたたえこれを賞します

2007年10月28日

環境地図教育研究会
会長　山下　克彦

图 110　比赛奖状

图 109（与同学合作完成，12 岁画），女儿经由美感经验获得的创造潜能开始应用于其他领域的学习和生活。这是她和同学在对一个小区进行“垃圾分类的分类与处理”调查后创办的一份手抄报，获得第十七届“旭川杯”国际地理与环境报比赛优良奖。本可以去日本接受颁奖，终因种种原因没能成行。

图 111　墙上的舞蹈

图 111（16 岁画），首次用颜料在墙壁上绘画。女儿有一次突然跟我说要在她卧室的墙壁上画画，我没有反对，心想反正是旧房子，即使弄脏了也没关系，女儿有兴趣尝试画壁画对她也是一种很难得的创作体验。她从文具店买回来一大堆丙烯颜料，在家里画了足足一个下午。乍一看，还有点野兽派风格呢。

## 时间是用来浪费的

女儿初中时曾写过一篇短文《直到失去才明白》，其中描述了她小学时候的生活：忆起小学，经常和班上的一群“狐朋狗友”混在一起玩。小学负担轻，学习任务少，总是同朋友们去少儿图书馆看漫画，玩“老鼠抓猫”，天真烂漫，无忧无虑。同龄的小伙伴此时却早已踏上了“课外班之路”，奥赛、作文、英语，一个个如丰收季节的小蚂蚁般忙得不可开交。而我却在野外与父母郊游玩耍，父母从小对我就没怎么严厉管教过，从一年级到六年级，套用老爸的话是“鬼混六年”。直到初一，同班同学的多才多艺才令我大为震惊。钢琴十级，大提琴、二胡、声乐等无所不能，无一不让我这个“懵懂的门外汉”目瞪口呆。回首记忆中的六年，我珍惜过时间吗？原本我拥有最多精力的时候，一晃全都不见了。直到失去才明白，开始我是多么富有，不去珍惜它，没好好利用它，让我后悔莫及。

其实我想说：“女儿，你根本没必要后悔呀，相反，你应该为你在小学阶段浪费时间感到庆幸才是啊！那个时候你多自由、多开心啊！”

是啊，卢梭就曾说过：“最重要的教育原则是不要爱惜时间，要浪费时间。”这在许多人听来，简直是谬论。然而，卢梭自有他的道理。如果说教育即生长，那么，教育的使命就应该是为生长提供最好的环境。什么是最好的环境？第一是自由的时间，第二是好的老师。在希腊文中，学校一词的意思就是闲暇。在希腊人看来，学生必须有充裕的时间体验和沉思，才能自由地发展其心智能力。卢梭为其惊世骇俗之论辩护说：“误用光阴比虚掷光阴损失更大，教育错了的儿童比未受教育的儿童离智慧更远。”今天许多家长和老师唯恐孩子虚度光阴，从早上5：30起床到晚上11：30睡觉，将孩子的每一分钟都占满，驱迫着他们做无穷的功课和习题，不给他们留出一点儿玩耍的时间，还美其名曰：高效教学，自以为这就是尽了做家长和老师的责任。我想问：什么叫虚度？快乐不算什么吗？整日跳跑不算什么吗？如果满足天性的要求就算虚度，那就让孩子虚度好了。

说实话，女儿在六年级小升初那段时间，因为之前的“虚度”既没有上奥赛班，也没有上作文班，她自己喜欢的钢琴也开始由于升学的压力而慢慢放弃了，我们也曾担心女儿考不上所谓的“四大名校”，爸爸就要女儿自己做一点英才书上的题目，女儿开始留恋起虚度光阴的日子了，提笔写了一首小诗《绿色天堂》：

**绿色天堂**

我静静坐在草地上，
头靠着天空，
秋风轻轻吹过我的脸，
世界似乎是那么安谧静美，
绿树，绿草，
咦？——怎么连天空也变成绿色了？
当我正在享受大自然的恩典时，
耳边忽然传来爸妈的声音。
“孩子，别回太晚了。”
“韦韦，昨天的日记要补啊！”
“快来，自己把这一章奥数看一遍，有什么不懂的要问啊！”
“思思，把英才的一、二、三大题做了，啊！”
“韦思，来练一个小时琴。”
抬头望望天空的小鸟，
正在展翅飞翔，
低头看看悠闲的虫子，
正在懒懒地晒着太阳，
再回想忙碌的我，
真盼望能有一个绿色天堂！

其实，每一个孩子的心里都有一座“天堂”！都想朝着自由的天空飞翔，是我们做家长的由于功利和短视而将孩子的翅膀折断的啊！孩子用这种很“文艺”的形式表示对我们的不满，我们也发现女儿开始心事重重，也就不忍心对她再“施压”了。

## “我都做了些什么啊?”

为确保能进四大名校，女儿在六年级寒假期间在学校老师推荐下上了一个星期的名校考前补习班，如愿以偿地通过考试拿到了“优秀学员证”，意味着被名校提前录取了。我后来看了他们的试卷，几乎都是一些考智商和知识面及发散思维的趣味题目，外界传说的奥数题几乎没有，我庆幸女儿在小学阶段没有参加奥数班和作文班之类的，我相信女儿能凭着她从小养成的学习能力、独立生活能力和阅读习惯顺利通过任何的考试，而且女儿依据成绩还进了理科实验班。所谓实验班，其实就是比别的班级早点上完教材内容，多做点题目之类的！女儿又开始怀念小学时那段虚度光阴的生活了，她在一篇《童年》的作文中写道：

> “远了，又远了……”我对自己这样说，是的，我人生当中最快乐的童年时光即将结束。而此时的我，又能做些什么呢？高兴？伤心？还是苦恼罢？
>
> 校车开动了，思绪牵回眼前。失去事物，心情是复杂的。忽然，眼前一亮，我在脑海搜索着这久违的场景。啊，想起来了，我来过这里！
>
> 我激动起来。记得那时候，我和妈妈一同骑着自行车来到这里，做一次简单的短途旅行。我很好奇，瞪大了眼睛看着周围的一切。蓝天、白云、柏树、麻雀，还有沁人心脾的空气，在和风的吹拂下，湖水轻轻泛起微波，衬着绿草红花，在阳光下显得格外安谧

静美。我不由得笑了，发自内心地笑了。随着汽车的移动，不经意间，我回忆起好多事来，死缠烂打地在一家超市门口要买糖吃，因摔了一跤而哇哇大哭，和妈妈在丰收后的田野里打滚、捉蚱蜢，享受习习晚风带给我的喜悦……突然觉得，那时的我才是一个真实的我，一个努力做自己的我。

也许失去了，才会珍惜吧！学习、复习、考试，学习、复习、考试，每天拼命奔波于学校和家里两点一线之间，这成了我生活的全部。有人说，我们这个年龄段的人是早上八九点的太阳，也是吧。但我们只有学习和考试，失去活力，失去朝气，八九点的太阳也将暗淡无光。

只有此时，我才会想起童年种种的好。但流走的是岁月，不变的是童年。

这美好的回忆将永远留在心中。

悄悄的你走了，
正如你悄悄的来，
你挥一挥衣袖，
不带走一片云彩。

童年，再见！

看看女儿初中三年期间一天的作息时间吧：6：30 起床，吃早餐，7：00 出门，7：20 坐校车，一天在学校上 8 节除音乐和美术以外的跟考试有关的“文化课”，只在中午有一个小时的吃饭和午休时间，晚上 5：30 回家，吃完晚饭后散步半小时，阅读、做作业，中间休息时练练钢琴，10：00 睡觉。晚上十点就寝是我强烈要求女儿这样做的，一开始女儿还不同意，说有同学每天做题到十二点以后才睡觉，头上开始长白发了。我不由得和萧伯纳一起叹息：全世界的书架上摆满了精神的美味佳肴，可是我的孩子却被迫去啃那些毫无营养的乏味的教科书。特别是到初三后，学校要求所有的学生都要在星期六补课，我考虑到女儿平时上课抓紧就可以了，没必要在周六还去重复那些枯燥的知识，在征得学校同意的情况下没让女儿去，宁可让她学习感兴趣的东西，或到大自

然中晒晒太阳、呼吸新鲜的空气。大家似乎都知道，教育是一个培养人的事业，教育不仅仅是给孩子分数，更是为孩子的生命奠基。但是，在我们的中小学教育生活中，分数却成为教育至高无上的追求，成为衡量教育品质的标准，成为我们整个基础教育的原点，成为教育的重要追求，这是中国基础教育许多问题的滥觞。在当下，我们太需要教育哲学的思考，需要教育思想的引领，想清楚教育是什么，什么是好的教育这样的根本性问题，教育才有正确的方向，投入才有真正的效率。

我想起了曾经在《读者》上看到过的一个小故事：

> 影片《桂河大桥》讲述了这样一个令人深思的故事：在第二次世界大战中，英军尼克森上校和他的部下被日军俘虏，作为改善战俘待遇的交换条件，他接受了日军布置给他们的修建桂河大桥的任务。尼克森是一名典型的英国军人，既有英国绅士的认真，也有“是任务就一定要完成”的执着，在尼克森的带领下，战俘们用三个月的时间就完成了这一任务。大桥建成后，尼克森把大桥当做是自己和部下所完成的工作而精心守护，当接到英军上级发出的炸桥命令时，他犹豫并抵触，完全忘记了桥一旦开通，会给自己的部队带来多大的危害。当最终意识到这一点时，他说出了那句著名的台词“我都做了些什么啊?”他如此专注于他的任务——建桥，而忘记了赢得战争这个根本目标。

这就是所谓的目标困惑症。

在我们的生活中就有众多的目标困惑症患者。有的人一天到晚总在工作只是因为想挣更多的钱养家，却置家庭于不顾，导致家庭破裂，他们太专注于“挣钱养家”这个任务，却把“家”这个目标完全忽略了；有的人在时间的压力下，脚步匆匆，急着去做他们认为最重要的事情，而恰恰忘记了他们真正的目标所在。他们忘了：一旦偏离了目标，你所有一切努力都是徒劳的，有时甚至是有害的。

教育是一个培养人的事业，是一个通过培养人，让人不断走向崇高，获得更加美好生活的事业。因此，教育最重要的任务是塑造美好的

人性，培养美好的人格，使孩子拥有美好的人生，过一种幸福完整的教育生活，而美好的人性，应该从幸福的童年开始。人的一生其实是围绕童年展开的，把童心和童年还给孩子，这是教育的基本要求。教育不仅是为未来的幸福做准备，教育生活本身就应该是幸福的。这样的幸福不是简单的感官的快乐，而应该是和谐完整的。因此，给孩子多样化的教育，发现每一个孩子的世界，帮助他们获得多样性的发展，这是教育的重要使命。如果教育的目标偏离了，一切忙碌都是徒劳，甚至有害。

因此，无论是作为家长还是孩子，当我们发现自己为任务忙碌不停的时候，不妨暂停片刻，深深地吸一口气，向四周望一望，分析一下眼前的情形，思考一下自己的任务是什么，目标又是什么，任务和目标一致吗？经过反思之后，如果发现偏离，相信一定会庆幸地拍着自己的额头说："我都做了些什么啊！"

## 和孩子一起读书

自女儿上学起我就不间断地订阅了《小朋友》《小蜜蜂》《儿童文学》《少年文艺》《小溪流》等刊物，女儿就像一只小蜜蜂在文学的花丛中飞舞，语文老师范老师在班上开展了一个"日记小列车"活动，激发了女儿对写作的兴趣，那段时间女儿写了大量的日记和散文，有一次女儿发现另一列"小列车"上有人可能是模仿《儿童文学》上的文章写的作文，得到了老师的表扬，"小列车"幸运升级，女儿很不服气，一定要找出原文跟老师理论。上初中后，由于其他功课的增多，加上新的语文老师是一个刚毕业不久的老师，可能教学经验不足，我发现女儿的作文似乎提高不快，阅读的时间也大大减少，孩子学了一年语文后，反而对文学没有了兴趣。后来我从单位一个听过该老师课的教研员口中得知，这位老师上课只有语文，而没有文学教育：只有模式化、段落化和支离破碎状态的"肢解课文"，课堂毫无美感；只有具体分析，没有精神品味；只有功利因素，缺乏精神活动；只有老师的“话语霸权”，没有学生的文化质疑和挑战精神；只有呆板的文字，没有充满灵性和生命的文化载体，不是“人”的重要成长伙伴和精神知音。女儿的班级本来就是最优秀的孩子在一起，语文老师上课时还是按部就班宣讲中心思想、字词意义、特殊内涵等，将丰富的语文教学变得单一化和标准化，更别说让学生提出不同的见解和挑战，整个语文教学就是“在套子中跳舞”，一味教唆、灌输，学生的文学想象力、品味鉴赏力、独立自主的文化创作激情等从未得到唤醒、赏识与激活，一栋栋美好玲珑的文字小屋，在老师的辛苦操作和裁剪下，成了一片无人居住、无人问津的文学荒岛，缺乏“人”的激情参与和关注，缺乏人文气息的熏染，缺乏唤醒和智慧启迪，怎么能够春意盎然、充满生机呢？

于是，我想要重新唤起女儿爱看书的习惯，和女儿一起读书，一起从品味经典开始。我在书店买来儿童文学经典，从图书馆借来世界名著，先自己读，然后给女儿讲其中的故事片段，吸引女儿看下去的好奇心，故意将书放在茶几上，还标记上了要还的日期，女儿就能以很快的速度将书看完，我们一起散步时和我讨论书中的人物和事件。我还从当当网上买来一百部《百年奥斯卡电影经典》，女儿选择她喜欢的电影欣赏，我们还一起去电影院观看《哈利·波特》，女儿买来了全套的《哈利·波特》书籍，反复看了3遍，这样慢慢激发了她对文学的兴趣。更重要的是，女儿通过阅读，打开了通向心灵的窗口，学会了思考和批判，丰富了自己的精神世界。

伊塔洛·卡尔维罗在《为什么读经典》一书中说：“所谓经典，就是那些给我们带来特殊影响的书，他们在我们的幻想上深深印下难忘的印象，或是藏在我们记忆的深处，伪装成个人或是集体无意识行为。”

那些伟大的儿童文学经典，女儿一口气可以说出多少？《安徒生童话》《格林童话》《尼尔斯骑鹅旅行记》《一千零一夜》《绿野仙踪》《列那狐的故事》《小王子》《小公主》《王尔德童话》《木偶奇遇记》《小约翰》《彼得潘》《苏菲的世界》《两百年的孩子》《海底二万里》《牧羊王子奇幻之旅》《昆虫记》《窗边的小豆豆》……这个名单女儿还可以无限度地持续下去，他们来自亚非欧的不同民族，也来自不同的时代，有无与伦比的想象，有丰富多彩的趣味，有坚持不懈的追求，有对自然体贴入微的观察，有对生物界的非凡绝伦的生存演绎，有对孩子心理的通脱体察与顺应，这些伟大的儿童文学作家，除了没有世故与庸俗，没有奴性与虚假，没有现实与造作，一切童心应该具备的伟大品质，他们都具备！

回想起我们小时候曾经有过的儿童读物与影视作品，我还依稀记得他们的故事：小英雄雨来，刘胡兰，高玉宝，半夜鸡叫周扒皮，恶霸地主刘文彩，闪闪红星小冬子，小兵张嘎，战斗英雄邱少云、黄继光，助人为乐雷锋，欧阳海……这些名字有的充满仇恨，有的热衷于斗争，有的喜欢告密，有的勇于牺牲，有的大公无私，有的崇拜领袖，有的成为爱国主义者，有的成为民族主义者……我们那一代人被这些红色的名字牵引着成为了任何人，唯独没有成为我们自己。

女儿是幸福的，在书的海洋中知道这世界上还是有那么多的孩子能够享受大自然的光照、滋润与爱抚，能够拥有层出不穷的经典童话与动画卡通，能够自由支配自己的时间尽情娱乐游戏，能够与大人平等对话与交流，能够在一种更好的教育中成长为独立的有尊严有创造力的人。

像这样的读书或读这样的书，渐渐地，女儿开始感觉出自己在发生深刻的变化，在女儿的作文中更多地体现出了独立、力量、自由和情怀，有自己在慢慢站立起来的感觉，内心日益充沛和自由，女儿的床头开始摆放有《十四岁开始的哲学》《瓦尔登湖》《沉思录》《培根论人生》《艾默生散文集》《一个孤独的散步者的遐想》《尼采诗选》……有产生更加博大和悲悯情怀的感觉。事实上，教育专家也发现，孩子阅读素养与学业成就密切相关。阅读经验越丰富，阅读能力越强，越有利于获取知识，学习能力也就越强。在美国，前总统克林顿依据相关研究，曾经指出，小学三年级之前必须具备良好的阅读能力，这是未来学习成功的关键。哈佛大学教育学家珍妮·查尔提出的“五阶段模型”对阅读的发展阶段予以很好的阐述。她认为，人一生的阅读发展可以分为五个阶段：开始阅读（或解码）阶段（6～7 岁），掌握阅读（或流畅阅读）阶段（7～8 岁），为了学习新知而阅读（9～13 岁），多重观点阶段（14～18 岁），构建与批判阶段（大学及大学以后）。在珍妮·

查尔的“五阶段模型”中，第二、第三和第四阶段是阅读的关键阶段，在这三个阶段中，阅读者从小心地确认以前所学的简单阅读技能，到通过阅读获取信息以达到学习的目的，再到分析评价和反思自己所读的内容，呈现了一个个体从初级阅读者逐渐成为成熟阅读者的蜕变过程。

在当下以榨挤学生的智力和趣味、泯灭他们的品行和情怀来换取考试分数的教育背景下，我仍坚持极力保护和引导孩子的精神追求。不管这股势力怎样的来势汹汹，不管利益的驱动多么诱人，我越来越鄙夷并不为之所动，我不要女儿参加学校任何的补课和考前训练，甚至看到那些弱智的重复练习题我都帮女儿做，我要挪出更多的时间让女儿阅读和思考，因为在我心里总有个声音在警醒我：莫要为了眼前利益，与某股真正反教育的势力合伙去捣毁我们的子孙、社稷和未来！

我就亲自看到，有教师把《天上的街市》《病梅馆记》这样的文章拿来当成“忆苦思甜”的材料处理，把《我有一个梦想》（马丁·路德·金）这样的课文当成反美材料处理，其思维方式和认识水平竟还停留在“文革”时期。又如，“牝鸡司晨”“水至清则无鱼，人至察则无徒”这样的词语，稍不慎就有可能把一些精神毒素传给了孩子。至于各种应试训练资料中的选文，不论是文言文还是现代文，都可能良莠杂陈，特别是文言文，里面既有传统文化里一些优秀的东西，更有不少封建毒素，像臣民意识、暴民意识或其他一些落后的东西，教师在处理的时候，千万不能掉以轻心。如今使用的新语文课本，比起过去的意识形态化的老课本的确有很大的改变，文学性增强了，人性的东西增多了，一些普世价值观得到了尊重；可是由于不少语文教师观念的落后和技术主义教育的泛滥，这些真正有意义的东西得不到好的发挥，新课程的价值和意义被大打折扣。以新编进高中一册的四篇文章为例，这四篇文章是马丁·路德·金的《我有一个梦想》，史怀哲的《我的呼吁》，房龙的《〈宽容〉序言》和罗曼·罗兰的《〈名人传〉序》，这些文章中包含的理想、智慧、情怀和人格力量，都是现代人必须具备的基本素养，然而却是我们最缺少的精神养料。当然，要较好地理解好这样的文章，一方面寄望于语文教师自身境界的提升，另一方面，家长也要通过读书努力提高个人精神素养对孩子加以正确引导。

小资料：亲子阅读书目及推荐电影

改变我生命的那本书：

《最蓝的眼睛》《高音和旋律》《诗选》《神话的力量》《所有的台词都是蛇的》《莎士比亚全集》《指环王》《小火车做到了》《麦田里的守望者》《伍德豪斯的所有》《小与大》《广岛》《奢侈的人们及其他》《1960年总统大选》《拒斥死亡基督山伯爵》《艾达》《七重山》《旁观者》《鹿苑长春》《洛丽塔》《南茜·德鲁悬疑系列》《凯撒之高卢战记》《汤姆叔叔的小屋》《大卫·科波菲尔》《克里斯汀·拉弗兰斯达特》《一间自己的屋子》《我们现在的生活方式》《效法基督》《福尔摩斯探案集》《八月炮火》《完美风景》《为什么》《魂归伤膝谷》《现代史导论》《海明威短篇小说选》《杀死一只知更鸟》《仅有的一支舞及其他》《梦的解析》《圣经》《简爱》《丧钟为谁而鸣》《亨利八世》《了不起的盖茨比》《布鲁克林的一棵树》《第八十七分局系列》《美丽的坏女人》《穴居人阿布塔洛伊斯》《再见，明天见》《西西弗斯的神话》《名叫星期四的男人》《一个孩子的诗园》《我的生活和理想》《怪医杜利德系列》《第一幕》《我知道笼中鸟为何歌唱》《安吉拉的灰烬》《人间喜剧》《基幕·福伊尔》《红与黑》《末路》《西尔斯目录》《致一位年轻诗人的信》《夏洛特的网》

小说类：

《蝴蝶情人》《异乡人》《朱莉的子民》《疾病解说者》《赫佐格》《白衣女郎》《开窗了吗》《照片疑云》《前前后后》《反叛的天使》《生命中不能承受之轻》《灰烬》《尘世权力》《死前一课》《河湾》《披巾》《盲》《苏菲的抉择》《梦想阿根廷》《复活》《革命之路》《赎罪》《谁会掌管青蛙医院》

女性传记：

《献给爱丽丝的挽歌》《塔莉洛·罗斯福》《在我母亲的住宅》《罗莎·卢森堡》《五十天的孤独》《黑色冬天》《白色的黑鸟》《平行生命》《洛顿出版社之女性传记》《伟大的凯瑟琳》《一个作家的开端》《挚友》

更多传记：

《亨利·亚当斯的教育》《最后的雄狮》《罗斯福的崛起》《在时间的监督下》《男孩的生活》

社会问题类：

《燥郁之心》——关于阴晴不定和疯狂的回忆录

《我们的小伙子们》——格伦里奇强奸案以及完美市郊的隐秘生活

《共同点》——三个美国家庭生活的动荡年代

《真实笔记》——一个作家在少管所的岁月

再读的书：

《追寻生命的意义》《沉思录》《一个孩子的诗选》《可能性的艺术》《做玩具的人》《重建》《门上的眼睛》《幽灵路》《小女孩》《圣彼得堡》《身体的礼物》《典型的日子》《梦中遇见卡尔文·柯立芝》《恋人季节》《哈里路亚那边》《骡子和人》《长日将尽》《同死人约会》《进进出出》《家园》《每日新闻》《他们携带的物品》《告诉我一个谜》《故事集》《统治四部曲》《皇冠上的宝石》《毒蝎的日子》《沉默之塔》《分赃》《文身的士兵》

推荐电影：

《伴你高飞》《历史系男生》《放牛班的春天》《海上钢琴师》《自闭历程》《死亡诗社》《楚门的世界》《肖申克的救赎》《蚊子海岸》《怒海争锋》《三个傻瓜》《心灵捕手》《蒙娜丽莎的微笑》《生命因你而动听》《摇滚学校》《地球上的星星》《老师的恩惠》《无赖老师》《我的教师生涯》《美丽的大脚》《为戴茜小姐开车》《返老还童》《麻辣教师》《后天》《泰坦尼克号》《垂直极限》《地心历险记》《阿凡达》《廊桥遗梦》《24只眼睛》《一个陌生女人的来信》《我的父亲，我的儿子》《黑暗中的舞者》《纸月亮》《舞动青春》《巴别塔》《云中漫步》《乱世佳人》《十三棵泡桐树》《蝴蝶》《红气球》《西雅图未眠夜》《为了霍洛维茨》《乡村女教师》《球动非洲》《成长教育》《飞向月球》《功夫熊猫》《狮子王》《玩具总动员》《加菲猫》《追风筝的人》《东京教父》《小鬼当家》

《小鸡快跑》《博物馆惊魂夜》《音乐之声》《小王子》《杀死一只知更鸟》《爱在塬上的日子》《莫扎特传》《哈姆雷特》《当幸福来敲门》《阿甘正传》《罗马假日》《辛德勒名单》《让爱传出去》《美丽人生》《美丽心灵》《钢琴师》《十诫》《哈利波特》系列、宫崎骏系列

## 外语学习的技巧

蒙台梭利曾对儿童的敏感期加以区分，提出儿童从初生到 5 岁是感觉的敏感期；秩序的敏感期是从 1 岁多到 4 岁左右；语言的敏感期是在出生后两个月到 8 岁。所以我从一开始跟女儿说话就从不说那些不完整和儿化的话，没有任何理由一定要教孩子说不完整的话。这种完整的语言教育从一开始就起到了很明显的效果，女儿刚满 1 岁在乡下住时，喜欢拖着一条玩具狗在地上走，隔壁奶奶对她说："韦思，我想看看你的汪汪。"我马上纠正说："这不是汪汪，是狗。"这位奶奶对此大为不解。在之前我喜欢抱着女儿到处走走，让她看外面的世界，同时慢慢地清晰地说出名称，如：这是汽车，那是来来往往的人群等，结果非常理想。用这种方法进行教育后，女儿 1 岁 1 个月时，就什么话都会说了，人们见到了都很惊奇。爸爸也非常兴奋，当人们夸赞女儿时，他就对别人说："因为妈妈从女儿降生时就开始教她说话，所以她的语言发展到这种程度是很自然的。"

我之所以能坚持如此早地开启女儿的语言天赋，是因为我坚信，婴儿期的语言教育将决定她一生的语言发展，因此我非常注意用准确的发音、精选的词句和语法对女儿说话。我的经验是，在教孩子语言时，语法不是最重要的，特别是对于孩子来说，更是没有多大必要。因此，在女儿学英语和日语时一开始就未学过语法，我认为，孩子学习语言，不应采用教语法的办法，而应当通过听和说来学习。正如我所观察到的：

孩子都喜欢说话，从小时起，他们就常常一个人把学到的单词反复地说着玩。我决心利用孩子的这种倾向，把孩子能理解的有趣的故事，用精选的词句组成短文，让女儿记住。我女儿不仅能很快地记住，并总是高兴地复述着。以后，我找来英语的类似短文章、儿歌等，放录音让她听和说，她也能很快地记住，根据我的经验，在人的一生中，1~5岁可能是最有语言才能的时期。

在教孩子语言方面，我决心让女儿尽可能早地打下一门主要外国语的基础。在女儿尚未很好地掌握中文母语之前，不教女儿其他的外语。尽管有些语言学家认为，孩子能同时学会两三国语言，但根据我的经验，这可能会使孩子苦恼，而且弄得不好孩子哪一国语言也学不好。在女儿2岁能流利地说汉语之后，我便不失时机地马上教她学英语。因为在目前英语仍是学校和以后走向世界主要的语言工具。我教女儿英语的方法也同教她母语一样，即仍然先从训练听力开始。

从女儿的例子又一次证明，孩子的外语才能是很惊人的，不到3岁，女儿就能说出一长串的英语句子，有些还是生活中必须用的但却很难记住的词汇，如类似“这儿有些调味品，油盐酱醋姜葱蒜”的英语句子，女儿能有节奏地一口气说出来。英语的基础打好后，6岁的女儿又对日语产生了浓厚的兴趣，通过看日本动漫、电影和收听日语广播剧开始了日语的学习，那个时候她喜欢每天晚上躲在被子里用MP3收听日语的广播剧，这是日后女儿告诉我们的。因为我觉得很奇怪，女儿只在11岁才开始每周末上一次正规的日语班，系统学习《日本语课程》，两年时间就通过了日语二级考试，原来是小时候偷偷收听广播的原因。

这次又证明了外语学习最好的方法是多听，不仅如此，我认为还要多背诵。初二那年的暑假开始，女儿开始在新东方语言学校系统学习《新概念英语》，女儿给自己定了一个目标，就是在两年时间内将1~4册的课文全部背下来。我问她：“为什么要背呢？听一听课、学一学语法就蛮好的吗？”

女儿说了一个新东方老师讲的一个真实的小故事：



新东方曾有个学员现在Duke大学，他从高一开始背《新概念英语》第三册，背到高三就背完了。高考考进了北大，进北大后，他本来不想再背了。但当他背给同学听的时候，其他同学都露出了羡慕的眼光，于是，为了这种虚荣心，他就坚持背第四册，把第三、四册都背得滚瓜烂熟，他熟到什么地步呢？有人把其中任何一句说出来，他能把上一句和下一句连接下去，而且语音非常标准，因为他是模仿着磁带来背的。后来他去了美国 Duke 大学，他给国内的教师写信，老师不敢回，因为老师对他的英文有畏惧感，他的英文学得太好，只能给他回中文信，并告诉他不是不会写英文，而是想让他温习中文，不要忘记祖国的语言。

这位学员到美国第一个星期写文章，教授把他叫过去说他的文章是剽窃的，因为他的文章写得太好了，教授说："我 20 年教书没有教出这么漂亮的文章来。"这个学员说，我没有办法证明我能写出这么优秀的文章，但我告诉你，我能背 108 篇文章，而且背得非常熟练，你想不想听。结果，他没有背完两篇，教授就哭了起来，为什么？因为这个教授想想自己教了 20 年了，居然一篇文章也没有背过，被中国学生背掉了，所以很难过……

女儿从那个时候起就有一种冲动，说："我相信我也能将这 108 篇文章全背下来。"

女儿真的做到了。第一册很简单，几乎不用什么力气就全部背完，从第二册开始，课文有点难度，但短小有趣，女儿利用了一个寒假就背完了。女儿有着惊人的记忆力，每天上午背 4 课，下午背 4 课，每次大约花 1 个小时不到，为给女儿鼓励，除了精神嘉奖外，每背完一篇奖励现金 2 元，不多，因为读书不是为了得到金钱，女儿也懂得这个道理，所以很愉快地接受了，既背了书，又有一笔意外的收入，女儿可以自由支配自己的劳动所得，看电影、买最喜欢的日本动漫光碟什么的，很开心。

我相信会有人问：你女儿在背诵的过程中最大的困难是什么？我的回答就是：坚持。其实女儿能够坚持下来也是源于一个我在《读者》上看到的一个小故事：

古希腊哲学家苏格拉底在给学生上第一节课的时候，要求他的学生在每天上课之前都向上挥一下手。过了一个星期，他发现已经有一半的学生不再挥手了；过了一个月，他发现只剩下三分之一在挥手；过了半年，他再看，发现最后只剩下一个人在挥手，那个人就是柏拉图。柏拉图后来成为伟大的思想家和哲学家。

其实任何一件事只要坚持就有可能在一个领域做到很前列，甚至是Number One。

《新概念英语》30 年不衰说明她的确是一本好书。女儿很快将第二册背完后，就开始背诵第三册。第三册大部分文章都会让人觉得：这篇文章真好玩，这个故事有意思。女儿每天背一课，且背诵的速度越来越快，很长的一篇文章，半个小时不到就能拿下，我真的很佩服女儿的语言天赋。女儿被新加坡学校录取后的两个月等待期里，开始了第四册的背诵。在我看来，第四册就难了，基本上都是“说明文”，没有什么情节，背诵的难度非常的大，而第三册可以说都是“记叙文”。我问女儿：“有没有困难?”

“我倒还喜欢背这些文章，像科技啊、文化啊之类的文章我很喜欢。”女儿没有一点畏惧心理。

接下来的背诵也很顺利，只是还没背完女儿就去新加坡了，剩下的超难 24 课我们就通过 skype 网络电话进行验收，女儿终于用顽强的毅力将所有的新概念课文全部背完。在新加坡期间的英语口语测试上，女儿那组是全校第一名。我认为，通过背诵课文可以加深对英语的记忆，在头脑中形成固定的记忆区域，这是一个由量变到质变的过程。很多经典的句型、语法、词汇，通过背诵课文，都可以十分有效地常驻心中，这样一来，听力、阅读、语法和写作，能够同时得到提高。

其实，这种背诵绝不同于一般意义上的死记硬背，而是一种花很少的时间让孩子坚持的过程，并从背诵中学会思考和写作。很多人不知道如何借背诵来提高自己的写作能力，我就曾鼓励女儿在接触一篇新的课文前，先不要看它的英文，而是根据它的中文翻译自己先翻译成英语，然后再和原文对照，这样一经对比，就可以找到自己写作的弱点和问题，及时修正，日久积累，从而获得提高。特别是《新概念英语》第三册和第四册里面的一些美文，就为大家提供了相当好的写作方法和经典范文。通过这种方式，扩展了女儿的眼界并大大提高了写作能力。

最后强调的一点就是和学习任何语言一样阅读和交流是至关重要的，要让孩子从小养成阅读和交流的习惯，家里要随时随地随手可以拿到书，让孩子在阅读的遐思中学会批判性思维和独立思考，家长要尽可能地创设机会让孩子多与外国人交流，增强语言的运用能力。爸爸有一次在报纸上看到了一个招募“中日青年民宿家庭友好交流活动”志愿者公告，考虑到女儿正在学日语，便报名参加了此次活动，并接待了一位来自日本的女大学生，女儿和她一起爬山、参观岳麓书院、吃长沙小吃，她们愉快地度过了两天时间，并建立了难得的友谊。

## 应试也是一种能力

女儿所在的年级共有 18 个班，约 1000 人，每周都有周考，每月都要月考，每期都要举行开学考和期中、期末考，而且每次都要排名、张榜公布。我随便算了算，不包括周考在内，女儿读三年初中和三年高中将有两个月、60 天的时间是在考场度过的，想想这两个月的煎熬我不禁毛骨悚然，如果孩子没有良好的心态和强壮的身体是无论如何也不能度过这 60 个日日夜夜的（还不包括中考和高考时间）。从这个意义上说，适应应试的环境也是一种很重要的能力啊！

### 防止“瓦伦达心态”

在我们周围经常看到有的孩子平时成绩还是很好的，但一到中考、高考就出现失误，这是因为压力太大而进入“瓦伦达心态”。那什么是“瓦伦达心态”呢？

瓦伦达是美国 20 世纪 50 年代著名的高空走钢丝的表演者，他一辈子表演都很成功，但在一次重大的表演中，却从钢丝上掉下来摔死了。事后他的妻子说："我知道这一次一定要出事，因为他上场前总是不停地说，这一次太重要了，不能失败，绝不能失败，而以前每次成功的表演，他只想着走钢索这件事本身，而不去管这件事可能带来的一切。"瓦伦达的失败，其实是败给了自己。他一心想着事情能不能做好，而无法专注地去做事，因而就无法获得成功。后人把这种不能专注做好眼前事情，患得患失的心态称为"瓦伦达心态"。

美国斯坦福大学的一项研究也表明，人大脑里的某一图像会像实际情况那样刺激人的神经系统，就像一句流行歌曲中所唱的："你想什么，什么就是你。"

女儿在大大小小的考试中几乎没有出现过什么失误，基本上都是正常发挥。如果没考好，那就是真的没有学懂，不存在粗心和失误现象。"我觉得考试只是一种测验，通过测验可以向大家展示自己的能力，所以我不怕考试。"女儿活泼开朗的性格和我们父母的心态直接相关。我们希望她自然成长，所以孩子轻松自在。

"我不是简单地要求女儿考一个好成绩，我主要是引导她理解解题的思路，这样她就能触类旁通。"爸爸说。女儿刚进初中时第一次月考在100多名，但我们并没有对她施加太大的压力，而是找出试卷分析错题原因，发现女儿花了大量的时间去做附加题，而附加题不算在排名之列，我们于是鼓励她："你其实很棒的，附加题这么难的题目都做出来了，如果有时间检查基础题一定可以的。"后来女儿自己找出了一条规律，教材上的知识一定要全部弄懂、吃透，不留死角，有时间再做附加题，这样，女儿既学得轻松，又没有花额外的时间去做那些恼人的奥赛题，关键是，女儿在别人奔赴各种培训班的时间里领略了大自然的风光、阅读了大量的书籍、看了一大堆喜欢的动漫和电影……而且考试排名也一下子窜到了年级前列，最好的一次是年级第八。

在如何帮助孩子放松时，我认为第一是不给孩子施加压力，营造一个轻松的学习氛围。第二是在成绩不好的时候，要及时鼓励。批评或者打骂容易对孩子造成心理负担。鼓励的话应该讲究方式，不能为鼓励而鼓励。另外，更重要的一点是，在孩子学习的过程中，在掌握基础的同时让她扩展知识面，增加体验活动，学会思考和辩论，知识丰富了，学习方式不一样了，学习自然就轻松快乐。这些虽然与考试没有直接的关系，但对学习却很有作用，甚至可以说这些才是真正有价值的东西。“忘记了课堂上所学的一切，剩下的才是教育。”我最早在爱因斯坦的文章中看到这句话，是他未指名引用的一句俏皮话。随后我发现，它很可能脱胎于怀特海的一段论述，大意是：抛开了教科书和听课笔记，忘记了为考试背的细节，剩下的东西才有价值。

知识的细节是很容易忘记的，一旦需要它们，又是很容易在书中查到的。所以，把精力放在记住知识的细节，既吃力又无价值。假定你把课堂上所学的这些东西全忘记了，如果结果是什么也没有剩下，那就意味着你白受了教育。那个应该剩下的配称为教育的东西，用怀特海的话说，就是完全渗入你的身心的原理，一种智力活动的习惯，一种充满学问和想象力的生活方式，用爱因斯坦的话说，就是独立思考和判断的总体能力。按照我的理解，通俗地说，一个人从此成了不可救药的思考者，不管今后从事什么职业，再也改不掉学习、思考、研究的习惯和爱好，方可承认他是受过了良好的教育。一个人，有了这种受过良好教育的心态和自信，是不会时刻将眼前小小的考试放在心上的，他关心的是比考试分数重要得多的价值、灵魂、思想、常识……

可见，当你已经开始做一件事的时候，就不要再考虑与做这件事无关的问题，不要让功利心和由此引出的担忧干扰你的行动。没有了成败的忧虑，人就自然变得轻松自如。害怕失败就是最大的失败。

## 认识“倒 U 形假说”

倒 U 形假说是由英国心理学家耶基斯和他的学生多德林提出的。耶基斯和多德林是最早研究工作压力和工作业绩之间关系的科学家。他们在研究中发现，对于处在各种工作状态的人来说，过大或过小的压力都会使工作效率降低。压力较小，工作缺乏挑战处于松懈状态；压力逐渐增大，压力成为动力激励人们努力工作，效率将逐步提高；当压力达到人的最大承受能力时，人的效率才会达到最大值；压力超过最大承受力后，压力成阻力，效率也随之降低。

世界网坛名将贝克尔被称为“常胜将军”，其秘诀之一就是在比赛中自始至终防止过度兴奋，而保持半兴奋状态。所以有人亦将“倒U形假说”称为“贝克尔境界”。贝克尔境界其实就是我们常说的“度”，中国人有“过犹不及”“把握分寸”等类似的说法。

法国心理学家齐加尼克曾做过一个实验对倒U形假说进行求证：

齐加尼克把自愿受试者分为两组，让他们去完成20项工作。其间，齐加尼克对一组受试者进行干预，使他们无法继续工作而未能完成任务，而对另一组则让他们顺利完成全部工作。

实验结果显示：虽然所有受试者接受任务时都显现出一种紧张状态，但顺利完成任务者，紧张状态随之消失；而未能完成任务者，紧张状态持续存在，他们的思绪总是被那些未能完成的工作困扰，心理上的紧张压力难以消失。孩子的成长也符合倒U形假说。例如，在女儿刚进初中时，突然一下子增加了那么多课程，时时刻刻还有大大小小的考试和排名，女儿的负担过重，长期处于紧张状态，学习效果自然不会理想。我及时发现了这一点，爸爸也很重视这一效应，我们采取了有效措施，不对孩子提出过多、过高的要求，设法帮助孩子按时完成任务，并通过与孩子一起打球、跳绳、登山、爬楼梯、骑车郊游、看电影等活动适当缓解孩子的紧张情绪，让孩子学得愉快，同时也锻炼了身体。由于我们经常和孩子一起进行锻炼，女儿的身体也越来越棒，结实匀称，有耐力和爆发力，在每年的学校运动会上，女儿是长跑、投掷和接力的主力队员，获得过投实心球第一名、接力赛团体第一名和长跑第三名的好成绩，还是学校篮球队队长。

因此作为家长，须对孩子的能力和心理承受能力有一个恰当的估计，改变那种“压力越大，效率越高”的错误观念。最好的办法是找到一个最佳点，并以此为标准：当孩子压力较小时适当增加压力，当孩子压力较大时缓解压力。

还有，评价孩子能力的方法各种各样。仅用一种评价方法来衡量孩子，或叹息或沮丧，有可能会过早地阻抑脑功能发育，因为作为脑功能来说各种脑细胞之间的联系和协调是非常重要的。因此过早地对孩子作出否定结论，可以说这是对孩子的犯罪。仅向一个方向发展脑功能，很可能只使140亿个细胞的1/3～1/4发挥作用，这的确令人痛惜。一次考试合格，对母亲来说也许确实是一件很重要的事，但即使不合格，这也只不过是暂时性的评价，从长远的观点看，一定会得出完全不同的结论。

我希望在孩子长大以后，父亲要注意自己的言行。一般说来，到了初、高中，孩子往往按父亲的言行行事。也就是说，父亲的言行成了孩子的行动和判断事物的标准。父亲应多说些安慰鼓励孩子的话。如："即使这次失败了，下一次你会成功的！""这是由于体质差所造成的，如果在这方面努力，今后你一定干得更好！"以防止孩子失去自信心。否则，若不是意志相当坚强的孩子，在应试教育的天空里就难以健康地成长起来。

在此，我向把孩子送入各类培训班的母亲们提一点希望：孩子成功时，母亲的笑容固然很好，孩子失败时，母亲鼓励的笑容岂不更可贵吗？

## 期望给人以信念

对孩子成长的积极期望是非常重要的。孩子对这样的期望往往信以为真，心里不知不觉地就慢慢形成了这样的观念：认为自己确实比别人聪明，继而对学习有了更浓厚的兴趣。

相反，如果家长总是对一个孩子说"你真笨！""你怎么老比不上别人"之类的话，久而久之，孩子也就会信以为真，遇到事情的时候，出现自己不行的暗示，结果能办好的事往往也会办砸了，这是不良期望的恶果。

一个人，无论是大人还是孩子，都渴望受到别人的重视，得到别人的赞美。积极的期望给人以信念。在这个世界上，所有成功的人，最初都是从一个小小的信念开始的。信念是所有奇迹的萌发点。

对于任何一个孩子，只要热情期待和肯定，就能得到希望的效果。父母应该对孩子倾注爱心和热情，寄予热切的希望，提出合理的学习目标和要求，当你对孩子的肯定多于否定时，你就会发现，孩子正朝着你期望的方向发展。

积极的期望促使孩子向好的方向发展，消极的期望则使孩子向坏的方向发展。孩子对自己的看法完全取决于周围人的评价，特别是父母，亲友的评价，哪怕是一句话，或者是一个眼神，都会对孩子产生终生的影响。

## 赞美是进步的良药

在我们的传统观念中，不少家长认为，只有不断指出孩子的缺点才是培养他们成才的最有效方式，没有必要对孩子进行赞扬，对孩子的爱是要放在心里的；还有些父母认为，由于非常熟悉，孩子对自己可以心领神会，觉得语言是多余的，当孩子做对某件事情时，家长会觉得理所当然，无需表扬和赞赏；也有的父母虚荣，总觉得自家的孩子比不过别人家的，因为没能为自己争光而数落孩子。

目前在管理学理论上有一条“二八定律”，它的意思是：促使一个人进步，应该给他20%的压力和80%的动力。20%的压力来自批评和惩罚，80%的动力来自赞扬和奖励。通常情况下，赞扬和奖励比批评和惩罚更容易使人建立自信心，更容易调动人的积极性。

对于孩子来说，由于年龄小，心理还很幼稚，他们心灵最强烈的需求，最本质的渴望就是得到别人的赏识。儿童的年龄越小，越需要外界的鼓励，特别是父母的鼓励。一个孩子如果在童年时代缺少赏识，会直接影响到他个性的发展，甚至导致他一生的个性缺陷。

林肯曾说过：每个人都希望受到赞美，孩子说话、走路都是在父母的鼓励下才学会的。学说话时，没有不说错话的，学走路时，没有不摔跤的。没有一个父母因为孩子说错话、摔了跤，而不让他们学说话、学走路的。那么，我们父母为什么不能将这种鼓励和宽容持续下去呢？

心理学家威廉·詹姆斯曾说过：人性最深切的渴望就是获得他人的赞赏，这是人类有别于其他动物的地方。赞扬就是给孩子以积极的期望。做父母的应该而且必须赏识你的孩子，要把赏识当成孩子生命中的一种需要。有了赏识的心态，父母就会把孩子当作天才来看待。

没有儿女不盼望得到父母的认可和欣赏的，小时候我父亲经常夸我“聪明、能干”，结果我真的“变得”聪明和能干了，我也尝试这样夸女儿，女儿也真的变聪明、能干了。中国台湾的著名作家三毛写过一篇散文《一生的战役》，说："我一生的悲哀，并不是要赚得全世界，而是要请你欣赏我。"这个"你"，是她的父亲。有一天，父亲读了三毛一篇文章，给她留条："深为感动，深为有这样一枝小草而骄傲。"三毛看到后，"眼泪夺眶而出"。对于这件事，三毛写道："等你这一句话，等了一生一世，只等你——我的父亲，亲口说出来，肯定了我在这个家庭里一辈子消除不掉的自卑和心虚。"

## 让女儿自由行走

回忆我小时候所受到的教育，似乎大人们总是要我们剪短发，穿蓝布衣服，从不准穿裙子，他们想当然地认为，应当教会孩子服从、礼貌和恭顺，处处为大人着想，让大人尽可能过安静的生活等，殊不知儿童的自由天性就被这种愚蠢的力量所扼杀。他们在摇篮时期就被弄得毫无生气，他们受到的教育就是拒绝生活。因为他们年轻时的生命就是一个漫长的否定，不要吵闹，不要顽皮，不要说谎，不要不守规矩，不要……在各种条条框框和清规戒律中没有人能容得下质疑和辩护，容得下反抗与挣扎，我们开始敬畏权威，盲从大流，否定自我，被迫把身边的社交优秀者或成绩卓著者当成楷模（这样的比较直接导致我强烈的自卑），按照大人规定的成长渠道行走，不敢旁逸斜出，也不敢发出半点怨言，总之一句话就是："要听话，在家要听大人的话，在学校要听老师的话。"我在无形中已被剥夺了怀疑的能力，根本不知道反问一句："难道他们说的就一定对吗？"

之后虽然在大量增加信息量后，我得以独立思考，但仍摆脱不了骨子里那股被驯化后的奴性，我学不会如同人类智慧的反叛者一般质疑所谓的权威，学不会对用赞誉装潢得十分精美的理论以反方向思索，学不会探索规矩与制度之后被埋没的真实内容，学不会打破传统的惯性，勇

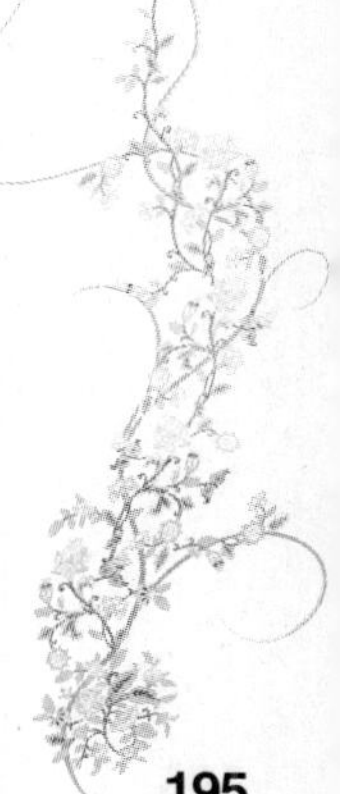

敢、强大而有效地维护自己作为人的权利。打开一本内容可疑的书，我顺利地被洗脑；听到一种谎言，我被不怀好意的信息操纵者成功利用，成为他们的义务传播者；看到人工制造的英雄、楷模，我佩服得五体投地，不知分析；而一些假、大、空的口号，同样不置可否地植入我的头脑中。在我成为老师后，也以同样的方式给学生施加我认为正确的各种思想和人生态度，用我浅薄狭隘的观点来为他们解答疑难，我赐予他们约定俗成的答案而非让他们自主思考。

因为没有中断阅读，我的视野开始慢慢开阔，我拒绝流俗，拒绝平庸，但生活总能以它庞大的压力让反抗者屈服，我开始在自己孩子的身上践行我的教育理想。每当听女儿回家诉说他们在课堂上要约束着自己的身体自由，庄重地坐在板凳上，听着每一个老师照本宣科，被动地接受着教师和教科书上赋予的知识，还要为应付各种考试背诵那些不负责任的简单结论，我就为他们感到悲哀，为自己的无能为力感到自责，他们得到的是一粒沙子，却关闭了一个海洋。世界机械地简化了，许多的可能性提前被抹杀，创造力与想象力岌岌可危。并且，更重要的是，谁能保证来自这些渠道的知识没有受过污染。

我想起了我小时候的一个女数学老师，她粗俗凶暴，有一次中午时分我和一群玩伴在学校大礼堂的台上玩耍，疯疯癫癫，大喊大叫的，那位老师可能正好路过，见状大喊："谁在喊叫？"我们吓得四处逃跑，活该我倒霉，她正好逮住了我，将我使劲推搡，叫我别动，还罚我站了一下午。后来只要是她的数学课，我就如同看见一位女魔在哇哇叫唤。长大后，忽然明白我们只是一群被操纵了思想和自由的木偶，被某种强硬力量牵制着度日。我忽然愤怒得无以复加。更令人愤怒的是，女儿上学时的一次经历也重蹈了我的覆辙。女儿在《当人生失意的时候》作文中写道：

生命中的第十五个年头，本该是无忧无虑放声大笑的年纪，而我却感受不到青春的活力和美妙。对着每天堆积如山的作业，我只有苦笑，最主要的也许是期末考试半吊子的成绩影响，当拿到成绩单的一瞬，我觉得像是拿到了死亡判决书一样，两腿发软，背冒冷汗。

时光仿佛回溯到小学，我们正上着计算机课，教室里乱哄哄的，吵闹声此起彼伏，教师大步流星地走过来，一把抓住我的衣袖把我拖到讲台上。教室里一下子鸦雀无声，目光齐刷刷朝我这里打来。甚至有人还嘀咕一句：'她还是个好学生呢，怎么也被……'我的大脑一片空白，接着这种毛骨悚然的感觉就一点一点爬了上来。

当人生失意的时候，为什么不试着看看窗外呢？当你觉得颜面丧尽的时候，为什么不换个角度来思考呢？如果别人在你面前出糗，你难道不是一笑了之，很快忘光？如此一来，你也就并没有什么沉重的心理负担，能坦然面对逆境了。但是，仅仅具备豁达的心态是远远不够的，你还要学会安慰自己。不要妄想着自己也能碰上电视剧里的情节，自己垂头丧气地走着，然后撞见你最好的朋友或者父母，两个人进行了一番深入长谈，并且在那个人的开导下你明白失意其实也没什么。在现代社会，这样一个灯红酒绿、喧嚣繁杂的社会，负担如此沉重，道路如此拥挤，谁又会关注你，去探索你的内心，发掘你的灵魂呢？谁又真真正正了解你呢？只有自己，在雷雨中独撑一把小伞，为自己开辟一片方圆；也只有自己，在危机四伏的森林里滚打，为自己指引一条路。

当人生失意的时候，不要忘记生活所赋予你的一切，把自己从被打湿的小被窝里揪出来，然后边调侃逆境没你强大边笑吧。

我真想上去揍那个计算机老师一巴掌，你用你的强权剥夺了一个孩子起码的尊严，造成了孩子心理的巨大伤害。女儿后来表现出的冷漠和谎言的苗头就是从这样的老师和教育者手中诞生的。

塞德兹在著名的传世教育巨著《俗物与天才》中感慨道："在这种教育下产生出来的难道会不是俗物吗？难道我们指望靠这些俗物来实现人类社会的幸福与完美吗？当然不，俗物们只会成为那种狭隘的唯命是从毫无主见的人，一生只能低头哈腰，这样的人只会使世界变得更糟。"

女儿小时候是一个反应灵敏、行动自由的顽皮的孩子。当你举起她，她的身体像小猫一样轻盈而放松，完全是一个“天才”孩子，因为她从一生下来就很少受到束缚与压抑。在婴儿时期，她不受襁褓的捆绑，自由地活动身体，父母也很少大声指责她，或者对她打骂。她的成长充满了父母的关爱，她大部分的时间都在玩耍，但渐渐地，女儿开始变得有点世俗和顺从，她开始学会了适应社会。但“教育的目的是让学生摆脱现实的奴役，而非适应现实。”这是西塞罗的名言。今天的情形恰好相反，教育正在全力做一件事，就是以适应现实为目标塑造学生。人在社会上生活，当然有适应现实的必要，但这不该是教育的主要目的。蒙田说：学习不是为了适应外界，而是为了丰富自己。古往今来的哲人都强调，学习是为了发展个人内在的精神能力，从而在外部现实面前获得自由。当然，这只是一种内在自由，但是，正是凭借这种内在自由，这种独立人格和独立思考的能力，那些优秀的灵魂和头脑对于改变人类社会的现实发生了伟大的作用。教育就应该为促进内在自由、产生优秀的灵魂和头脑创造条件。如果只是适应现实，要教育做什么！

我不想长大了的女儿冲回来骂我，所以，我努力倡导放手，让女儿自主探求知识，独立思考，尽可能地让女儿自由行走。如果有一天女儿开始质疑我的时候，我会理直气壮地回答：“这不是我教你的，是你自己教自己的。”当然，这是笑话。但我希望女儿能思考几个问题。

1. 你一直觉得老师的话全是对的吗？

2. 你觉得爸妈的话全是合理的吗？

3. 你怀疑过主流媒体所传达的思想的合理性吗？

4. 你生活的环境中还有哪些信息是值得怀疑的？

5. 如果你觉得怀疑，有哪些观点你是不赞同的，请查阅、交流、思考，说出你的理由。

同时我也要鼓励女儿通过各种渠道来获得相对完整的信息，至少要有两种以上不同来源的内容才可以对比和反思，而不是盲目地唱反调，陷入另一种无知。要自主阅读，自主观察，自主发掘头颅中种种潜藏智慧，进行多方位思索，学会辨别，学会抵御知识压制和思想覆盖，学会反叛，学会探索，学会修正和重建。我相信，这样的孩子必定会是一个

理智更加健全、思想更加活跃、信念更加坚定、创造力更加卓越的人。

《第56号教室的奇迹》作者雷夫·艾斯奎斯说："我的工作不是拯救孩子的灵魂，而是提供机会让他们拯救自己的灵魂。"这才是我们真正要做的事情。教育的唯一意义，如雷夫所说，就是提供机会让孩子自己成长。

孩子，妈妈看着你独自上路了，你自己走吧！

## 勇敢上进自信，有冒险精神

如果一个胆小害羞、缩手缩脚的孩子是女孩，一般人会视之为女孩可爱乖巧的特点而接受，如果是男孩有这个特性，则认为是胆小而视之为缺点，传统的观念人为地给男女划定了不同的标准。但随着社会的进步，许多女性并不想长大结婚生子后做全职家庭妇女，她们希望发挥自己的天赋，施展自己的才华，有所建树，所以，现代对女儿的培养需要淡化性别差异，在许多方面要有和男孩一样的要求和标准。我们不希望女儿长大成为一个柔弱的人，所以很小就注意勇气方面的培养。

### 不怕痛的女儿

新生儿出生的头几年里，幼儿需要定期注射疫苗。记得女儿大概是2岁多，我们带她到街道卫生院打防疫针。我们到医疗点时，前面已排了不少人，有父母带孩子的，更多的是爷爷奶奶带孙儿过来的。注射室内不时传来哭声，女儿听了，紧张起来，脸色也变了，我们于是对她说："韦韦，打针确实有一点痛，但护士阿姨会很小心，你只要忍受一会儿就好了，打了预防针你就不会生病。你是一个勇敢的孩子，一定不怕打针的。"

女儿紧张地点了点头，并轻轻地嗯了一声。

我们前面是一个老奶奶，带了一个比韦韦大的胖男孩，男孩进了注

射室，不一会，传来杀猪一样的哭喊声："爸爸妈妈来救命啊！"

我们听了，哈哈大笑，女儿也跟着笑了，她的心情放松了。轮到我们注射时，当护士把小孩的衣袖卷起，用棉签消毒皮肤时，女儿并不很紧张，在护士开始注射时，女儿把头偏向另一边，小嘴紧紧抿住，药物很快注射完了，聪明的护士夸奖道："这个宝宝真了不起，这么勇敢！"

走出注射室，我问女儿："打针很痛吗？"

"一点也不痛！"女儿自豪地回答。

"韦韦你做得真好，比那个大哥哥都勇敢！"

在后来的成长道路上，女儿也曾经在生活上、学习上、情感上遇到过一些困难，但我们从不去掩饰、去隐瞒，而是明明白白地告诉孩子，这是成长的需要，让她知道生活要不时面对挑战，然后我们跟她分析困难，用肯定的语言告诉她，只要她努力，她是完全有能力有实力克服困难的。由于天性或者是社会的原因，女孩的胆量和勇气比男孩子要小些，所以从小到大一直不断地在这方面有意识地培养。

如果你希望自己的孩子是一个勇敢自信的人，就要在任何时候、任何地点、任何人前面、任何情况下，不对孩子说消极泄气的话。永远不要说的话：

——她就是胆小。

——她动不动就哭。

——她总不敢举手发言。

——只知道玩，一点也不爱学习。

——说好的也不听，批评也不听。

## 大众前面练胆

女儿读小学四年级时，住在我们楼上有一个大她一岁的姐姐，常常到我家来玩，有天她告诉我，韦韦今天在学校的运动会上代表运动员发了言，我问讲得如何，"还可以，就是声音有点小，还有点抖。"爸爸说他小时候读书时没机会练习如何在大会上发言讲话，成人后在公共场合需要发言时往往也紧张，有时会出现词不达意、语无伦次的表现。现在的学校还是主要抓应试教育，能够有机会让孩子学会演讲，在大会发言已是很不错了，女儿由于是大队干部，还经常有“国旗下讲话”和发言的机会，却还是有点紧张，看来这方面家长也需要找机会来培养孩子。

女儿读小学五年级时，有次我们看到报纸，长沙平安保险公司在社会上公开举办少儿英语口语比赛。我们鼓励她去报名参加。

到了初试的地点，看到满大厅的报名者，女儿有点气馁了，“妈妈，还是回去吧，这么多人参赛，看来是没希望拿奖了。”

“你要相信自己的实力。我相信只要正常发挥，完全有希望的。”

“我可没有什么准备啊。”韦韦小声嘟了一句。

“即使没有拿到名次，你充分发挥自己的水平就行，面对比自己强的同学，你正好有机会见识一下，最重要的不是拿奖，而是能参与和体验，难道这不是一次很好的锻炼和检验的机会吗？看看这些年来你在外面学英语有没有收获。”

女儿心情放松了，她背诵了一篇课文，发挥得很好，考官还问她是在哪儿学的英语，发音如此标准，一周后参加决赛。

决赛是在长沙平安保险公司的总部举行，来到比赛大厅，大厅早已坐满了参赛学生和家长。当看了比赛，就会感到山外有山楼外有楼，真是一场高手的较量。

女儿这次准备得比较充分，带了两个玩具做道具。她的英语故事表演获得评委的一致好评，第二关是回答考官的提问，她的听力还是有点差距，只听懂了第一个问题。

最后评选比赛名次，女儿获得二等奖，奖了一个复读机。

“这次你相信了自己的实力了吧？”

“嗯，可惜就是后面老师的问题说得太快，我没听懂。”女儿遗憾地说。

“这说明你以后要提高听力，你的英语水平会更上一个台阶。”

“OK！”女儿乐呵呵地说。

这次比赛，最让我们满意的是，决赛的提问，最后的两个听力问题，女儿并没有听懂，但她没有惊慌失措，而是大方得体地回答了考官，慢慢地她终于学会了，在公众场合都能从容面对听众，侃侃而谈。

爷爷70大寿那年，摆了几桌酒席，爷爷要爸爸说几句祝酒词，我对爸爸说："何不让女儿试试?"爸爸很高兴地说："是啊是啊，让韦思来吧，可以锻炼她的口才啊!"女儿在酒席上大方地说了一段祝酒词，声音洪亮，情真意切，博得亲朋好友的一致称赞。

## 运动也练胆

女儿很小的时候，就看到学校有个大哥哥在操场内玩滑板，她也很感兴趣，我对她说，这个很容易学的，你大一点也可以玩，她高兴地点了点头，她大一点后，我们就给她买了一双滑轮旱冰鞋，她刚开始学习滑行，有次平衡没掌握好，往后一仰，四肢同时重重地摔在地上，我们看后有意哈哈大笑，本来要哭的女儿不得不自己爬起来，我们忙说，还不错，刚学就会滑行一点，赶快再练练就好了。

后来的几天，她在练滑行中把脚摔破了，我们用平淡的语气说，这小事一桩，在伤口处涂抹一点碘酒就好了。对她玩滑行的进步不断地表扬，女儿听了喜滋滋的，也不在乎一点伤痛，小孩子的学习能力强，没几天就滑行出优美的动作。

许多家长不支持女孩子参加有点风险的运动，我们是反其道而行，女儿很小的时候我们带她到公园玩惊险有刺激的项目，如让她蹦极、坐过山车、海盗船、阿拉伯飞毯等，惊险的运动有一定的危险性，需要一定的胆量，我们通过这样的游戏，不断地对她的胆量提出挑战和训练，就是让女儿流点血破点皮，这也是非常值得的。

较危险的游戏，能锻炼小孩灵敏的反应能力，提高孩子的体能，最重要的是，能让她有勇气，有冒险精神，以后能主动迎接挑战，这将为她未来的人生带来很大的益处。

## 不要稿子的演讲

女儿在赴新加坡学习前夕，受邀到母校给六年级的学弟学妹们讲如何学习的问题。女儿之前做了充分的准备，还写了几千字的稿子，我提示她是否可以脱稿讲?女儿看到会场里坐了一两百人，还有以前的老师

和校长等，可能有点怕讲不好，就直接对着稿子念，念稿当然没有脱稿讲生动。但最后的回答问题环节，女儿回答得很真实、机智和巧妙。我于是鼓励她："你看看，你还是完全能脱稿讲的嘛，不要有'瓦伦达心态'哦！"

女儿在新加坡学习了一年后回家，何奶奶热情地邀请她到环保小队去演讲，介绍新加坡的情况。演讲前一天，我对女儿说："晚上你去准备一下，把明天的演讲稿写一写。"

"稿子不用写了，晚上我睡觉时想一想要讲什么，都准备在脑子里，就行了。"

第二天，她专门做了ppt演示文稿，带了一台笔记本电脑去了，她讲的内容主要是新加坡的学习、生活以及社会情况，边讲边把电脑中的图片展示出来，讲完以后，就回答同学们的提问。整个介绍大方自如，表情丰富，有时还伴有手势，台风不错，只是内容没有重点，有点杂乱无主次，这次让她明白了，任何事情要多做充分准备会有更好的结果。

## 冒险的缺课

女儿进入初三下半学期时，学校每周六开始补课。长沙市中考，大家的目标就是考6个A，这样就可进入长沙四所名校就读。每个学校都在比升学率，比6A的人数，所以学校都不敢放松，开足马力抓学习。

女儿读了几个星期的书，我感到她明显的倦怠心理。是啊，学校每周上满满的六天课，周日下午还要到外面学英语，如何不累？我问一问女儿的情况，她告诉我，她看见书和试卷就恶心，因为初三上半学期已经把初中新课完全上完了，这学期就是复习，一遍又一遍重复地复习，早已知道的知识，翻来覆去地学，她感到非常厌倦。

中国的学生是世界上最会考试的学生，因为高考的期待，老师、家长强大的压力施加在学生身上，让他们花费大量的时间去学如何考得高分，这令他们过得并不快乐和轻松。我们估计女儿对初中的知识掌握得八九不离十，中考的题型基本是基础题，不会出现名校选拔考试出现的难、偏、怪题，所以女儿考6个A应没问题的，现在花大量的时间和精力去做无意义的重复学习，不如休息。我就和女儿商量，以后看能不能

向学校请假，周六不去补课，放松心情，去做自己喜欢的事，女儿犹豫了说："学校只怕不会同意的，怕影响不好。"

"你又不影响其他同学，在学校浪费了时间，人也搞疲了，你周六可在家休息，或者出门打球，或去远足，开开心心玩就是，如果你想学习，你可以在家做一做自己还没把握的题目，这样既玩了也学了。"

"我请假怕班主任批评，还是打电话试一试吧。"我向班主任打了电话，想女儿以后不参加学校的周六补课。班主任是一个工作非常负责认真的老师，她说周六补课能让学生学得更牢固，中考会更有把握考好，而且她也作不了主，要向学校教导主任报告，最后要我们谨慎，如果中考失败，后果要自负。

我为了不在这件事上与学校纠结过久，就直接给教务主任发了一条信息，教务主任也没回，我就当是默认了。以后的每个周六，女儿都没去上学，让她睡早床。她起床后，吃过早餐，就到河边上散步玩去了。班主任不久打来电话，问了情况，还是希望以后能去上课，怕初中读了三年，最后一期放松，成绩下滑。我们能理解老师的一片苦心，可我们也不想让女儿学习太辛苦，最后还是决定以后不参加学校补课了。

其实充足的休息和愉悦的心情，能使孩子学习效率更高，女儿周六休息，她可以在家看电视，看动漫，或者去逛书店，上图书馆看书，她自由自在地活动，她的休息，并没影响到成绩，不断的月考和模考，她基本和以前一样，稳稳排名在全校前列。

中考来了，中考第二天，她上午考完，没和我们打招呼，竟然回家了，平时她们都是在学校统一用餐，晚上坐校车回，因为学校在郊外，而且学校安排了中午睡觉的地方，让他们休息好，把下午的科目考好。我家离学校有二十几公里，来回坐公交车要两个多小时，我急忙给她做饭，让她吃后休息，她仅在自己房中坐了一会儿，就出门坐公交上学了。

看来她考试还是比较紧张，晚上回家后她跟我们说，数学有一道10分的题目做错了，本来题目会做，但当时不知为何一下把简单问题复杂化了，真正最难的最后一道题，一下就做出来了。我们安慰了她一下，让她好好休息，把明天最后的考试考好。

中考结束后，我们和她分析考试情况，还是埋怨起她，平时考试数学都接近满分，而且卷子还难些，而中考容易的题目还考砸了。因长沙中考数学打 A 的分数一般就是 110 分左右，所以她如果还有一点错误可能就不能打 A 了。她倒安慰起我们，说其他地方没有错误。除数学有点失误处，其他的科目都考得很理想。

我们平时对她成绩的要求就是，能进入优秀的行列就行，不必全力以赴搞学习，如果现在就过度用功，以后残酷的高中学习，就缺乏后劲了。她们班有个男生，长期保持全校第一名，学习相当刻苦，女儿有次回来说，这个男生考后就上医院打吊针。中国人对孩子学习成绩的追求，达到了令人恐惧的地步，有的举全家之力，来支持孩子读书。如我们这单元就有两户人家，一家从孩子小学起就到学校外租房，另一家孩子也是初中起就搬到学校附近。其实从自己的住房到学校乘坐公交半个小时就到了。为了孩子的读书，家庭的生活方式和习惯全部改变，可怜天下父母心啊，但这样的付出，并不能得到很好的收获，孩子成绩不一定有很大的提高，而孩子读跑学，能和同学一起坐公交上学，一是能交到很多朋友，提高孩子和他人相处的能力；二是能锻炼孩子的独立生活能力。父母对孩子付出太多，也给孩子带来压力，孩子也很难活得快乐。

中考成绩出来后，女儿没出意外，还是获得了 6 个 A，我惊叹于现在的应试教育，通过严格的训练，把学生训练得像电脑一样精确，这种教育，对人性是不是一种摧残？让孩子们失去了快乐的童年，失去了丰富的想象力，也消灭了人最宝贵的创造性。

如果女儿没有考得 6A，我是否会后悔让她缺课呢？这真是一个不好回答的问题。但有一点是肯定的，许多事情还是值得冒点风险的，毕竟现在进入了多元化社会，很多事情你还是有一点选择权的。

未来篇

# 自由教育，让女儿成为完整的人

## ——国外学习阶段心灵整体成长

人生最重要的是保持心灵的宁静。

——［古罗马］马可·奥勒留

## 面对新的生活

刚到新加坡，女儿掩饰不住兴奋和好奇的心情，给我们发来短信说："这里椰林树影，水清沙白，空气新鲜，百花盛开，比家里干净多了。"全然没有思乡的意思，"想家"完全被一个新鲜世界的新鲜事物刺激下产生的兴奋感压抑住了，再加上每天的学习任务不轻，倒也不认为离乡求学是件多么痛苦的事。学校经常都有丰富多彩的活动，如自编剧目进行街头戏剧表演、为残障儿童募捐等活动，上午上完课基本上就没事了，下午都是一些课外活动或义工之类的，周末就到图书馆看书或和同学看电影，没有了父母的唠叨，没有了严格的教学管制，老师也不布置作业，学习全靠自觉，日子倒也过得逍遥自在。

但和当地学生英语水平的差距使女儿第一次考试就哭鼻子，本以为女儿的英语在国内还算好的，可是到那儿以后只能相当于小学生的水平，女儿开始每天看英语书、背单词、听广播，但还是有很多地方不理解，需要不停地查字典，影响了看书的速度，女儿又是一个性子比较急的人，不出两下子就失去了耐心，“心思经常飞到了九霄云外，望着窗外飞翔的鸟儿出神……看到英文书就有想吐的感觉，学习效率也每况愈下”。女儿在日记中写道。后来女儿制订了一个学习计划，有条不紊地安排自己的学习和生活，一段时间后，学习渐渐地开始走上正轨，但“我却在这时进入了情感的真空期，此时的我好似掉落在两个世界的缝隙之间，进退维谷。离开中国快一年，跟国内朋友的联系渐渐淡去，但在这边，除了同居一室的奖学金得主之外，很少有关系亲近的朋友，更不用说和当地人关系密切了。学校放学时间早，有时回到宿舍，却不知要干些什么，手足无措。在家里可以陪父母说话、看电视、练琴，但宿舍琴房和电视房离睡房远，懒得去，吃零食和玩电脑勾不起我的兴趣，学习可又无精打采。宿舍条件有限，不允许我像在家里那样进行各种各样的活动，比如养花、做料理，生活枯燥得只剩下学习、吃饭、睡觉，想和父母说说话，电话打通后却不知讲些什么，日子一天天流过，找不着事做的我心情愈发焦躁不安，一有时间便沉入对旧事物的美好回忆中。”女儿还告诉我说月经有三个月没来了。

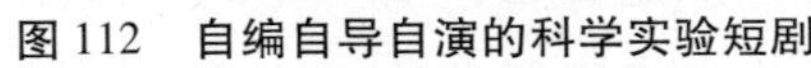
图 112　自编自导自演的科学实验短剧

图 113　和同学表演自编剧本

女儿就在这种恍恍惚惚中度日，以致有一次回宿舍时忘记打卡了。她们女生宿舍管理很严格，进出都要打卡以保证绝对安全。这件事女儿本以为是件小事，没想到学校却一点也不姑息，班主任训完话，校长又接着训了半个小时，还要求违反纪律的每个人都要认真写检讨书，女儿以为事情可能就到此为止了，下不为例就是了，没想到校长却给她们每个人记过一次。女儿从来就没有受过什么处罚之类的，在异国他乡受到如此惩罚，心里很是苦闷，天天打电话说心情很郁闷，我不停地开导她："不管你是否违反学校的纪律，你都是我们值得骄傲的女儿。不要老是将这件事放在心上，就当是一阵风吹过吧！"女儿还写了一首小诗表达了那个时候的心情：

### 看不见

我总是对自己说，明天会更好，
因为我看不见。
妈妈，我已经知道这里很黑，
因为我撞得满身是包，鲜血飞溅，
而我，不能离开这儿。
我看不见路，回家的路；
我看不见人，熟悉的人；
我看不见你，我的妈妈。
我已经伤痕累累，我无法再待下去。
妈妈，快带我走，
妈妈，牵我的手，
妈妈，抱我的头。
我站在深渊的一点上，四周围绕黑雾。
我看不见未来，我停滞不前，
我曾经问自己，我将何去何从，
没人能够回答我，连上帝也不能。
乌云遮挡了月亮，迫使它把光辉照亮自己，
繁星也来帮忙，它们附集在乌云之中偷取光华。
今天中秋，而我看不见月亮，
我放歌高唱，一个人享受节日——无月之节，
我要快乐，哪怕我甚至看不见我自己。

月亮出来了。

一年后的圣诞节，女儿带着这种状态回家了，我紧紧地拥抱着她，说："你就像一株移栽的植物，刚开始肯定会有一个适应过程的。"不管怎样，女儿仍然对于成为一个大姑娘充满了喜悦和骄傲，因为她觉得移栽和长大是一件美妙的事情。充分地享受过童年快乐的孩子，也比较不会害怕移栽的痛苦和童年的结束。何况，女儿的童年是被爱所滋养的，她已经蓄积了很多生命的力量，可以毫无畏惧地一路往前。都说成长是痛苦的，至少，成长是烦恼的。但是，爸爸妈妈可以通过陪伴、关怀、尊重、开导和爱，让孩子体验到，成长也是充满快乐的。

**图 114　和同学在一起**

这一年多来的生活对女儿至关重要。女儿开始独自一人慢慢建立起和他人、和世界、和自己最初的关系。"短暂的假期过后，再次回到新加坡，我惊奇地发现日子也不是那么难过了。我每天坚持跑步，现在我在班上的好友渐渐多了起来，闲暇时还应聘上了《联合早报》通讯社，当起了小记者，与当地同学有了更深一步的交往，同时自己有了新的目标，生活更加充满动力，作息时间也有规律了。或许这就是成长中必经历的蜕变之一吧！没有人能帮你，除了你自己。眼泪和汗水是必须付出的代价之一，但在片刻挣扎之后，迎接我的将是崭新的天空和太阳。"

## 享受孤独

女儿在新加坡的日子虽充实、快乐，但有时仍旧摆脱不了远离亲人、朋友的孤独和对自己求学选择的反思与比较。那段日子，平日不怎么写诗的女儿在日记本上写下了大量的诗歌，有的哀伤，有的苦闷，有的励志，有的思索。为及时给女儿一些安慰，我找来里尔克在《致一位年轻诗人的信》中激励年轻人的做法鼓励女儿：

＊耐心对待自己和他人

＊学会谦逊

＊相信自己的直觉

＊对我们自身内心的磨炼负责

＊独处时认识自己

＊从我们最高的角度集中精力沉思人生

＊欣赏大自然和一切事物的美好

＊每天像一个诗人一样生活

女儿在和一同去新加坡求学的同学一起聊天时经常想到自己在中国的同学，他们现在正全力以赴准备高考，可能是曾经成绩不如他们的现在却是北大、清华的培养对象，而他们却前途未卜，心里自然有些失落，于是写下了一首《奋斗的日子》：

### 奋斗的日子

日子好如泡在水里的咸菜，
一点点，味道四散开来。
浑浊一片不见原色。
咸菜离了土壤，生命泉已干，
从何而来？不得而知；

要往何去？暂无头绪。
那么，就地而安，把心搅得如同泥泞。
一阵雨劈下，
坛中水花群起，波涌浪翻。
咸菜拼命挣扎，四下游走，
却始终走不出菜坛，
困兽一般冲撞坛壁。

咸菜笑，命运岂非一时之变，
一个选择，从此天差地别，
谁也不知路后藏的是刺还是玫瑰。
咸菜笑，判断背后绑着牺牲。
一个转身，眼泪洗刷笑脸。
谁也不知心底埋的是蜜，还是苦胆。
咸菜笑，机遇不总助人一力。
一个回首，悔恨压盖庆幸。
谁也不知伸手抓的，是福，还是灾难。

咸菜叹，一纸将人隔两岸；
咸菜惜，陌生地里丢灵气。

又是一年中秋，
众咸菜盘地而坐，相视无语，
抬头望月，似回中原。
咸菜心里拧成一团。
咸菜想念土的湿气，四下打洞的虫儿，
想念能折大树的风，想念远在天边的云。
但现在，
咸菜抬头，看到的只有夜和星。
咸菜想叫出来，却被水淹了下去。

再明显不过，
无忧的年代渐渐远行。

于是我及时给女儿回邮件："虽然很困难，但要学会享受孤独，对自己的选择负责，不要患得患失。要善于发现并意识到并且相信日常生活是最美好的东西。你会渐渐发现我们最珍贵的财富是生动而微妙的词汇，它使我们能同自身以及他人很好地交流，你的那些发自内心的诗就是最好的表达。它敦促你进入自己的内心，拷问自己灵魂的深处。它敦促你要对自己选择的行为、生活方式或创造的事物做出承诺。诗写得好不好是次要的，你也没必要向外探寻安慰和赞美，谁也不能给你建议或是帮助你，谁也不能。只有一条路可走，那就是问你自己。其实，我并没有要你写过什么诗，但你能有感而发，证明情感已经植根于你心灵的深处。你已经从自己的日常生活中描述出你的悲伤和愿望，并用你周遭环境中的事物，你梦境中的意象和你回忆中的对象来表达自己。这就够了。你的日常生活虽然看起来比较单调和贫乏，但你能以一个诗人的姿态来唤起生活的缤纷。生活处处充满了挑战，生活就在我们现实的经验中，我们拥有诗人般的灵魂就能找到快乐。"

我对女儿说，里尔克在《少有人走的路》、《人生很困难》中告诉我们，要学会相信自己的感受和实现想做好事的愿望。他教你们这些追求美好事物的新手要有耐心，他提醒年轻人应该严肃对待创意人生的四根支柱——有深度地生活，扎实地工作，在劳动和自我表现中感到快乐，以及有耐心——"几乎所有较真的事情都很困难，然而所有事情都需要较真"。

这位大师还告诫我们要对自己的选择，进行的磨炼以及随之而来的快乐，负起责任。

# 放手也是一种爱

中国人崇尚平稳，做事情总是四平八稳，一点风险都不敢冒。从传统文化中处处可看到这种守成精神，如中国人最喜欢历史人物诸葛亮，一生除了被迫冒险唱了一次空城计，其他时候都是只想打十拿十稳的仗，过于谨慎的思想让他后来并无多大的建树。

我们在对待孩子的教育上，是尽可能放手让她自己自立。女儿第一次从新加坡回来，她想和同学一起回，同学们购的机票是套票，即坐飞机从新加坡出发，中途换乘飞机，再飞长沙。价格比较贵，我建议她购买虎航廉价机票飞到广州，再坐高铁到长沙，不但时间上快些，而且路费可节省上千元。女儿说，同学的家长多数不同意这种做法，主要担心广州治安不好，从机场到高铁站的路上不安全。我说，那你就单独这样回家试试，看安全吗？广州正在准备亚运会，治安的问题完全是多余的担心啊！你从机场到高铁站，正好可以看看美丽的羊城。如果是不出机场只在机场转机，你虽然经过广州，但连广州一眼都没看到，多可惜啊。女儿欣然同意自己单独回来。

奶奶知道女儿要回家了，从乡下打来电话，要我们一定到广州接她，怕小孩一个人乘车不安全，我们不好讲明自己的想法和安排，只好含糊答之。有时，长辈对晚辈的关心，他们把孩子照顾得面面俱到，还怕出一丝问题，孩子应该自己做的，他们代替做了，孩子应该自己想的，他们替他想好了，这是一种过度保护，极不利于孩子的成长，让孩子产生依赖心理，弱化了孩子能力的成长，最后让孩子成不了一棵大树。

女儿一个人顺利地回到长沙，她在新加坡生活了一年，人长高了，也变白了。新加坡热带的气候不仅没有晒黑，反而皮肤变白，我问了问原因，她说除了体育课晒太阳外，平时外出就打遮阳伞，自己傍晚没太阳了才去跑步。我又问了问她回家路上的见闻，她告诉我，广州比长沙落后些，街上脏，建筑物也是破烂矮小，我听了大吃一惊，这是怎么回事啊？我后来自己去了一次广州，才知道她从白云机场坐大巴直达高铁北站，高铁北站位于广州的花都新华镇，大巴并没经过繁华的广州市区，她把花都当广州市区了。

让不满 16 岁的女儿一个人旅行，对安全的担心还是有的，不过我们告诉她，有事情就找警察，最大的安全问题是要注意交通安全，要她一定遵守交通规则。第二次回来，还是一个人回来的，这次是订的飞机联票，在广州转机飞长沙。这次倒把我们急了一次，她告诉我们是晚上八点到达长沙，晚上八点我们到了民航市区大巴站台去接她，可没见她人影，我们想可能是飞机晚点了，这是常事，可一个小时后，到达的旅客中还是没有她，到网上看了看当时的气象报道，两地天气正常，耐心点吧，又过了一小时，还是没回来，心中比较焦急，又没地方去问，晚上十一点多，市区最后一趟大巴车也出发了，女儿终于出现，心中悬的石头终于落地。女儿下车后，打过招呼，我连忙问飞机晚点的原因：

“飞机为何晚点这么久啊？韦韦。”

“航空公司把我的班次改了，比以前的班次晚了两个多钟头。”

“那你应该告诉我们啊，免得我们为你担心。”

“我在机场没找到公用电话。”

“那你能不能想一下其他办法呢？比如借别人的手机发个短信，或其他办法。”

“我不想麻烦打扰别人。”

“如果以后在外面有人因急事借一下你的手机发个短信，你会愿意帮忙吗？”

“我会的，我没那么小气。”

“就是啊，人与人之间就需要互相帮助。你如果向别人说明情况，别人会很乐意的，还会认为你是一个懂事的女儿，知道为父母解忧。”

“嗯，下次知道了。”女儿不好意思笑了笑。

“你早已只身闯天涯了，独立能力很强，要是以后处理事情注意考虑周全，更主动和人打交道，就更完美了。”我勉励她道。

让孩子一个人旅行，可能遇到许多意想不到的事，也许首先她心情焦虑，有所不适应，许多做法并不妥当，但她知道，没有父母、老师和同学在身边了，没有了依赖的对象，一切要靠自己，可让她学会如何处理出现的情况，独自应付困境，她慢慢习惯了自己碰到困难自己解决，对孩子放手得越早，孩子独立得越早。

我们很小的时候就注意对她体能的培养，经常训练她跑步，打球。强健的身体对自己的安全也是一种保障。女孩子如果遇上坏人，打不过可以跑，只要跑得过坏人就行。

每个孩子天性不同，有的天生胆大，有的胆子小一些，面对胆子小的孩子，家长要有意识不断地鼓励，让孩子克服自卑，树立自信，能够大胆地走向社会。

## 一次粗暴的教育可能毁掉孩子的爱好

成功的案例你也许很难复制，反思的案例你一定能预防错误。

一天女儿从新加坡打来电话，说有一件事情不爽，原来是这次开学班上竞选职位，她非常希望自己能当上化学课代表，她对化学很感兴趣，然而，化学课代表没当上，却当上了物理课代表，可能是上次学校物理比赛拿了第一名，大家都推荐她当物理课代表，可她对物理没兴趣，所以感到郁闷。我听后心头一紧，感到她对物理的没兴趣可能与以前一次教育有关。

初中刚学物理时，她学到电学部分时，对电学的一些基本概念把握不清，特别是对电学中有关串联、并联电路中性质和特点理解不了。我就从外面借来了电学方面的仪器：电流表、电压表、可变电阻、开关、小灯泡等，让爸爸指导女儿在家中动手做实验，想通过做实验来提高课本知识的理解和把握。有天女儿拿了一个有关电路的作业题来问爸爸，爸爸说，你先按题目的要求把电路接好，然后再按题目的意思，改变电

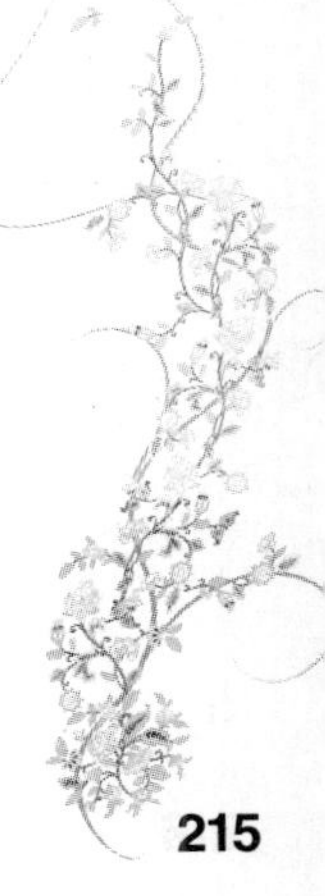

路的相关条件，通过灯泡光线的亮度变化，直观地知道电学中的一些性质，其中并联电路中，电阻一样大时，因电压相等，故电流也是一样，并联电路上两个灯泡一样亮，如果改变其中一边电路上的电阻，并联电路上两边的电流就有变化了，就不一样大了，两灯泡的亮度就不一样的了。为什么会起变化？能不能电阻大的一边电流不通过，全流向电阻小的一边线路上？爸爸又做出解释，然而，想不到你越解释，她的问题越多，而且那些问题在大人看来是白痴一样的提问，甚至是无理取闹，爸爸于是粗暴地说："你不要想那么多了，你就按我说的和你观看的结果，仔细想一想，去理解就行了。"最后女儿笑爸爸说得不清楚，解释也是错的，爸爸恼羞成怒，就说她脑子笨，一点最简单基本的知识也学不会，女儿也来气了，说爸爸口才差，最基本的东西越讲越让人糊涂，爸爸一气之下，飞起一脚，把地板上的仪器都踢飞了，接着又飞起另一脚踢了女儿一下，这一脚不知轻重，女儿先是一愣，然后哭着跑进自己房间，不一会，只听她在房间内大摔东西，高声喊道："你平时不是说要我辩论吗？怎么就说不得啊？"是啊，平时我们要求她在课堂上积极回答老师的提问，不懂就问，有不同的观点可以向老师和同学交流，现在在家里却搞起了一言堂，不容许别人有不同的看法，孩子反驳一下，一触就跳。

后来她很少向爸爸问物理题，那套仪器放入床下再也没动过了，虽然物理考试成绩基本是高分，但孩子对物理学习的兴趣就这样被扼杀了。在孩子的教育问题上，不能将责任全推给学校，家长也要好好反思自己的教育方法是否得当。孩子有时遇到学习上的一些障碍，你不要急于帮她解决，让她以自己的方式，慢慢去理解去消化，如果她自己解决了，就是一通百通，越学越顺，教育是一种慢的艺术，不能急于求成。这事还有一个深刻的教训就是，你希望孩子是一个有主见、善于表达和勇于表达的人，你在家里就要营造民主平等的气氛，给孩子能自由说话的权利，有时在你看来，孩子的话是挑衅或荒谬的，但你都要有一颗包容的心。

要知道，培养一个人的兴趣是很难的，但摧毁一个人的兴趣也许就是一次不明智的教育方式，女儿虽然物理成绩好，但也并不爱好物理，是不是与爸爸那次粗暴的行为有关？我没有问女儿，但我知道，那次对她的伤害一辈子也难消除。

建议一：做父母的对待小孩首先要有耐心，在孩子表现不好或犯错时要耐心引导，简单粗暴的教育会终身影响孩子的心理健康。

建议二：亲子之间的沟通很重要，父母对子女的教育有时会产生剧烈的冲突，当发生冲突时，你一定要冷静，大多原因是父母过于主观，无视子女的意见和感受，这时你一定需要多听听对方的话，换位思考。让孩子信任你，接纳你，这样，你的意见她才能听进去。有的家长总以为自己是为了孩子好，如果孩子不听话，不是骂就是打，不注意教育方法，就容易造成亲子关系恶化。孩子需要尊重、信任，让她感到父母对她的爱是无私的、永远的，只有这样，孩子的身心才能健康。

## 是谁教会了孩子说谎

卢梭认为：“做老师的只要有一次向学生撒谎撒漏了底，就可能使他的全部教育成果从此为之毁灭。”记得女儿读小学时，写了一篇作文，她非常气愤地记叙了一件学校作假的事，当时教育局是不准学校搞学生考试的排名，但学校还是私下排名了，学校为了应付上面的检查，要求同学们对上面检查的人说，学校没有搞考试排名。她当时对学校的做法迷惑、不解、反感，这是和她以前要做一个诚实的人相违背的。

但随着年龄的增长，到了初中，她慢慢也变了，她和我们打交道时，也时常撒谎来应付我们。如我们外出，她单独在家，我们要求她首先做好作业，不要看电视玩电脑，等我们回来后再玩，她满口答应了。我们回来后，她还趴在桌上写作业，问她没看电视吗？她说自己一直在做作业，可一摸电视机，机身还热烫烫的。孩子贪玩是天性，年纪小有点控制不住自己，也情有可原，可她却选择了撒谎，令我们有点恼火，但为了保护她的自尊心，我们一般都不会当面去揭穿谎言，只是事后委婉表示了不满和对她的要求，但效果也并不是很好。这只是平常所见事之一，到了现在大了，许多事她说是一套，做是另一套，这让我们反思她成长过程中我们教育失败的原因。

我们的家庭平时是十分重视做人要诚实的，为何还会出现这样的结果？首先我觉得她受到社会这个大环境的影响。我们的社会是说真话要有勇气，甚至要付出生命代价，而说谎却是习以为常，几乎不会受到任何惩罚，如以前陕西“周老虎事件”，用纸老虎当真虎，上报国家林业局骗拨款，手法粗劣，胆大包天，这个丑闻甚至上了美国的报纸杂志，最后的结果只是找一个替罪农民处理，幕后人还是平安无事，这样不了了之。学校不能脱离社会之外，当女儿心中最崇敬和权威的老师都要求他们作假，她心中的偶像崩塌了，是非标准发生了逆转，让她从一个反感谎言的人转变为接受谎言的人。

现在细想起来，我们的家长有时也鼓励她作假。女儿读小学时，作文写得非常好，她写的自己的经历，生动而有趣，常常作为范文在全班诵读。但到了初中高年级，作文总拿不到高分，我们跟她分析了原因，她喜欢写自己亲历的一些事，这些事在我们看来，都是一些鸡毛蒜皮的小事，没什么典型性，没什么很大的意义，不符合我们当今教育作文打高分的标准，爸爸于是从杂志报纸找到一些文章，有记事的、写人的、写景的、议论的等各种文体，适合她身份的故事文章，要她认真精读，背诵，最后仿写，从布局谋篇、写作技巧到事例运用，最后点题升华议论，百分之八十的模仿加入百分之二十个人的因素，平时作文就不要用，写自己想写的，到考试时，根据出题者的要求灵活运用仿写的文章，果然，以后的考试作文几乎篇篇高分，这种不是自己亲历的事例，不是自己真实想法的议论，成了谋取高分的手段。当时我们也高兴了一阵，但现在来看，这个教育方法是得不偿失，一是让孩子学会了为了利益去作假，她的品质受到了污染，可能在她以后的人生中埋下了一颗定时炸弹。现在她到新加坡学习，以后可能会在海外工作生活，新加坡是一个把品德摆第一、能力摆第二的国家，诚信的品质是一个合格公民必须具备的，她如果不能把以前家长带给她的毒素排除，后果很可怕。第二个有害的是这种作假的教育方法扼杀了孩子的创造能力，如果鼓励她去写自己真实的经历，真实的想法，她会更加自信，更加有主见，更加有想法，在她思维能力培养和成长的时候，家长投机取巧的方法让她思维惰性化了，对个人思维能力的提高非常不利。女儿初三快毕业时，爸爸终于醒悟过来，在她住房门上贴了“品质高洁，志存高远”的座右铭，想补救以前不当的教育方法。

正是这些被我们称作“教育”的反教育因素活活地把孩子的人格扭曲的。比如我们诱使他们说假话做假事，用各种各样的形式主义，用急功近利、言行不一的现身示范，用言意相离相悖的“作文教学”对他们潜移默化，忍看他们为达目的不择手段，忍看他们一天天变得虚伪、圆滑、犬儒……这是我们与世俗合伙造孽！尽管这些孽是在为孩子负责、为他们能更好地生存的道德自慰下干的，我要力争（这个词已斟酌再三）用自己的言和行来向孩子表明：人，首先是要有尊严地活，然后是要有智慧地活，还要有趣味地活。

现在社会上是假话横行，很多人口是心非，当人们习惯了谎言的生活，社会和个人的诚信已经失范，于是产生了许多可怕的后果：在中国你再也找不到几条干净的河流，因为污染的厂家和执法的有关部门应付了事，欺骗公众；伪劣产品充斥市场，如国内知名大厂生产出三聚氰胺的毒奶粉，让许多宝宝得了肾结石，有的婴儿最后医治无效死亡，在世界你找不到如此丧心病狂的厂家；许多所谓的成功人士也是高明的骗子，这些成功人士骗局即使被公开揭露，如“唐骏博士门”，最后结果是不了了之，骗子们仍在舞台表演，这种“劣币驱逐良币”的示范效应给社会带来很大的恶果。中国为什么会出现这些现象呢？首先是中国几千年的封建专制产生了直言多祸、真事多磨的弊病，田忌赛马这样以失去诚信、守则、公平的胜利竟然受到千年的传颂，为了成功可能不惜一切手段，传统文化中鲁迅所憎恶的“瞒和骗”让中国人的诚信先天不足。二是现在的法律制度方面对诚信缺乏规范，讲真话办实事不仅没有保护，甚至还有风险，甚至是失去性命的代价；而失范行为却得不到严格惩处，甚至还得到支持和鼓励。正如林彪所说的：不说大话假话办不了大事。三是中国的有些家庭有两套话语体系，对外人是一套，亲人又是一套，孩子很小就耳闻目染。在这个传统文化和社会背景下，要教

育培养出一个诚实的孩子，真是难上加难。

当今世界是平的，地球村人们交往日益增多，但没有一个诚实的品质，一个世界认同的价值观，即使人民富裕，国家军事强大，也不可能获得他国的尊重，国民的个人素质也会成为他人所垢辱，我们也需接受普世的价值观：做一有诚信的人，首先就从让孩子学会讲真话开始。

父母在家中，和孩子交流时，不要用敷衍的态度应付孩子，对他们的提问要认真如实解答，如孩子问爸爸妈妈以前吵过架吗？假如你说爸爸妈妈从不吵架的，也许孩子早已知晓答案，他只想让你来告诉他事实，你应该说爸爸妈妈以前也吵架，不过马上就和好了。父母是孩子的榜样，首先自己平时就以身作则，给孩子作一个好榜样。当发现孩子说谎时，你要分析原因，许多孩子有时说谎可能是为了保护自己，避免因说真话而受到惩罚，我们就应反思自己的教育方法是否妥当，对孩子犯错我们一定要宽容，而不是一味地处罚，让孩子知道只要面对错误，以后只要设法避免或改正，父母就会很高兴，让孩子明白没有必要说谎。当孩子逐渐长大，父母应慢慢引导他，如何理性看待当今社会上一些阴影面，鼓励他更多看社会上光明的一面，让他知道，做一个有高尚人格的人才会活得有价值。

记得康德说："世界上有两件东西能够深深地震撼人们的心灵，一件是我们心中崇高的道德准则，另一件是我们头顶上灿烂的星空。"当我们下一代慢慢都学会了说真话，我相信，我们民族的文明将提升一大步。

## 独生子女的冷漠

2007 年暑假，进入初一的女儿和我一起去旅游，同行的还有我的几个同事和她们的孩子，正好有三个同龄的女孩，当时我们认为三个同龄的女孩一起旅游，肯定会玩得开心。

在十几天的旅途中，三个都是独生子女的孩子并没有玩在一起，更多的是各自耳朵里塞了一个 MP3，边听音乐边跟着大人走，她们没有相互热烈的交流，而是互相保持着一定的距离，即使家长们鼓励她们多多一起玩，但她们还是没有什么变化。

旅游回家后，爸爸问女儿说："韦韦，你们三个同龄人在一起，为何不多交流，而是各玩各的啊？"

"我们之间不是很熟悉。"

"可你们早就认识，几年前你还和可可一起去铜官玩过陶呢。难道只是很好的朋友才玩到一起吗？"

"不是朋友就没有话题，没什么可讲。"

"不是朋友就没话题吗？你们三个人虽然都是读同年级，但是不在同一学校，这不就是话题？可以聊一聊各自学校的情况。还有你和黎曼都是日本动漫迷，一聊不就热了，可可呢，她是一个小画家，你正好向可可问一问如何画动漫，你们爱好兴趣都相近，只要你想聊，话题还不少。"

"她们不主动，我也不想主动呢。"

"和人交往主动一点不好吗？能多交一个好朋友是一件开心的事，如果把自己禁锢在一个小圈子内，人不是越来越封闭了？过两年，你初中毕业，上高中就会进入新的学校，那是一个新的环境、新的老师和新的同学，你现在不学会主动和人交往，到时交不到新的朋友，是不是会感到孤单？"

"嗯，知道了，你就不要再啰唆了。"女儿有点不耐烦地说。看来她还是认为自己没必要主动和他人交往。女儿的交往能力培养得不是很好，应该与她的生活环境和我们的教育有关。

女儿幼儿时期几乎没有玩伴，到三岁多我们搬家后，我们楼上住了一个比她大一岁的姐姐，她终于有一个自己的伙伴了，那几年她们玩得很开心，有时间就互相串门，两个人常常把门关起，在自己房间玩游戏。当女儿小学毕业，楼上姐姐因升学原因搬走了。女儿日常生活是，平时回家要么做作业，要么看电视玩电脑，晚饭后我们三口之家到外面散步，因小区的住户都没有来往，即使有几个熟人，也是点头之交，在我们小区，女儿基本没有朋友。放假的时候要么是在家搞学习，要么就和父母一起看望长辈，她并没有自己的独立空间和群体。在学校，女儿小学时在学校听说有为数不多的几个朋友，但升到初中，还是只和小学的几个同学有点来往，小学时同年级有两个班，到初中平行班有18个，她并没有因同学的增多而朋友变多。独生子女没有兄弟姐妹，并且由于城市小区居民一般很少相互来往，所以女儿少有机会与同伴交往，缺乏交往经验，变得不爱与人打交道。特别是刚到新加坡，女儿也不主动去找当地学生交流，心情曾一度十分郁闷。

现在的独生子女，不仅受到父母无微不至的关爱，更有爷爷奶奶、外公外婆等长辈把他们看成掌上明珠，多数家庭都有溺爱的倾向，在情感和物质方面家人过多地给予，让她从小就习惯了被动接受关心和爱，这样过度的关注和爱护，使他们认为自己自然是世界的中心，别人围着他们转是天经地义的，优越的生活条件让孩子慢慢倾向以自我为中心，从而导致了孩子的交往、互助、协作能力得不到锻炼和发展，甚至养成了冷漠、封闭、唯我独尊的性格，既不大愿意主动关心别人，也不愿主动去和他人交往。

特别是到了14、15岁进入青春期后，个体意识已经萌芽，心理进入敏感期。有时具有极强的自尊心，表现得心高气傲，对他人不屑一顾；有时又很自卑，怕人家看不起自己，总是不愿主动开口。如何正确引导、帮助和鼓励自己孩子，让他走出个人世界，大胆与人交往，乐于互相帮助，积极地融入团队之中，这是每个父母应思考的。我的建议：

一是从小鼓励孩子多交朋友。

爸爸说他小时候，有次带了几个同学回家聚会，奶奶做了中餐招待同学，同学走后奶奶告诉他，以后尽量不要带同学到家里，招待费用划不来，当时他们家庭有点困难，父母首先考虑的是金钱方面，对孩子的友谊和伙伴之间的交往是不大关心的，那次后爸爸再也没带同学回家了，那事情对他的人际交往产生了消极的影响。现在时代不同了，社会进步了，经济条件已经有了很大的提高，父母不仅要鼓励孩子多交朋友，而且对孩子的朋友也要善待和热情，让孩子不但觉得自己受到尊重，而且要学会了热情、周到、礼貌待人之道。



二是鼓励孩子和伙伴一起外出活动。

现在的许多家长过分重视学业成绩，放假的时候不是要求孩子在家复习功课，就是到外面给孩子报名参加各种学习班，即使让孩子去玩，也是和父母一起；还有的家长担心孩子在外学坏，不愿孩子独自外出和伙伴玩，让孩子很少有自己的可支配的时间和独立的空间。其实这些考虑和担心都是欠妥的。过分重视学习，从小没有社交的学习，孩子长大很难有一个健康的人格。再说父母的亲子关系再密切，也代替不了儿童伙伴的友谊，至于对孩子外出的担心，父母应教给孩子分辨是非的能力，培养他的独立思考能力，让他自己学会抉择，相信他的能力。家长应该让孩子和伙伴一起多去玩，如支持他们去看电影或其他活动，让孩子学会有了矛盾如何解决，如何与他人合作交流。

三是领导能力的提升。

女儿初中毕业那一年，暑假期间，她们玩得好的一些同学提议去外省旅游，我们知道后很积极地支持女儿参加。牵头的那个同学首先列出了旅游规划，他们一起商讨旅游路线的选择，又组织几个同学去找多家旅行社商议价格，并且物品准备得很充分，每个同学都负责一些事务，大家齐心协作，非常顺利地开心地玩了一次。在这次活动中，我相信女儿也学了不少事情，如路线的选择上，虽然只有十来个人，但想去的地点却天南海北都有，有想去上海的，有想去云南的，有想去贵州的，等等，最后大家商讨，从价格和趣味性上考虑，选择了价格适中、地方大家都可接受的方案，孩子们不仅学会了相互沟通和妥协，而且还学会了如何更有效地使用金钱。而且每个人都带去了不同的食品，在路上大家一起分享，懂得和他人分享的快乐，这些是在家庭中难以学会的。

另外，让孩子参加葬礼能让她深刻体会生命的宝贵和脆弱，从而更加珍惜和关心身边的人。那位和女儿同龄、曾经一起旅游过的孩子的妈妈就在女儿回家期间因癌症过早地离开了，这位妈妈对女儿也很好，女儿本来想利用这次回家的机会去看看她，没想到还没来得及就走了，我带女儿去参加了葬礼，在葬礼上看着这位漂亮妈妈的遗像和眼前的遗体，很少哭的女儿再也控制不住泪水，眼泪刷刷地流下来，声音哽咽着，这件事对女儿内心的冲击非常大，回家后在自己的 QQ 个人签名里写下了这样的话："没想到一个活生生的生命就这样离开了……"

## 让梦飞起来

曾看到这样一个故事：

许多年以前，一位穷苦的牧羊人带着两个年幼的儿子，靠为别人放羊来维持生活。一天，他们赶着羊来到一个山坡。这时，他们看见了一群大雁，鸣叫着从他们头顶飞过，并很快从自己的视野中消失了。

“大雁要往哪里飞？”牧羊人的小儿子问他的父亲。

牧羊人回答说：“为了度过寒冷的冬天，它们要去一个温暖的地方安家。”

“要是我们也能像大雁一样飞起来就好了，那我就要比大雁飞得还要高，去天堂看妈妈。”他的大儿子眨着眼睛羡慕地说。

“做个会飞的大雁多好啊！可以飞到自己想去的地方，那样就不用放羊了。”小儿子也对父亲说。

牧羊人沉默了一下，然后对儿子们说：“如果你们想，你们也会飞起来。”两个儿子试了试，并没有飞起来。他们用疑惑的眼神看着父亲。

牧羊人说，看看我是怎么飞的吧。于是他飞了两下，也没飞起来。牧羊人肯定地说：“可能是因为我的年纪大了才飞不起来，你们还小，只要不断努力，就一定能飞起来，去你们想去的地方。”儿子们牢记着父亲的教导，并一直不断地努力。等他们长大以后终于飞起来了，他们就是美国的莱特兄弟，他们发明了飞机。

人类最可贵的本能就是对未来充满幻想，对明天充满激情——尽管

这些幻想有许多不确定的因素，尽管有些孩子的梦想永远都不能实现，但是，每一个人都在憧憬着未来，并为着或远或近的“未来”投入他们全部的努力。无论是锦衣玉食的公主王子，还是衣不蔽体的流浪汉，只要愿意，就能为自己的人生确立一个梦想。这个梦想可以伟大，也可以平凡；可以辉煌，也可以朴实；可以深刻，也可以浅薄；可以远大，也可以渺小，只要你肯付出努力，你就能够拥有。

孩子天生都有梦想，童年是多梦的季节，童年是梦想的故乡。梦想是鸟儿飞翔的翅膀，不展开翅膀，你永远不会知道自己究竟能飞多远。一个人心中拥有了梦想，就会在希望中生活，并不断地创造生命的奇迹。女儿也是一个爱做梦的孩子，小时候在乡下看到蚂蚁、蝴蝶、蜻蜓、蚯蚓等就要蹲下来仔细观察，小学作文中经常说到要成为一名出色的科学家专门研究生物的多样性；在小区玩耍时听到优美的钢琴声便萌发学习钢琴的念头，想长大后成为一名骄傲的钢琴演奏家在绚丽的舞台上表演；每年寒暑假出去旅游的经历让女儿大开眼界，知道除了身边熟悉的地方外还有一个更广阔的天地，特别是从我买回来的地球仪上女儿知道世界上还有无数令人神往的地方等着她去行走，在新加坡政府选拔大陆奖学金生的面试上女儿就说到了自己的梦想是去50个国家旅游，想去有自由精神、平等意识和博爱胸怀象征的“自由女神像”的美国，想去开满郁金香和薰衣草的北欧，想在尼罗河、莱茵河的历史长河中寻找人类文明的足迹，想触摸古希腊、古罗马时期灿烂的文化和艺术……童年是多梦的季节，一个真爱孩子的父母应当精心保护孩子的梦想，这样，梦想的种子才有可能长成参天大树。

黎巴嫩著名诗人纪伯伦说：“我宁可做人类中有梦想和有完成梦想愿望的、最渺小的人，而不愿做一个最伟大的无梦想、无愿望的人。”面对孩子的梦想，作为父母不要认为那是不切实际的好高骛远，要明白，正是有了梦想，不切实际才有可能变为实际。

梦想就像人体成长所需要的微量元素与氨基酸，缺少它，大脑的营养就跟不上，思维就会迟钝，没有想象力、创造力。父母要学会启发孩子的梦想，让孩子在自由行走中、在无数个梦想中充分发挥想象力与创造力，让孩子的梦飞起来。

但最终，我们希望女儿的梦想是能够寻找一块属于自己的精神家园和灵魂栖息地。

愿孩子美梦成真!

图 115 让梦飞起来

# 后 记

这其实是一个酝酿已久的梦。

也许是职业习惯，从知道要做妈妈那天开始，我就在“家长”和“老师”的双重角色中徜徉，我始终认为，孩子是自己生命中最重要的学生，带孩子的过程其实也是和孩子一起成长的过程，这个过程艰辛而漫长，却充实而幸福，考验一个人的耐心和智慧。我像一个走进大自然博物馆的孩子在这种日常的修炼中拾取了片片叶子和粒粒珠子，并将它们宝贝似的珍藏起来，留给孩子，也留给自己。

也许是艺术教研员的角色意识，在寻找和拾取这些宝贝的同时我仍割舍不掉“综合”的情结，我以孩子的自由绘画与人格成长为主线，融合音乐听赏、钢琴弹奏、自编戏剧、自由舞蹈、体能训练、文学创作、语言表达、经典阅读、电影欣赏、动漫创作、趣味数学等开发孩子右脑和潜能的多种艺术形式，引导孩子进入一个完整而快乐的自由世界，塑造孩子的整体人格和精神品质。现在回过头来想，我其实是在将自己的孩子作为一个典型个案加以研究的啊！难怪课程专家艺术教材主编杨立梅教授打趣说：“你女儿是和艺术课程一起成长的。”

也或许是作为全国教育科学“十一五”规划教育部重点课题《农村艺术教师成长⊥型模式研究》（课题编号为：GLA102042）的课题主持人，我始终不忘将自己对教育的理想和信念贯彻在所有的教育行为

中，力图影响课题组成员和全区艺术教师，希望他们将自己的学生当成自己的孩子，或将自己的孩子当成学生，共同体验教育的本质，享受美好的教育生活，实现幸福的艺术人生。

希望所有的老师和学生、家长和孩子都能快乐成长。

当然，这也许只是我的一个梦想，但愿我的梦也能成真。

感谢丛书的主编黄佑生老师，是他的慧眼卓识让我有幸触摸这个梦，感谢科培中心的老主任李志宏，是他说我是一个“歪打正着”的妈妈，他希望我能将书稿发给教育部专家审读，并认为这就是课改的另一种成果，同时也要感谢湖南师范大学出版社和该书的责任编辑廖小刚老师以及我的家人，是他们的无私帮助和全力支持让梦有了色彩和温度。

罗　炜

2011 年夏于长沙